当代中国婚姻代际干预研究

刘燕飞 著

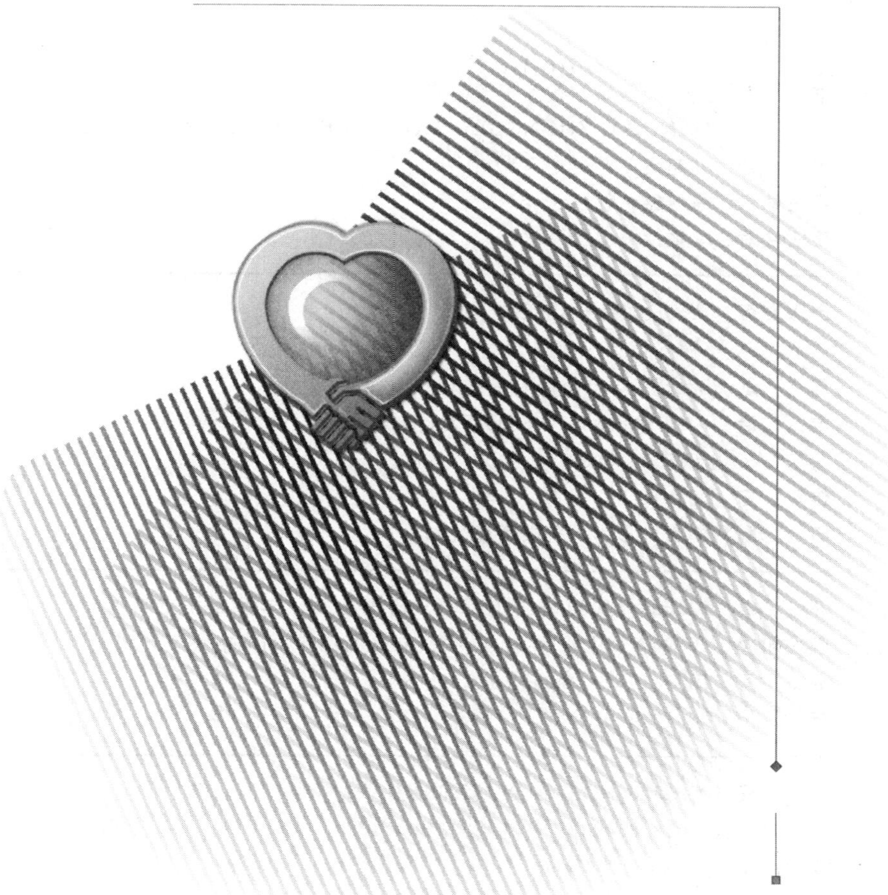

西安交通大学出版社
XI'AN JIAOTONG UNIVERSITY PRESS

图书在版编目(CIP)数据

当代中国婚姻代际干预研究 / 刘燕飞著. — 西安 ：
西安交通大学出版社,2022.4
ISBN 978-7-5605-9303-6

Ⅰ. ①当… Ⅱ. ①刘… Ⅲ. ①婚姻社会学-研究-中国 Ⅳ. ①C913.13

中国版本图书馆 CIP 数据核字(2020)第 223992 号

书　　名	当代中国婚姻代际干预研究 DANGDAI ZHONGGUO HUNYIN DAIJI GANYU YANJIU
著　　者	刘燕飞
责任编辑	焦　铭
责任校对	李嫣彧

出版发行	西安交通大学出版社 (西安市兴庆南路 1 号　邮政编码 710048)
网　　址	http://www.xjtupress.com
电　　话	(029)82668357　82667874(市场营销中心) (029)82668315(总编办)
传　　真	(029)82668280
印　　刷	陕西奇彩印务有限责任公司

开　　本	720mm×1000mm　1/16　　**印张** 12　　**字数** 350 千字
版次印次	2022 年 4 月第 1 版　　2022 年 4 月第 1 次印刷
书　　号	ISBN 978-7-5605-9303-6
定　　价	72.00 元

订购热线:(029)82665248　(029)82665249
投稿热线:(029)82664953　(029)82665371
读者信箱:xjtu_rw@163.com

目录

1 绪 论

1.1 研究背景

1.1.1 现实背景

中华人民共和国成立以来，特别是改革开放 40 年来，社会生活各领域发生了翻天覆地的变化，人民生活与经济、社会变革同频共振，每一代人的身上都不同程度地打上了时代发展的烙印，尤其是在婚姻家庭领域，人们经历了从传统守旧再到文化理性回归的过程，无论在时代发展的哪个阶段，父辈干预子辈婚姻的现象都不同程度地存在于青年择偶的过程中。现代化发展并没有使父辈在子辈婚姻抉择时的作用减弱，反而发生了从最初的强制介入到如今联合共生的转变。

全国妇联中国婚姻家庭研究会与百合网于 2010 年联合进行的全国婚恋调查结果显示：根据中国约有 1.8 亿的单身人士的数据计算，其中 23.8%的单身人士的父母在积极地替其子女寻觅良偶，假设每位单身人士有两位家长在为他们择偶，就意味着有约 2.6 亿的中国人在为择偶而忙碌(见图 1－1)[①]。这则调查并非空穴来风、夸大其辞，有诸如“白发相亲角”“父母相亲会”等社会现实做支撑。近年来，父母为子女择偶似乎已成为公开的社会热点。2017 年一档名为《中国式相亲》的综艺节目赚足了话题，网络、媒体持续跟进，虽然此类娱乐相亲节目幕后策划与演绎的痕迹明显，但连续播出两期的《中国式相亲》确实相比 2016 年几家卫视播出的相亲节目更受到广泛关注，这个节目的舆论焦点在于子女的婚姻是由父母决定。该节目组认为这种“包办婚姻”式的相亲，触摸到了时代的灵魂，反映了社会的某种现实[②]。

---

① 2010 年全国婚恋调查报告[EB/OL].[2010－12－13]. http://www.camf.org.cn.

② 包办婚姻回潮与被房价吞噬的青年人[EB/OL].[2017－01－23]. https://chuansongme.com/n/1507029051416.

2018年9月16日在武汉国际会展中心举办的武汉万名父母相亲会，仅仅两周，已经吸引近两千名父母为其儿女报名，其中既有政府机关、事业单位的公职人员，也不乏海归名校学子、成功企业家、白领精英的参与①。2020年1月6日中国新闻网再一次报道"上海人民公园相亲角人头攒动，不少父母为其儿女在这里设摊相亲，为子女寻找对象，场面壮观"②。作为上海最有名的相亲胜地，人民公园相亲角自2006年初具规模至今，已经成为沪上的一道风景线。由此可见，中国家庭父辈对子辈婚姻的重视程度从未消减，父母参与子女择偶已成为社会大众接受的普遍事实。惊叹之余，笔者意识到这既是现代化转型中的历史遗存问题，更是值得被重新审视的现实问题。基于此，本研究梳理了以下几点社会现实背景，并认为婚姻代际干预正是经济发展与个体需求之间作用与反作用的具体回应与体现。

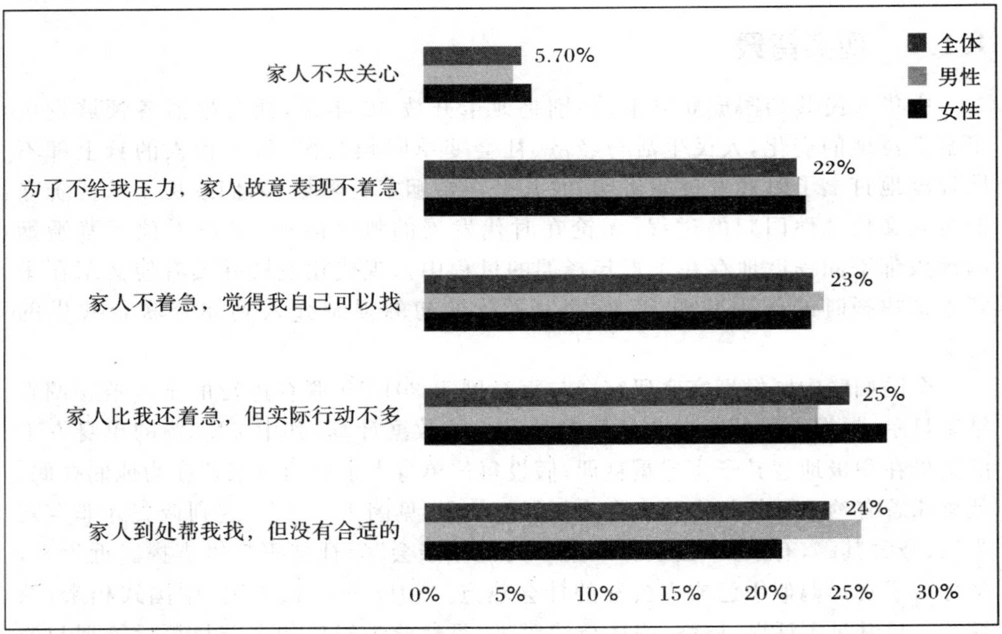

图1-1　面对您的婚姻问题，您家人的态度

① 武汉万名父母相亲会将在武汉国际会展中心举办[EB/OL].[2018-09-10]. http://www.wuhan.com/marriage/2425.html.

② 上海人民公园相亲角成靓丽风景线[EB/OL].[2020-01-05].]http://www.chinanews.com/tp/hd2011/2020/01-05/921220.shtml.

1.择偶形式现代化的西方预言与中国发展现实错位

与婚姻家庭制度变迁相对应的是社会经济与文化环境的改变，改革开放以来，社会各领域发生了巨大而深刻的变化，中国婚姻家庭在整个社会范围内同样发生了巨大变迁。虽然在过去的半个多世纪里，几代人、几届政府不断努力共同缔造了现代家庭的雏形，很多理论与经验研究也表明婚姻家庭正在发生着巨大的变化，生活方式趋向多元化与个体化，但至今我们仍不能认为婚姻家庭制度已经完成了由传统向现代的转变，学者马春华曾在《变动中的东亚家庭结构比较研究》一文中指出“日韩、中国的现代化水平序列与家庭结构模式形成了错位，东亚社会中的家庭变迁呈现出不同于西方的独特模式”①。主干家庭在现代农村地区随处可见、婚姻代际干预在城乡地区普遍存在，这些现实表明，传统婚姻家庭文化仍在潜移默化地影响着人们的婚姻选择与生活方式，被现代化理论倡导和推崇的婚恋自由仍未完全实现，而现代化转型过程中被屡次诟病的婚姻干预现象仍大量存在（如前文中提到的父母相亲会、父母征婚启事等）。

2.家本位文化与现代化发展对个体独立需求的矛盾

社会学家费孝通认为，若将婚姻作为双系抚育的保证，结婚便不是当事人的一件私事②。早在两千多年前，孔子就在《论语·里仁篇》中指出“事父母几谏，见志不从，又敬不违，劳而不怨”③“父母之命媒妁之言”“父命不可违”的文化思想根深蒂固，并将其视为孝的主要表现。千百年来，儒家“孝道”伦理观念与行为规范始终与父权家长制相适应，中华人民共和国成立后很长一段时间内这些文化特征以及由传统文化指导下的包办婚姻现象仍在中国广大农村及偏远落后地区存在。虽然新中国颁布《婚姻法》积极倡导自由婚恋观，但“父母之命，媒妁之言”的传统婚姻文化与代表新的生产、生活方式的男女平等与婚姻自由观有相容的一面，更有相冲突的一面④，传统家庭文化经世代积累已成为一种文化心理结构，变成一种社区成员的共识，长期指导人们的行动。此外，传统文化自身具有独立性，并非一定随着生产力的发展或生活方式的变迁而紧跟着改变，因此我们可以说，在我国传统农耕文明与孝道文化共同孕育的家本位文化具有相当的稳定性。由于家庭变迁既是社会与经济发展的结果，也是社区亚文化与共识自身变革的结果⑤，为了紧跟时代发展人们总是在潜移默化中不自觉地接受现代文明的熏陶，并逐步意识到接触现代文明、投身现代化建设的重要性。越来越多的青年人得到家人的谅解和支持，他们选

① 马春华.变动中的东亚家庭结构比较研究[J].学术研究，2012(09)：33－41.

② 费孝通.乡土中国·生育制度[M].北京：北京大学出版社，2009：129.

③ 孔丘.论语[M].北京：中国纺织出版社，2007：85.

④ 杨善华.家庭社会学[M].北京：高等教育出版社，2006：94.

⑤ 杨善华.家庭社会学[M].北京：高等教育出版社，2006：95.

择离开原生家庭，努力实现经济独立以适应时代发展的需求。学者阎云翔在他的《社会自我主义：中国式亲密关系——中国北方农村的代际亲密关系与下行式家庭主义》一文中也指出，他经过近30年的追踪式田野调查发现，到2015年，黑龙江省下岬村的雇佣劳务已经成为村民唯一的重要收入来源，在各年龄组中，近70%的劳动力每年至少四个月在城里务工，特别是受计划生育政策影响的"80后""90后"一代，由于集体化经济解体时他们太年幼或者还未出生，未能分得土地，所以他们完全依靠外出务工来生活[①]。这就产生了一种矛盾，即千百年来的"父母在不远行"家本位伦理孝道与经济社会变迁对个体流动需求之间的矛盾。究竟如何把对自由自主的渴望与同样重要的对共享共同体的渴望协调起来，一个人如何既保证个体需求又与家庭相融，是整个社会发展中急需解决的问题。

3. 追求婚姻自主与婚姻成本飙升的矛盾

新中国成立以来，一方面经济环境的改变给每一个家庭、每一位个人带来一系列改变，特别是收入与就业机会的改变，越来越多的青年人体会到经济发展对个体自由的助力作用。但另一方面，经济发展带来的个体自由并不等于婚姻自由的实现，虽然现代化发展从未停止对个体婚恋自由的主流倡导与推崇，但经济社会发展导致了婚姻成本的水涨船高，房价的飙升更是适婚群体无法逃避的现实压力，这就造成了个体在追求婚姻自主与难以独自承担婚姻成本之间的矛盾。在重视父子亲情的中国家庭里，父辈无法视子辈婚姻压力于不顾，对子辈婚姻干预显得紧迫而合理，仍以闫云翔的下岬村的调查为例，"大约从2000年开始，一些富裕的村民开始在县城为他们不愿在农村居住的成年儿子购买婚房，到2015年，102个家庭（占下岬村家庭总数的26%）已经在城里购买了住房，通常情况下中老年父母为孩子支付购房首付，即总房价的30%，成年子女婚后努力工作自己偿还房贷、负担城市生活费用"[②]。其实，早在20世纪末，我国经济发展迅速的沿海地区就已经表现出"要结婚先买房"的"刚性需求"，学者杨辰在他的研究中指出"在1996年，对于上海居民来说，是否拥有住房已经是青年择偶的重要标准，因为没房子推迟甚至无法结婚的例子比比皆是……但住房毕竟不是一般商品，超高的房价需要年轻家庭反复权衡，甚至要得到双方家长的支持才能实现购房计划"[③]。时至今日，谈婚论嫁前先"谈房"已经成为城乡婚姻市场的"潜规则"，且购买婚房需求有从城市发展到农村的强烈态势，如此看来，越来越多年轻人选择主动回归原生家庭既是一种理性决

---

① 阎云翔．社会自我主义：中国式亲密关系：中国北方农村的代际亲密关系与下行式家庭主义[J]．探索与争鸣，2017(07)：4－15．

② 阎云翔．社会自我主义：中国式亲密关系：中国北方农村的代际亲密关系与下行式家庭主义[J]．探索与争鸣，2017(7)：4－1．

③ 杨辰．住房与家庭：居住策略中的代际关系：上海移民家庭三代同居个案调查[J]．青年研究，2011(6)：34．

策，也是经济社会变迁在家庭与个人层面的折射。以父母家庭之力分担婚房投入之重，这构成了婚姻代际干预的现实经济基础。

4.市场经济个体自由受自由主义价值反噬

在传统乡土社会中，父命子从，权威型代际依附特征显著，新中国成立之后，城乡地区经历了市场经济的冲击，维系代际关系的经济基础与文化、结构约束均发生了改变，代际抚育、赡养功能不再是家庭运转的核心内容。改革开放推动了城乡经济发展，逐步缩小了城乡文化与思维意识的差距，倡导自由、独立的现代社会文化为人们追求自我、实现个性化婚姻生活创造了条件。与此同时，家庭年长者的知识储备与家庭地位无法与传统社会相比，他们的经验知识不再像以前一样受用，在年轻人面前他们无法再像过去那样趾高气扬地控制子女的行为，在到处充斥着机会与自由的社会中大多数父母们丧失了控制子女就业与谋生的机会，青年人获得了前所未有的自由，男女约会、甚至青少年早恋在整个社会中变得更为常见。虽然越来越多的父母们认识到并非所有自由恋爱婚姻都是“灾难性”的，他们对子女婚姻态度变得更加柔和、开放。但在生活实践中，人们又往往被自由婚恋带来的意外后果和其种种表述所累。据民政部 2001 年至 2017 年《社会服务发展统计公报》显示，从 2001 年到 2017 年，我国年离婚数量从 125 万对增长到 437.4 万对[①]，2018 年离婚数量继续增长到 446.1 万对，比 2001 年增长了 3.57 倍。从 2001 年到 2018 年，“离婚率”由 1.96‰增长到3.2‰。除 2002 年、2006 年相比前一年略有下降外，其余年份“离婚率”都呈增长态势[②]。2018 年初腾讯新闻报道了“男女未婚同居的现象越来越多，因此带来的纠纷也很多，尤其是在未婚先孕的问题上，很多未婚先孕的年轻人没有勇气和能力负起应承担的责任，由此产生的法律纠纷不在少数”[③]。“没有责任感”“价值衰落”似乎已成为青年一代的标签，在时代的洪流中涌动着、迷茫着，可以确定的是，一旦自由之声被无限放大，盖过了传统家庭的锋芒，那么代际之间的关系将会变得异常不稳定。于是，大众开始意识到奉行自由主义而引起的种种问题（如高离婚率、空巢家庭、未婚生育等问题）是个人所不能承受之重。而每当不堪重负之时，人们首先想到的是回归原生家庭，除特殊情况外，大多数人会得到来自原生家庭最有力的经济和情感支持，这成为婚姻代际干预的又一现实背景。

---

① 婚姻事无小事，莫把“离结比”视同“离婚率”[EB/OL].[2019-04-22]. http://www.mca.gov.cn/article/xw/mtbd/201904/20190400016871.shtml.

② 民政部举行 2020 年第一季度例行新闻发布会[EB/OL].[2020-01-20]. http://www.mca.gov.cn/article/xw/mtbd/202001/20200100023083.shtml.

③ 未婚先孕，法律如何界定？[EB/OL].[2018-01-05]. https://new.qq.com/omn/20180105/20180105A0HQXM.html.

5. 婚姻代际干预涉及代际情感纠纷而被法律视为难以评判的敏感地带

三次婚姻法修订都将婚姻自由作为缔结婚姻的基本原则，将婚姻干预作为禁止条款列出，而对婚姻自由的条件、婚姻干预的类型与程度缺少细化规定，这就造成即便有婚姻法与配套法规的支持，现实生活中一旦发生婚姻干预现象，法律仍无法对其进行深度干预，更多只是道德层面的谴责。这导致婚姻代际干预问题长期处于法律的灰色地带。我们认为这与立法传统有关，与婚姻法修订需求导向、倒推式的被动形式有关，究其原因是立法领域长期存在文化情感与立法理性的严格界线所致。传统法理认为，法律强调社会规范，婚配嫁娶属于私人范畴，不受社会公理管辖，是家庭内部事务，应由家庭内部解决。虽然现代法律革新发展，坚持以人为本，逐步深入社会生活各领域，但传统法理与情理之间仍无法完全实现交叉共融，许多涉及私人情感的案件无法得到完全公允的法律评判，采取庭外调解等非司法手段解决情感纠纷似乎更能达到协调各方利益的民事诉讼目的。长期以来，婚姻代际干预因涉及代际关系协调、个人情感抉择等众多情感因素而被法律视为难以恰当评判的特殊领域，法律治与不治都无法完全满足民众的要求，这就需要我们从专业学科视角对其进行深入分析把握，以期做出更为客观的现实评价。

1.1.2 法规背景

1. 1950 年《婚姻法》相关表述及分析

1）立法原则：突出“婚姻自由”

相关表述：1950 年《中华人民共和国婚姻法》第一章：原则。第一条：“废除包办强迫、男尊女卑、漠视子女利益的封建主义婚姻制度。实行男女婚姻自由、一夫一妻、男女权利平等、保护妇女和子女合法利益的新民主主义婚姻制度。”《婚姻法》开宗明义指出立法任务。第二条：“禁止重婚、纳妾。禁止童养媳。禁止干涉寡妇婚姻自由。禁止任何人借婚姻关系问题索取财物。”本条对旧婚姻制度下的副产品进行明确禁止，为新中国婚姻制度的贯彻实施扫清障碍。

内在含义：男女婚姻自由原则。男女婚姻自由原则是 1950 年婚姻法的一项基本原则，也是区别于传统婚姻制度的最大特征。“在这种新婚姻制度下，在男女婚姻问题上，任何人出来包办、强迫，任何第三者的干涉行为都不应该有存在的余地。”[①]男女结婚，只能是双方本人完全自愿的自主结合。“任何财富的多寡，任何门第的高低，都不应再成为男女婚姻关系的基础。任何珍贵之物，都不能作为男女双方相互爱情的代替物或交换品，基于共同生活（包括共同劳动等）共同事业（包括对新社会、新国家的政治态度等）而引起的相互了解特别是友谊所形成的爱情，是

① 王歌雅. 中国现代婚姻家庭立法研究[M]. 哈尔滨：黑龙江人民出版社，2004：134.

男女结婚的基础，也是婚后夫妻关系持续的基础；也就是男女婚姻自由的直接的、真实的基础，同时，在这种男女婚姻自由的情况下，男女离婚自由，也受法律保护”[1]。

2）结婚条件：强调双方自愿，禁止他人干涉

相关表述：1950年《中华人民共和国婚姻法》第二章：结婚。第三条：“结婚须男女双方本人完全自愿，不许任何一方对他方加以强迫或任何第三者加以干涉。”

内在含义：男女双方本人自愿是缔结婚姻的必备条件。根据婚姻法规定，“男女结婚，应该是以共同的事业、共同的劳动和共同的生活所引起的相互了解与特别友谊所形成的相互爱情为基础的双方本人完全自愿的夫妻关系的结合。《婚姻法》第二章第三条规定，排除了婚姻当事人任何一方（社会现实证明主要是男方）以任何威胁和诱骗的方法去达到与他方结婚的目的”[2]。“普遍实行这条规定，就是中国几千年来有进步思想的男女关于婚姻自由之理想的实现。男女的婚姻关系，再不能是撇开双方本人的黑市交易和以物易物交换去代替人与人相爱的买卖行为。男女相爱，不再是结婚的附加，而是结婚的基础了。在中国现实的条件下，恩格斯所说的男女互爱的婚姻和列宁所说的有爱情的自由婚姻，正应该是这种婚姻。同时，实行这条规定，也正是废除包办、强迫婚姻的具体办法”[3]。

3）实施条例：重在对“婚姻自由”观念宣传普及，强调干部以身作则

1950年4月30日《中共中央关于保证执行婚姻法给全党的通知》指出：“中央人民政府已明令于4月30日公布中华人民共和国婚姻法。中共中央委员会完全同意这一婚姻法，我党全体党员应一致拥护与遵守这一婚姻法，应使共产党员们明白认识：如果共产党员有干涉男女婚姻自由行为以及因干涉婚姻自由而造成被干涉者的伤害或死亡的行为，将不仅应负民事的和刑事的责任而受到国家的法律制裁，并且首先将受到党的纪律制裁”[4]。

1950年11月16日，军委政治总部颁发《关于目前全军统一执行中华人民共和国婚姻法的暂行规定》其中强调：“在军队中执行婚姻法仍须作某些限制，但要有统一的规定，基本原则是在不影响作战与不增加公家负担，适当合理解决部队婚姻问题……结婚与双方自愿离婚的批准权及转送地方人民法院处理离婚的决定权，属上三级政治机关。师以上干部婚姻问题，则由一级军区（野战军）政治部处理”[5]。

---

① 王歌雅. 中国现代婚姻家庭立法研究[M]. 哈尔滨：黑龙江人民出版社，2004：134.

② 王歌雅. 中国现代婚姻家庭立法研究[M]. 哈尔滨：黑龙江人民出版社，2004：138.

③ 王歌雅. 中国现代婚姻家庭立法研究[M]. 哈尔滨：黑龙江人民出版社，2004：138.

④ 有关20世纪50年代婚姻法的颁布及实施情况的一组文献[J]. 中共党史资料，2009(01)：4.

⑤ 有关20世纪50年代婚姻法的颁布及实施情况的一组文献[J]. 中共党史资料，2009(01)：5－7.

1951年9月26日，周恩来发表《切实执行婚姻法，保护妇女合法权益》并签署《中央人民政府政务院关于检查婚姻法执行情况的指示》，其中强调："在中国这样一个曾受长期封建主义统治的社会中，婚姻法的执行是一件艰巨的社会改革工作，必须经过经常的有系统的思想斗争和法律斗争才能贯彻……必须对于因干涉婚姻自由而伤害、虐杀妇女或逼致妇女自杀的严重罪行，采取严肃的法律手段予以制裁……干部中如有宽纵、袒护罪犯，或干涉男女婚姻自由因而促成妇女被杀或自杀者，应按责任轻重，予以应得的处分。今后如有妇女因婚姻问题得不到婚姻法所赋予的权利与保护而被杀或自杀者，区、乡、村（街）级的主要干部，首先应负一定责任"①。

1953年2月1日，中央人民政府政务院发布了周恩来总理签署的《关于贯彻婚姻法的指示》。指示中再次指出了领导机关干部对婚姻法理解不全、认识不足，这直接导致了婚姻法宣传工作不到位与相关案件处理效果差等结果。"以至在这些地区包办买卖婚姻还很流行，妇女继续受压迫、受虐待，甚至因婚姻不自由而自杀或被杀的现象依然不断发生……这不仅侵犯了妇女的平等权利和婚姻自由，而且影响了人民内部团结，影响了国家的生产建设和社会秩序"②。为解决这些问题，政府明令县以上各级政府制定详细贯彻婚姻法的运动方案。

1953年3月20日颁发的《中南贯彻婚姻法办公室党组的报告》指出："向群众宣传，现已初步展开，据已有经验，群众对婚姻法第三章第八条：'夫妻有互爱互敬，互相帮助，互相扶养，和睦团结，劳动生产，抚育子女，为家庭幸福和新社会建设而共同奋斗的义务'最感兴趣。凡属从第八条宣传入手，提高群众参加运动的积极性，然后教育群众，说明要达到这一目的，必须废除包办、买卖、反对虐待、干涉，实行男女平等，婚姻自主。并针对各种人的思想情况，结合当地真人真事，用新旧对比，解释婚姻法，反复说明新旧婚姻制度在生产、家庭与夫妻生活中的不同影响和不同结果，这样群众容易接受，体会深刻，收到良好效果。但有的地区与群众见面的开始，便强调'结婚自由，离婚自由'，致群众接受不了，顾虑大，恐慌……如是便遭到群众的严重抵抗，死人现象即会发生……根据中央及中南指示，今年运动的要求是要开辟道路，建立思想阵地，制止干涉与虐杀虐待，打下贯彻婚姻法的基础……在宣传工作中又应从正面入手，首先讲解婚姻法第三章第八条，说明婚姻法的目的是为了和睦家庭、团结生产，为此，须实行男女平等、婚姻自主，明确指出今后如有虐待虐杀与包办干涉，就是犯法行为"③。

① 周恩来.周恩来文集[M].北京：人民出版社，1997：55－58.

② 中央人民政府政务院.关于贯彻婚姻法的指示[N/OL].新华日报，1953.2.3(1).

③ 有关20世纪50年代婚姻法的颁布及实施情况的一组文献[J].中共党史资料，2009(01)：11－13.

1953 年 3 月 29 日，《中共中央转发中南贯彻婚姻法办公室党组关于中南区贯彻婚姻法运动情况的报告及中南局对此报告的批语》："此报告很好，其中所提四点特别值得重视：即（一）要把干部训练好，思想弄通。这是今后贯彻婚姻法的基本关键。（二）不要过分强调深入，死啃孤点，要迅速展开全面宣传，使政策与群众见面，免得群众以讹传讹，闻风自杀。（三）向群众宣传要先从第八条说明婚姻法目的是使夫妻互敬互助和睦团结，便利生产入手，再说到为达到此目的必须实行婚姻自主、废除包办、买卖、反虐待、干涉等规定。（四）因春耕已到，干部训练后应立即开展一般宣传，时间不宜拖得过长，对群众婚姻纠纷与家庭纠纷的调节，应放在宣传之后……"①

1953 年 4 月 19 日发布的《中共中央关于结束贯彻婚姻法运动的指示》指出："目前大部分地区宣传运动已经结束，一部分地区将要结束，一部分地区正在高潮，而广大农村春耕生产已成为压倒一切的中心任务。因此，各地贯彻婚姻法运动应根据其本身发展情况及当地工作实际情况，于四月份内完全结束，五、六两月内将总结报来中央。为了胜利地结束这一运动，为了今后经常地进行贯彻婚姻法的工作，必须认真地总结这次运动的经验，不要马虎了事"②。

1953 年 11 月 11 日，中央贯彻婚姻法运动委员会刘景范副主任在政务院第 193 次政务会上做了《中央贯彻婚姻法运动委员会关于贯彻婚姻法运动的总结报告》，报告对婚姻法贯彻情况做了较为详尽的总结。报告有对取得成果的肯定，对存在问题的真实反映，也有对宣传经验的总结及对下一步推进婚姻法实施深度与广度的部署。总的来讲，报告真实详尽，意义深刻。

4）立法重点：废旧立新

从婚姻法条例表述与内涵实质来看，我们认为该法基本上继承了中华人民共和国成立前夕在中央革命根据地实施的由毛泽东签发的《中华苏维埃共和国婚姻条例》（1931 年）的基本精神与原则，旨在废除以父权包办、强迫买卖、男尊女卑、为父母命是从为主要特征的封建传统婚姻家庭制度，建立以婚姻自由、男女平等、一夫一妻、重视妇女儿童权利为原则的新民主主义婚姻家庭制度。从婚姻法宣传、实施的重点来看，该法以纠正、转变人民封建传统婚姻家庭观念为切入点，重点明确婚姻法反封建的民主改革性质。

5）立法意义：婚姻家庭领域的一次民主革命

1950 年，《中华人民共和国婚姻法》作为新中国成立后国家颁布的第一部国家大法，其历史性与进步性不言而喻。这部大法从 1948 年刘少奇委托邓颖超等人（中央妇委成员）着手起草至 1950 年 5 月 1 日正式实施，历经一年半，经过反复的

① 有关 20 世纪 50 年代婚姻法的颁布及实施情况的一组文献[J]. 中共党史资料，2009(01)：10.

② 有关 20 世纪 50 年代婚姻法的颁布及实施情况的一组文献[J]. 中共党史资料，2009(01)：15.

研究、讨论和修改，可以说婚姻法的整个制定过程是严肃谨慎的。它所反映的精神实质与美好愿望基本上已囊括自此30年后1980年婚姻法和50年后2001年婚姻法的基本内涵与主要内容。该法明确以建立新民主主义家庭制度为目标，以调整婚姻关系为主要任务，同时，也涉及家庭关系与妇女权益保护等问题，故1950年婚姻法实际上是一部囊括了婚姻与家庭领域的婚姻家庭法规总则。是中国人民在婚姻家庭问题上反封建斗争的经验总结，是几千年来中国婚姻家庭制度上一次伟大而深刻的革命①。

6)问题剖析：婚姻自由立法精神与落后的人民生活脱节

在肯定其积极作用的同时，我们也需要冷静分析婚姻法颁布与实施过程中显露或隐藏的问题与矛盾。就如落实条例所反映的，婚姻法整个推广实施过程并不顺利，人民群众并不买账，抵触情绪严重，恐慌、抵抗、甚至是自杀现象时有发生，这与立法初衷相悖，与美好愿望相抵。我们可以认为这些现象与新中国成立后，社会主义过渡时期的背景及宣传工作人员的理解、宣传不到位有关，与人民对新事物的接受周期相关，但笔者认为，法律与现实世界的脱离才更是其推广不顺利的重要原因。社会学家古德认为：几乎在所有国家，尤其是那些不发达的国家，新的法律往往要比公众舆论先进得多。这些法律旨在创造新的家庭模式，这类模式主要符合领导人有关平等与正义的观点，而与传统的家庭制度大相径庭②。1950年婚姻法的第八条明确指出夫妻的义务主要是："和睦团结、劳动生产、抚育子女、为家庭幸福和新社会建设而共同奋斗"，为此，必须实行男女平等、婚姻自由。虽然追求平等、自由的愿望美好，但脱离了当时国家经济生产落后、人口急剧增长的现实环境。也许不少城市进步青年对婚姻自主有现实需求，但广大农村地区更关注的却是家庭作为生产单位的功能性需求，婚姻的主要功能被认为是组建新的生产、哺育单位。毋庸置疑，在这样的社会现实下，传统的扩大家庭制度似乎更能与当时的经济社会发展需求相适应。此外，法律领域严重依赖的"分割领域"观念与"敌对世界"的主张也是造成其无法与现实世界相融的又一主要原因。就如婚姻自由原则所诠释的："任何财富的多寡，任何门第的高低，都不应再成为男女结婚关系的基础。任何珍贵之物，都不能作为男女双方相互爱情的代替物或交换品"③。婚姻法坚决拥护婚姻的神圣性，绝不允许婚姻受到不适当经济因素的侵蚀。而实质上法律保护的是"经济不应与情感相混淆"原则，因为立法者认为这种侵蚀会在两个领域内同时进行。为避免互相侵蚀，他们将婚姻神圣化，明确婚姻边界，更重要的是，还试图把不同领域的功能与任务区分开来。而现实情况却是，夫

---

① 黄传会.共和国第一部《婚姻法》诞生纪事[J].档案春秋，2006(12)：8.

② 古德.家庭[M].魏章玲，译.北京：社会科学文献出版社，1987：3.

③ 王歌雅.中国现代婚姻家庭立法研究[M].哈尔滨：黑龙江人民出版社，2004：134.

妻双方或家庭成员往往只有在运用自己背景中所有可用的方式而不能解决相关的权利与义务争端之后，才会求助于法律[①]。由此可见，婚姻家庭与经济领域的分割自然会导致民众认为对公、私领域的划分，对情感关系、交易和媒介进行匹配。从这一角度看，立法者与民众实质上都在进行着“关系匹配”，只是二者存在不交融的一面。

2. 1980 年《婚姻法》相关表述及分析

1）立法原因：包办婚姻重新抬头、新问题不断涌现

自 1950 年第一部《婚姻法》颁布，实施时间长达三十年。在这三十年间，中国社会发生了巨大而深刻的变化。特别是“文革”的十年，婚姻家庭领域也相应发生改变，新的情况、新的问题随之涌现。其中主要体现为：包办、买卖婚姻重新抬头、借婚姻索取财物有恃无恐、遗弃、虐待老人的行为有所增加、拐卖妇女的违法犯罪行为引起关注、“三快婚姻”（登记快、结婚快、离婚快）比例增高[②]。显然，1950 年《婚姻法》已不能适应社会现实需要。重新制定一部符合国情民风的新婚姻法成必然趋势。

2）对基本原则的补充：明令禁止婚姻包办与买卖

1980 年婚姻法总则第一条保留原婚姻法中“男女婚姻自由、一夫一妻、男女平等”原则，但将“保护妇女和子女合法利益”原则，扩大为“保护妇女、儿童和老人的合法权益”原则，新增“实行计划生育”原则。在保障原则实施的禁止性条款中，由原来“禁止重婚、纳妾。禁止童养媳。禁止干涉寡妇婚姻自由。禁止任何人借婚姻关系问题索取财物。”修改为“禁止包办、买卖婚姻和其他干涉婚姻自由的行为。禁止借婚姻索取财物。禁止重婚。禁止家庭成员间的虐待和遗弃。”增加了“禁止包办、买卖婚姻”和“禁止家庭成员间的虐待和遗弃”的规定。

3）补充条例与司法解释：重视对现实问题的解决

1980 中共宣传部和全国妇联为贯彻执行新婚姻法，编订了《中华人民共和国婚姻法宣传事实要点》，强调宣传、学习、贯彻新婚姻法的重要性。要点认为婚姻法涉及每个公民和家庭的切身利益，党员干部具有将法律宣传进千家万户的责任与义务。宣传应从广大青年群体着手，引导其树立正确的婚姻观念，纠正封建主义与资本主义的不良婚习，鼓励青年冲破制度与家庭束缚，追求婚姻自主自由，表彰带头遵行婚姻政策的个人和家庭，拥护依法行政、关心维护人民群众合法权益的模范干部。

1980 年婚姻法实施过程同样遇到一系列新的问题和情况，为顺利贯彻实施新

---

① 泽利泽. 亲密关系的购买[M]. 姚伟，刘永强译. 上海：上海人民出版社，2009：42.

② 王歌雅. 中国现代婚姻家庭立法研究[M]. 哈尔滨：黑龙江人民出版社，2004：211－213.

婚姻法相关规定，妥善应对新旧婚姻法过渡期产生的问题，最高人民法院与国家相关部门做出了相应司法解释与批复，以此弥补婚姻法未说明的空白和不足，也为进一步扩大婚姻法适用范围及执法细则提供了依据。相关司法解释与补充说明主要体现在六个方面：其一，对各类婚姻主体的补充规定；其二，对婚姻登记的补充办法；其三，对重婚、事实婚姻等复杂婚姻问题案件的补充意见；其四，对离婚理由、财产分割、子女抚养问题的补充说明；其五，对抚养、亲子、收养等家庭关系的补充意见；其六，对计划生育政策的强调与规定(因补充条例不涉及婚姻代际干预问题，故此处只做概括，不一一展开叙述。

4)立法重点：强调现实性与规范性

1980年婚姻法因主要针对“文革”时期与改革开放初始阶段婚姻家庭领域产生的一些亟待规范解决的问题，凸显了立法的现实性。因更加注重立法细节与执行条件而凸显其规范性。该法把握了时代变化，反映社会现实需求，规范了社会关系，从重视婚姻家庭阶级斗争回归到重点解决婚姻家庭的现实问题中来。1980年婚姻法因明确了计划生育、离婚条件、财产划分等具体执行标准而在出台后引起社会各界强烈反响，婚姻家庭领域随之发生深刻变化。

5)立法意义：回归家庭，直面现实

20世纪80年代的中国社会是社会动荡与变革发展交融的时期。1980年婚姻法正是在国家经济结构转变、改革开放政策如火如荼发展的环境下颁布。可以说，婚姻法选择在这一时期颁布，既体现了国家对婚姻家庭领域的重视与法制重建决心，又顺应了时代发展，是对社会变革背景下婚姻家庭领域新需求与新问题的集中回应。从整个婚姻法发展史来说，1980年婚姻法是一部具有承上启下，时代意义显著的法律。它继承了1950年婚姻法的基本原则与主要精神，重申了先行婚姻法中行之有效的规定，同时又根据新的变化与需求在财产分割、离婚条件、计划生育、妇女儿童权益保护等方面做出了较为细致、全面的补充修改，促成了婚姻法向家庭的回归。

6)问题剖析：立法被动，缺少超前意识

社会普遍认为对法律实践的评价要融入特定时代背景中综合考察。我们不得否认1980年婚姻法在婚姻家庭中产生的具体问题与法规实施环节上的适用性，补充条例与司法解释的陆续出台在相当程度上为发生在婚姻家庭领域的纠纷解决提供了便利依据。但问题导向的法律制定程序似乎暗藏了法律制定的被动性与落后性。不同于古德的“法律往往比公众舆论更具有相当程度的超前性”观点，美国学者薇薇安娜·A.泽利泽认为：法律领域具有某种内聚性和惰性，这意味着法律实践常常滞后于惯常的社会实践，并构建了一种要求在立法与司法两个方面进行转述的专门的技术性的科学。而且，习惯性社会生活关系出现的重大变革，会影响到法律的定位和法律的实践[①]。例如，在20世纪80年代，在改革开放政策背景下，受到西方自由婚恋观的影响，我国离婚比例明显升高，所受理的离婚案件由1979年的21万件上升为1987年的54万件[②]。由离婚引起的财产分割、子女抚养问题相继增多。此外，受观念开放影响，婚外情、大学生结婚现象时有发生，因贫、因工作出国或长期分离导致的婚内出轨、婚外情现象明显增多(1981年对北京东城区离婚数据的调查结果显示：以性格不合提出离婚的为125例，占离婚案总数的21%。因喜新厌旧、有通奸行为、怀疑一方作风不正而提出离婚的共计157件，占离婚案总数的26%。由于经济问题造成离婚的50例，占离婚案总数的8%。草率结婚而致离婚的为40例，占离婚案总数的7%)。面对如此社会现实，最高人民法院应时发出《关于贯彻执行民事政策法律若干问题的意见》(1984年8月30日)，此后，一系列有针对性的法规补充通知与司法解释相继发出(1986年7月9日《关于普通高等学校学生、民航空勤人员和国家队运动员结婚年龄的函》、1987年6月15日《关于人民法院在审判工作中能否采用人类白细胞抗原作亲子鉴定问题的批复》、1989年11月21日《关于人民法院审理未办结婚登记而以夫妻名义同居生活案件的若干意见》、1993年11月3日《关于人民法院审理离婚案件处理财产分割问题的若干具体意见》等)。这些事实似乎印证了泽利泽关于法律实践滞后性的观点。

3. 2001年《婚姻法》修改及分析

1)立法原因：开放社会的新要求

1980年婚姻法自1981年1月1日正式实施至2001年4月28日，已经适行20年之久。1980年婚姻法对于摆脱政治性干预、重建婚姻家庭关系、维护自由民主的婚姻家庭制度以及对促进社会稳定与和谐发展起到了积极的作用。事实证明，该法遵循的基本原则与精神内涵经得起时间与历史的考验，即便进入21世纪也同样值得坚持。此外，有关夫妻及家庭成员间权利与义务的规定及对妇女儿童和老年人合法权益的保护也同样适用。但随着改革开放深入发展，伴随着物质与精神世界的深刻变革，婚姻家庭领域出现了新的变化与需求。一方面，自由开放的婚恋观念深刻影响年轻一代人的思想与行动，传统意义上的买卖婚姻、强制包办婚姻比例下降；但另一方面，婚外恋、重婚纳妾、包二奶、家庭暴力、闪婚闪离等危害婚姻家庭稳定的现象比例逐年上升，个体越来越受到文明外衣包裹下的西方唯物质论与个体化价值观的影响与侵害。如广东省妇联1996年至1998年接受包二奶现象投诉分别为219件、235件和348件，1997年比1996年增长7.3%，1998年比

① 泽利泽. 亲密关系的购买[M]. 姚伟，刘永强译. 上海：上海人民出版社，2009：41.

② 王歌雅. 中国现代婚姻家庭立法研究[M]. 哈尔滨：黑龙江人民出版社，2004：287.

1997 年增长 48%[①]。全国妇联 1997 年对 15 省市的信访统计数据显示，因家庭暴力引起的信访量已占婚姻家庭信访总量的 34.5%。1999 年广东省妇联在广州等 11 个市组织的入户调查中，有 29.2%的家庭存在不同程度的家庭暴力现象，其中有 79.4%是丈夫对妻子施暴[②]。据《中国统计年鉴》和《民政统计历史资料》记载，仅民政部门调解办理的协议离婚，由 1980 年的 18 万对上升到 1999 年的 47.7 万对[③]。婚姻家庭纠纷在整个社会民事纠纷中的比重也在不断上升，从 1987 年的 18.84 万件上升到 2000 年的 19.51 万件，占民事纠纷的比重从 1987 年的 17.1%上升到 2000 年的 38.78%[④]。这些数据资料充分反映出社会变革发展对婚姻家庭产生的影响以及随之而来亟待解决的新问题与新变化。虽然 1980 年婚姻法正式实施到 20 世纪 90 年代中期陆续出台了一些有针对性的行政法规与司法解释，但相较于正式婚姻法条例仍缺乏权威性与普适性，公民对其了解与运用的效果不佳。以上种种现象都对婚姻法重新修订提出要求。

2）立法目的与原则：增补婚姻禁止行为

2001 中华人民共和国婚姻法，开篇第一章第一条明确立法目的："本法是婚姻家庭关系的基本准则"[⑤]。第二条继续延续 1980 年婚姻法强调"实行婚姻自由、一夫一妻、男女平等的婚姻制度。保护妇女、儿童和老人的合法权益。实行计划生育"[⑥]。"禁止包办、买卖婚姻和其他干涉婚姻自由的行为。禁止借婚姻索取财物。禁止重婚。禁止家庭成员间的虐待和遗弃"。新增"禁止有配偶者与他人同居。禁止家庭暴力"[⑦]。

3）结婚条件：重申结婚自愿原则，配套法规保障

2001 年婚姻法在 1950 年与 1980 年婚姻法基础上继续遵循结婚自愿原则，与婚姻法第三条："禁止包办、买卖婚姻和其他干涉婚姻自由的行为"相呼应，婚姻法第五条规定："结婚必须男女双方完全自愿，不许任何一方对他方加以强迫或任何第三者加以干涉"[⑧]。值得注意的是，2001 年婚姻法修正案新增第十一条将胁迫婚姻视为可撤销婚姻进行规定，进一步保障婚姻自愿原则。同时，婚姻法后续涉及以上法规补充条例的出台对婚姻自由原则与结婚自愿条件的贯彻施行辅以行动支

---

① 王歌雅. 中国现代婚姻家庭立法研究[M]. 哈尔滨：黑龙江人民出版社，2004：307.

② 王歌雅. 中国现代婚姻家庭立法研究[M]. 哈尔滨：黑龙江人民出版社，2004：306.

③ 李亚娟. 建国以来的婚姻法律与婚姻家庭变迁——从 1950 年婚姻法到 2001 年婚姻法修正案[D]. 西北工业大学，2003：30。

④ 国家统计局. 中国统计年鉴[M]. 北京：中国统计出版社，1989：895.

⑤ 中华人民共和国婚姻法配套解读与案例注释[M]. 北京：中国法制出版社，2013：1.

⑥ 中华人民共和国婚姻法配套解读与案例注释[M]. 北京：中国法制出版社，2013：2.

⑦ 中华人民共和国婚姻法配套解读与案例注释[M]. 北京：中国法制出版社，2013：9.

⑧ 中华人民共和国婚姻法配套解读与案例注释[M]. 北京：中国法制出版社，2013：22.

持。补充条例主要有:2003 年 8 月 8 日《婚姻登记条例》第六条第二项规定:非双方自愿办理结婚登记的,婚姻登记机关不予登记;2005 年 8 月 28 日《妇女权益保障法》第四十四条规定:"国家保护妇女的婚姻自主权。禁止干涉妇女的结婚、离婚自由"[①];2011 年 2 月 25 日《刑法》第二百五十七条规定:"以暴力干涉他人婚姻自由的,处二年以下有期徒刑或者拘役。犯前款罪,致使被害人死亡,处二年以上七年以下有期徒刑。第一款罪,告诉的才处理"[②];2012 年 12 月 28 日《老年人权益保障法》第二十一条规定:"老年人的婚姻自由受法律保护。子女或者其他亲属不得干涉老年人离婚、再婚及婚后的生活"[③]。

4)立法修改重点:突出保障个人合法权益

2001 年婚姻法修正案较 1980 年婚姻法做出较多修改和补充,主要体现出以下几点。

其一,增补基本原则。2001 年婚姻法在继续遵循 1980 年婚姻法:"实行婚姻自由、一夫一妻、男女平等的婚姻制度。保护妇女、儿童和老人的合法权益。在实行计划生育"基本原则不变的基础上,补充了:"夫妻应当互相忠实,互相尊重;家庭成员间应当敬老爱幼,互相帮助,维护平等、和睦、文明的婚姻家庭关系"(第一章第四条),彰显了新时代国家对建构和谐婚姻家庭关系的重视与追求。此外,2001 年婚姻法第一次明确规定"禁止有配偶者与他人同居。禁止家庭暴力"(第一章第三条)以此保障家庭成员的婚姻、人身权益。该法对基本原则的扩展不仅是对公民现实需求的回应,也为建设社会主义文明和谐的婚姻家庭制度提供了法律支持与保障。

其二,填补无效婚姻与撤销制度,填补了立法空白。该法第二章第十条明确规定了无效婚姻的四种类型:重婚的;有禁止结婚的亲属关系的;婚前患有医学上认为不应当结婚的疾病,婚后尚未治愈的;未到法定婚龄的。第十一条对可撤销婚姻及撤销婚姻期限给出详细规定:"因胁迫结婚的,受胁迫一方可以向婚姻登记机关或人民法院请求撤销该婚姻。受胁迫的一方撤销婚姻的请求,应当自结婚登记之日起一年内提出。被非法限制人身自由的当事人请求撤销婚姻的,应当自恢复人身自由之日起一年内提出"。此外,该法还明确了无效或被撤销婚姻的法律效力(第十二条)。从世界婚姻立法的对比中可以看出西方发达国家均对无效婚姻有较为完备的规定与配套解释。普遍认为,无效或可撤销婚姻是对违反婚姻法规现象的法律制裁。我国 2001 年婚姻法对该领域的补充、修订,完善了婚姻法体系,推动了婚姻法制化建设与发展,完成了无效、可撤销婚姻法规从无到有的突破。

① 中华人民共和国婚姻法配套解读与案例注释[M]. 北京:中国法制出版社,2013:23.

② 中华人民共和国婚姻法配套解读与案例注释[M]. 北京:中国法制出版社,2013:23-24.

③ 中华人民共和国婚姻法配套解读与案例注释[M]. 北京:中国法制出版社,2013:23.

其三，修改夫妻财产立法。随着改革开放进一步深入，物质经济快速发展，人们拥有的财富数量与种类明显增多，财产所有权观念日益增强。旧有夫妻财产的划分制度无法兼顾保障个体与夫妻的财产权益。在新的变化与需求之下，2001年婚姻法第十七条、第十八条明确规定夫妻共有财产与一方财产的范围，第十九条明确夫妻财产约定应采用书面形式，并对双方具有同等约束力。

其四，完善离婚制度。2001年婚姻法离婚制度调整主要内容包括：第一，2001年婚姻法(第三十二条)较1980年婚姻法采用罗列示例的形式明确了离婚诉讼感情破裂的具体情境和标准，有利于相关部门对照执行。第二，该法第三十八条明确赋予离婚父母对子女的探视权，该条法规凸显了婚姻法对离婚父母及子女成长权益的重视和保护，凸显了以人为本的立法精神。第三，新增离婚补偿与损害赔偿制度。第四，完善了离婚救济制度。总的来讲，以上四点对离婚制度的完善是实现离婚自由的必要保障，也是法律保障夫妻双方合法权益的内在要求。

其五，扩增法律责任。1980年婚姻法仅在附则中简单涉及强制执行方法，缺少对不同情形的区分讨论，降低了后续执法效率，增添了执法难度。对此，2001年婚姻法新增第五章救助措施与法律责任。其第四十三条至四十九条是对婚姻违法情境和惩罚形式的具体罗列和明确。对遏制家庭暴力、降低离婚损害、维护债权人利益起到了积极作用。

5)立法意义：稳定家庭关系、完善家庭制度

2001年婚姻法修正案是20世纪末21世纪初一部跨时代的法律，是时代发展的必然要求。2001年婚姻法修正案的制定无论在立法原则还是立法目标上都满足了稳定婚姻家庭关系、完善婚姻家庭制度的需要。因此，在婚姻法修订过程中十分注重对诸如家庭暴力、重婚、婚外同居、漠视老年人权益等社会热点与难点问题的关注。这些现象的存在不仅败坏了社会道德风尚，更侵害了公民合法权益，破坏了夫妻情感与家庭稳定。基于此，2001年婚姻法对原有婚姻法进行补充、修改、完善。增补了夫妻忠诚、家庭互助基本原则、填补了无效婚姻与撤销制度的立法空白、重新规范夫妻财产制度与离婚救济制度、扩展了法律责任。这些修订重点反映婚姻立法顺应时代发展、保护公民合法权益、以人为本的立法精神，及时遏止了可能发生在婚姻家庭领域的违法犯罪行为。此外，该法对无过错赔偿制度的补充及对婚姻变更时家庭成员责任与义务的划分均对维护家庭成员的合法权益、构建社会主义和谐家庭关系起到了积极作用。

6)问题剖析：分割感情与理性世界，忽视了现实法律需求

我国三部婚姻法的确立及修改过程均未明确涉及在婚姻缔结过程中家庭亲属关系、姻亲关系参与界限方面的内容，这不利于对可能存在的婚姻干预纠纷进行法律干涉，无法充分保障家庭成员及亲属成员的合法利益。曾有学者指出宜粗不宜细原则是新中国成立后几次婚姻法修订的指导原则。并意识到坚持这一原则虽然

便于对法律制度进行宏观架构，但却不利于建设精密性法律规范[①]。笔者非常赞同以上观点，并认为这与中国“家丑不外扬”“清官难断家务事”的传统观念不无相关，立法部门顾及家庭内部事宜的敏感性选择笼统立法。从学术角度来讲，这与过去整个立法史所体现出的、多数立法专家奉行一种二元论世界观有关，即认为存在情感世界与理性世界之分。他们认为两种世界各自有其独特的运行轨道，并对其参与者产生不一样的制约和影响，二者互不侵犯为好，一旦边界模糊，就会使情感性关系变得唯利是图或给原本由理性世界支配的商业交易中加入人格化不确定因素，最终导致二者同时受到侵蚀[②]。

以上对1950年婚姻法、1980年婚姻法、2001年婚姻法的分析可以得出我国婚姻立法是时代精神与社会发展特征在婚姻家庭领域的集中体现。婚姻家庭作为社会构成的重要组成部分，其表现特征与时代发展同步，产生的问题与社会稳定相关。总的来讲，不存在永恒不变的法律法规，婚姻法规体系需要因时而变，不断完善。因每个时代产生的问题与需求不同，婚姻法阶段性修改与完善过程中关注的问题自然也各有不同。就本项研究关注的婚姻代际干预问题而言，三部婚姻法中均有涉及，但强调的侧重点与关注度不同。总体而言，1950年婚姻法对这一问题的关注度最高，宣传呼声最响，整个婚姻法宣传都围绕废除封建婚姻制度，树立婚姻自由观念，禁止婚姻干预展开。而1980年婚姻法对这一问题涉及较少，虽然那一时期政治婚姻、干预婚姻仍大量存在，但相较于经济社会变革给婚姻家庭带来的财产分配与相关影响，婚姻干预问题被束之高阁。2001年婚姻法修正案重新对婚姻自由给予应有的重视，在更加注重保障公民合法权益、以人为本等立法理念的趋势下，婚姻干预问题被再次推到台前。无效婚姻、可撤销婚姻法规的增补促使婚姻法制体系逐步完善，以期保障婚姻自由的法规顺利执行。上述三次婚姻法的修订都仅是将婚姻自由作为缔结婚姻的基本原则，将婚姻干预作为禁止条例列出，而对婚姻自由的条件、婚姻干预的类型与程度缺少细化规定。这就造成即便有婚姻法与配套法规的支持，但现实生活中一旦发生婚姻干预的现象法律仍无法对其进行深度干预，更多只是道德层面的谴责。这与我国50年婚姻立法史中“宜粗不宜细”的立法传统有关，与婚姻法修订需求导向、倒推式的被动形式有关，更是因情感世界与理性世界的敏感界线始终存在，人们无法真正意义上正视情感关系中的理性存在及理性世界的情感因素所致。笔者认为探索婚姻干预的内在实质正是需要打破经济理性与文化感性的界限，将二者结合起来分析，而这正是我国婚姻立法所缺少的，也是本研究的意义所在。

---

① 王歌雅.中国现代婚姻家庭立法研究[M].哈尔滨:黑龙江人民出版社,2004:386.

② 泽利泽.亲密关系的购买[M].姚伟,刘永强译.上海:上海人民出版社,2009:58.

1.1.3 理论背景

自20世纪末期开始，关于家庭的讨论变得更为纷杂，很多理论与经验研究表明，家庭正在发生着巨大的变化，整个社会都在探讨现代化发展变迁导致生活方式的多元化与个体化趋势，婚姻代际干预是代际关系在婚姻领域的集中体现，包括向下干预——父辈干预子辈婚姻和向上干预——子辈干预父辈婚姻这两种干预形式，本研究仅指针对父辈对子辈这类向下婚姻干预形式。其实质和核心是父辈对子辈婚姻问题的重视和参与。从社会历史发展长河、个体生命周期及整个人类家庭发展史角度看，择偶形式都是人类社会所特有的能够体现个体、家庭和社会变迁特征的重要文化现象。对择偶形式的科学研究或许是19世纪中叶以后的事，但笔者看来，人们对家庭成员婚姻问题的重视可谓自古已然，工业化和城市化发展及随后而至的市场经济竞争、人口流动迁移、家庭结构变迁等因素不断改变着传统家庭代际关系及其权利结构，婚姻择偶形式随之发生改变，并成为国内外学界关注的热点问题之一。

1. 西方的家庭研究中关于现代化与择偶形式变迁的讨论及理论走向

1938年，奥格本（W. F. Ogburn）在他的《变化中的家庭》（*The Changing Family*）一书中提出了他的家庭衰落论观点。这一观点得到了以古德和帕森斯为代表的经典家庭现代化理论学者的支持和发展。这一学派的学者普遍认为，现代化与工业化发展推进了家庭结构的核心化、简单化与独立化，核心家庭的独立化是工业社会发展的必然产物。更多的城市就业机会，为青年人创造了在地理位置上离家的可能性，为了更好地适应现代经济社会发展，传统的家庭亲属集团不得不面临家庭结构重组与成员疏远的现状。而个人经济上的独立又拉大了其与原生家庭的社会地位和心理距离，教育、医疗卫生、社会保障制度的发展与完善进一步减少了人们对亲属关系网络的依赖程度。因此，家庭现代化理论认为核心家庭独立化也是传统家庭在面对现代社会职业流动需求的积极回应。

择偶形式在社会现代化发展过程中同样发生着改变。家庭现代化理论认为，新的社会规范使个人目标而不是家庭共同目标合法化，社会团体在满足人类需求的可获得性和对家庭的替代性上致命打击了家庭原有的社会化功能及互助功能[①]。当家庭现代化理论应用于择偶形式时，学者们主要关注的是婚姻当事人的认识方式，即以自由恋爱为前提的自主婚姻是现代家庭摆脱以前需要家族中年长者提供婚姻支持的重要表现。20世纪上半叶的西方社会，父母与成年子女独立居住已经是十分明显的趋势，原生家庭除生育和幼年养育功能之外的其他功能已逐

① 石金群. 独立与依赖[M]. 北京：社会科学文献出版社，2015：2.

步弱化，据家庭现代化理论看来，青年人从原生家庭独立出来有效地促成了自主婚姻的形成。

20 世纪 60 年代以来，后发展国家逐渐展现出不同于西方家庭变迁轨迹的多样化趋势。一些研究者开始对经典家庭现代化理论提出质疑与批评，批评的焦点在对传统与现代关系的讨论。以古斯菲尔德(1967)为代表的批评者认为，传统与现代之间并不一定会产生冲突，传统并非一定代表落后，而是可以通过自身转化和发展促成并支持现代化发展，他们认为家庭现代化理论带有西方中心论色彩和趋同论色彩，具有一定的意识形态偏见，在一些发展中国家缺乏解释力，以费孝通(1983)为代表的众多东方学者基于本土社会研究，认为亟待形成一种适用于东方社会现实情境和文化传统的理论模型来对东方婚姻家庭变迁与择偶形式演变特征、沿革机理与影响进行合理阐释。

几乎在同一时期，西方发达国家的大量研究也证明经典现代化理论预言的核心家庭独立化与婚姻自主为时过早。20 世纪 60 年代后的一系列研究也证明，尽管独立化浪潮正影响青年一代的生活方式，但青年人并没有因此而走向真正的独立，虽然他们同父母之间的空间距离增加，但现代交通工具与电子通信技术的发展促使青年人依然与他们的父母保持着频繁的物质联系与情感互动[①]。代际间的权利责任与亲密关系并没有因时空距离的扩大而消散，相反，亲子间总是在彼此需要的时候提供必要的帮助，例如中老年父母对孙子女的隔代看抚，成年男女对老年父母的赡养照料，以及中老年父母对子女婚姻花费的物质支持与家务帮助。这种“应急性”的代际互助模式被认为是家庭网络在现代城市中的弹性表现。家庭亲属网络在成员抚育、教育、养老、婚姻缔结的过程中从未缺席，并且为新组成的核心家庭成员提供了物质和心理上的支持与帮助。

基于对以上现实的关注，“代际团结”理论应时而生。该理论认为代际团结与整合仍然是现代家庭关系的重要特征。在择偶形式的研究中，代际团结理论主要关注代际团结如何在子代婚姻缔结过程中发挥稳定性作用。依据本特森和他的同事们提出的代际团结概念和具体测量模型，可以认为由于家庭成员间的功能依赖以及家庭成员长久以来形成的内在规范，在子代缔结婚姻的过程中，代际间倾向于从家庭主义、情感顺从、孝道责任及资金劳务交换与互助方面出发做出家庭决策。

同时，现代化进程也表明婚姻家庭变迁并非直线发展，而是充满了复杂性、矛盾性与多样性，传统与现代因素可以协调转换，团结和冲突矛盾共存，人们始终重视家庭与婚姻生活，更认识到择偶行为是世代家庭绕不开的实践活动，自然不满足于对择偶对象的背景、条件、文化等因素的简单描述，也不仅仅是了解择偶过程或择偶方式。而是希望解释个体的具体选择，回答什么样的两个人更容易走到一起，

① 石金群.独立与依赖[M].北京：社会科学文献出版社，2015：3.

为什么他和她而不是和其他人结婚？各类择偶理论（择偶偶像理论、婚姻市场理论、资源交换理论、需要互补理论、同类匹配理论、择偶坡度理论、择偶策略理论）由此产生，希望通过给出一种形而上的思考方式去诠释这一问题。这些理论分别从结构、个体层面相互作用、纠结、聚集角度出发，揭示了现代婚姻择偶形式的复杂性与家庭代际关系的矛盾性。受这些理论与现代择偶形式多样化趋势推动，分析和解释婚姻市场中家庭代际关系的功能和作用成为当前婚姻家庭研究的新走向与新要求。

2. 中国的家庭研究中关于现代化与择偶形式变迁的讨论及理论走向

20 世纪 90 年代以来，以徐安琪（2001）、杨菊华（2008）、李璐璐（2009）为代表的许多中国学者认为，中国社会正经历着与西方婚姻家庭变迁相似的工业化、城市化发展与市场经济结构变迁的背景，人口迁移与流动频度提高、个人主义价值观膨胀，这些因素相互交织影响改变了中国家庭存在的环境，年青一代为追求独立自主的生活方式，不断适应职业流动与市场竞争需求，或主动或被动地脱离原生家庭，与父母的代际空间距离不断扩大，家庭居住形式、代际关系与权力地位发生改变，一切似乎正向着西方经典家庭现代化理论预言的家庭核心化趋势发展。

但随着中国本土理论发展与科学调查研究的增多，部分学者指出中国城市中一直都是核心家庭占据主导地位[①]，不存在所谓的核心化过程[②]，主干家庭依然是中国的基本家庭形式[③]。特别是在婚姻择偶方面，受社会环境变迁的影响，婚姻市场竞争激烈、婚姻成本激增、青年人出于工具性需求，往往会在婚姻择偶方面寻求父母家庭的帮助和支持，中国社会受儒家文化影响深远，重视家庭，家本位特征仍然明显，家庭亲属网络仍然发挥着重要作用。

一些学者从理性角度出发，运用代际互助理论与家庭策略理论解释和分析父辈亲属网络对子辈婚姻问题的干预现象，他们认为，市场竞争的加剧与风险社会的到来导致婚姻成本水涨船高，维持良好、持久的亲属网络与代际关系是客观需求，父母通过投入大量家庭资源的方式与子女建立稳定的亲子关系，并以此来保证成年子女履行代与代之间的"合约"[④]。在婚姻问题上即表现为父母通过对子女婚姻缔结过程进行经济帮助和事务性干预换得成年子女的积极赡养与决策顺从。

另一些学者则从文化差异角度出发，解释中国与西方不同代际的互动特征。杨善华认为家本位文化、功利主义文化及与此相连的个人主义价值观共同影响了

---

① 杜正胜. 传统家族试论[M]//黄宽重，刘增贵. 家族与社会[M]. 北京：中国大百科全书出版社，2005：1－87。

② 马有才，沈崇麟. 我国城市家庭结构类型变迁[J]. 社会学研究，1986(02)：108－116.

③ 曾毅，李伟，梁志武. 中国家庭结构的现状、区域差异及变动趋势[J]. 中国人口科学，1992(02)：1－22.

④ 陈皆明. 投资与赡养：关于城市居民代际交换的因果分析[J]. 中国社会科学，1998(06)：131－149.

中国城市家庭的代际凝聚力。康岚从文化代差视角指出虽然两代人存在给予与需求方面的倾斜和缺陷，但是两代人仍能够维持和谐局面，主要是由于两代人的差异仅仅体现在浅层物质文化层面，在深层文化适应方面表现出更多协调与对话特征[①]。从这一理论视角看，婚姻代际干预的存在是家本位文化与个体需求双重作用的表现。

还有一些学者倾向于从中国特殊的社会转型背景出发，探讨制度变迁、市场转型与文化变迁对婚姻家庭决策行为的影响，郭于华（2008、2014）将个人生活史与宏观的社会历史过程联系起来，探讨了政治结构力量对个体生活轨迹与决策逻辑的影响。阎云翔（2006）关注个体化进程对中国私人生活的影响，他在2016年发表的学术论文中指出中国呈现出一个新的发展趋势，即父辈权力在“80后”“90后”一代成年子女的教育、职业道路、择偶、婚姻以及居住等重要决策中的影响增大了，他认为亲权的回归并非是个体化发展的阻力，它实际上是个体化过程中的一部分，体现了应对与驾驭个体化浪潮的个体策略[②]。

总之，中国婚姻家庭变迁呈现出多样性和复杂性，特别是在青年择偶方面，父辈家庭始终发挥着举足轻重的作用，而这显然不是西方已有理论所能解释的，国内学界亟待寻找新的理论突破。

首先，需形成符合我国社会现实情境的婚姻代际干预研究理论模型。目前的学术研究成果中，针对婚姻代际干预的研究相对较少，现有少数研究大体从三个视角进行探讨，即基于符合家庭现代化理论的视角、基于文化回归视角以及基于具体择偶模式分析视角，而基于历史发展演变与背后机制动力探讨的研究较少，相关研究仅将婚姻代际干预作为婚姻家庭变迁的一部分进行综合讨论，鲜有对婚姻代际干预历史演变特征与沿革机理进行系统独立的研究。仅有的讨论也是在“应然层面”把婚姻代际干预在现代化转型变迁中的社会期待定位为研究内容，而缺乏对现实情境中存在的婚姻代际干预现象承认接纳并进行归纳和分析，因此，亟待在“实然层面”构建形成深入剖析婚姻代际干预演变特征、沿革机理与影响的理论模型。

其次，需将婚姻代际干预研究置于变化的历史情境中进行考察。现有研究对婚姻代际干预的关注多是在某一特定历史情境下、某一特定发展阶段中对其表现状态进行讨论，少有研究将婚姻代际干预置于变化发展的历史长河中进行剖析，更鲜有对婚姻代际干预的历史演变特征、沿革机理与影响的系统分析，婚姻代际干预因涉及代际支持、代际交换与冲突而在整个婚姻家庭发展史中从未消失，且外在表现处于不断变化与演进状态，因此，剖析婚姻代际干预在新中国历史变迁过程中的

---

① 康岚．论中国家庭代际关系研究的代差视角［J］．中国青年研究，2009(03)：68－75．

② 阎云翔．社会自我主义：中国式亲密关系：中国北方农村的代际亲密关系与下行式家庭主义［J］．探索与争鸣，2017(07)：4－15．

演变特征，准确把握婚姻代际干预在现代化转型过程中的变革机制与影响，对于客观理解婚姻家庭变迁规律具有十分重要的意义。

最后，需对婚姻代际干预的演变与沿革实质进行深入剖析。目前关于婚姻代际干预的研究主要针对如何促进现代婚姻自主自由格局的策略进行探讨，而少有对婚姻代际干预的演变特征进行深入分析，缺乏对婚姻代际干预影响因素的关注，也鲜有从完整的理论构建角度出发，综合实证与质性研究方法深入分析婚姻代际干预的沿革机理及影响。此外，已有研究多是从文化宣传角度关注如何培养和推进婚恋自由思想以消除婚姻代际干预的影响，而少有从实然层面正视婚姻代际干预现实在整个婚姻家庭发展史中的合理性作用，因此，应将婚姻代际干预纳入到家庭应对时代变革发展的主观能动性中进行系统而全面的分析，为国家不断完善婚姻家庭制度、积极调整社会应激策略提供可借鉴的政策建议。

1.2 问题的提出及其意义

1.2.1 问题的提出

本研究尝试在中国"现代化转型"背景下构建父辈对子辈婚姻代际干预研究的理论模型，并以此为指导深度分析新中国婚姻代际干预在长期历史变革中的演变特征、沿革机理与影响。演变特征指其在新中国各历史时期的外显特征，是婚姻代际干预研究的基础，本研究转变传统家庭现代化理论的"单线式""同一性"分析思路，在分析总结已有调查数据和经验概括的基础上探索城乡婚姻代际干预的演变规律；沿革机理是在婚姻代际干预演变特征分析的基础上诠释其沿革过程与动力机制，转变整体历史环境下的"文化决定论""社会制约理论""结构功能论"等单一研究思路，分阶段、深层次地挖掘婚姻代际干预的沿革机理；产生的影响是在演变特征、沿革机理研究的基础上进一步剖析婚姻代际干预存在的合理性与弊端，转变"应然层面"的社会宣传与制度倡导研究思路，以实然层面的实证研究（数据、案例分析）探寻婚姻代际干预的具体影响。基于目前我国婚姻代际干预广泛存在的事实，要对其进行深入而系统的研究，必须回答以下问题：

(1)婚姻代际干预在长期历史发展过程中的演变特征是什么？其影响因素是什么？

(2)为何婚姻代际干预在现代化转型发展过程中始终存在？其沿革机理是什么？

(3)婚姻代际干预存在的基础与可能产生的影响是什么？我们应该如何客观地看待和评价这一历史与现实问题？

1.2.2 理论意义

择偶方式一直是家庭现代化理论发展与修正过程中的重要研究议题。改革开放 40 余年来，一方面，我们似乎证实了在渐进式的改革发展过程中，经济建设正在朝着经典家庭现代化理论预言的方向前进，工业化、现代化正在从城市向农村社会稳步推进。国内外学者都把现代化理论作为分析中国婚姻家庭形式变迁与代际关系变化的主要视角，他们接受现代化理论关于传统与现代关系的对立假设，认为成年子女婚后独立居住的代际分居形式有效地促成了代际“断裂”，居住距离的拉大导致了现代成年子女与父母关系逐渐疏远，与之相应，婚姻自由程度进一步提高，父母对子女择偶的干预程度减少，包办婚姻终将走向消亡（田晓虹，2001；刘中起，2002；徐安琪，2004）。家庭的主要功能也从小农经济时代的生产劳动单位转向满足情感需求与生养陪伴这些核心功能的单位，家庭中夫妻关系逐步超越亲子关系（雷洁琼，1994；杨善华，2000；沈崇麟等，2009）；另一方面，伴随着现代化建设的不断深入，婚姻家庭领域表现出家庭结构多元化，“啃老”问题、回归主干家庭与亲子关系复杂化等趋势，学者们开始反思传统家庭现代化理论在中国渐进式改革过程中的适用性与解释性发展。表现在婚姻择偶方面，无论是以职业与教育等级差异为特征的自致性阶层内婚的普及，还是以代际资源、家庭背景为考量的先赋性同质婚比例的上升，这些社会现实均反映出现代化发展并不必然促使婚姻自由这一婚姻理想的实现。

因此，本研究将婚姻代际干预现象置于传统——现代这一纵向历史维度中进行考察和分析，试图揭示现代化发展与婚姻制度变革过程中婚姻代际干预的演变特征与沿革机理。一方面，指出传统理论的当代解释力不足问题；另一方面，对有别于经典家庭现代化理论预期的各类结构性因素进行深入比较和分析，以期找到符合当代中国现实情境的理论突破点。

1. 在对婚姻代际干预演变特征、沿革机理与影响进行深入剖析的基础上形成符合我国社会现实的婚姻代际干预研究理论模型。在梳理研究成果的基础上，基于现代化理论、社会转型理论、代际团结、冲突理论、代际交换理论与代际矛盾理论构建出以婚姻代际干预为媒介的亲密关系经济行为理论分析框架，对其进行系统解构得出婚姻代际干预研究的核心内容：演变特征概括、机理探索与影响分析三个方面，对核心内容的重点把握是对婚姻代际干预现象普遍存在的现实回应，也是推动婚姻代际干预问题走出文化困境，实现良性发展的关键。

2. 将文化感性因素与经济理性因素相结合，为婚姻代际干预更好地发挥效用——协助青年缔结婚姻提供理论支撑。本研究转变了经典家庭现代化理论关于婚姻代际干预消亡的单线式猜想论，将婚姻代际干预的沿革过程视为家庭应对社会变迁的策略选择，关注婚姻代际干预在现代化转型过程中的演变特征与沿革机理，更加强调家庭与个体在面对现代化风险时的抉择过程，这不仅丰富了婚姻家庭变革的理论视角，而且能够在理论层面概括出基于中国现实场域的婚姻代际干预路径，为个人与家庭更好地应对现实婚姻问题提供理论指导。

3. 从应然层面的推断到实然层面的探究丰富了婚姻代际干预研究的相关理论体系。转变现有对婚姻代际干预研究仅停留在现代化发展应然层面的研究状况，在对婚姻代际干预演变特征、沿革机理与产生影响进行剖析的基础上将实然层面的婚姻代际干预现实与历史阶段特征相对应，在全面考察婚姻代际干预存在基础与变迁实质的基础上探索婚姻代际干预可能产生的影响，并对其进行客观评价，对涉及婚姻代际干预研究的传统理论体系进行完善。

1.2.3 现实意义

1. 有利于推动现代化转型中"择偶难"的问题走出现实困境。现代化转型过程中存在的择偶困境需要从社会应然层面提倡的婚姻自主文化与实然层面的家庭依赖矛盾、个体独立需求与现实经济能力不同步这两个方面进行解构。推动婚姻代际干预走出文化困境的关键在于正视其存在价值，对其存在合理性、沿革机理及可能产生的影响进行系统剖析，进而全方位地提升社会大众对婚姻代际干预的认知水平。国家作为婚姻家庭政策的制定者、主导者，深刻把握婚姻代际干预暗含的现实矛盾，是不断完善婚姻家庭制度的关键，其中认知、引导能力的提升在婚姻代际干预良性过渡与转变过程中发挥着有效作用。因此，对婚姻代际干预问题展开深入研究对于激发政府相关部门完善社会支持，促进婚姻家庭和谐发展，提升社会整体稳定水平有着至关重要的作用。

2. 有利于推进婚姻家庭协同发展。对婚姻代际干预演变特征、沿革机理与可能产生的影响进行深入剖析有利于明确其历史地位与存在基础，个体在自身条件与社会外部环境之间进行权衡，最终形成有利于婚姻实践的家庭共同决策，这不仅发挥了个人在婚姻择偶领域的主体能动效用，也在父辈家庭的干预合作中得到更多有效的择偶机会，通过多场域择偶主体之间的协同与合作构建形成中国特色社会婚姻择偶新局面，从而推进婚姻家庭的协同稳定发展。

3. 有利于推进政府相关部门职能的转变。在婚姻代际干预演变特征、沿革机理与影响的研究方面有利于相关部门更加准确客观地判断婚姻代际干预在婚姻择偶领域中的角色地位，明确家庭在婚姻择偶市场中发挥的主要效能，有利于政府在制定相关法规政策时将其纳入规范管理，以发挥各自的资源与功能优势。国家相关部门应将不利于个体婚姻实现与稳定的职能权力进行让渡与转移，政府只需要为婚姻家庭提供完善的治理机制与制度保障，在推动婚姻家庭相关部门职能转变的同时，实现政府对其自身角色职能的准确定位。

1.3 研究方法与内容

1.3.1 研究方法与研究对象

1. 研究方法

1)统计分析方法。统计分析方法是社会科学实证研究常用的方法,主要分为描述性统计分析、因果关系统计分析和相关性统计分析。本研究综合运用三种统计分析方法,以中国综合社会调查、国家统计局数据为依据,对中国婚姻代际干预演变特征与影响因素进行分析概括,具体分析过程中,使用了多元线性回归、多元逻辑回归等多种统计手段以说明和支持本研究的相关论点。

2)案例分析方法。案例分析法同样是社会科学研究的一种常用方法。本研究选出五个城市共计 20 个家庭、38 位成员为具体研究个案,通过访谈、观察、记录、分析、参与等方式,对祖辈、父辈的择偶形式进行多方记录、对子辈的择偶过程精确描述,从而对其发生的逻辑、机理、方法、路径进行总结和提炼。本研究不仅要从外显层面看清婚姻代际干预的演变特征,更希望挖掘出背后的深层动力与机制,从而对婚姻代际干预可能产生的影响做出更真实的论断。

3)比较分析方法。比较分析是社会科学研究的重要方法,它能够通过对比不同客观事物的特征,达到对客观事物本质和规律的正确认知。通过国内外文献比较研究可得出中西方婚姻代际干预与择偶方式变迁的共性与差异并存,虽然西方择偶理论对中国社会并非全部适用,但其理论发展较为成熟,每一种理论认知背后都有丰富的经验研究支持,为本研究的理论建构提供了有益借鉴。而对新中国各时代、地区、阶层的婚姻代际干预比较研究而言有利于厘清择偶模式演变特征与存在的必然性,为进一步探索代际干预沿革机理提供了现实依据。

2. 研究思路

当前我国婚姻代际干预研究仍处于较为初始的探索阶段,内在规律与逻辑有待深入探索,这就需要通过探索性研究对获得的一手访谈资料进行分析,本研究以家庭为分析单位,通过对同一家庭的不同成员进行半结构式访谈搜集相关信息,并将访谈资料进行归纳整理,探索发现被试经历与观点蕴含的内在规律,对不同年代的被试经历和故事进行分类整理非常适用于新中国父辈对子辈婚姻代际干预的划时代研究。质性与定量研究方法相辅相成,为深入研究问题提供方法指导。

基于以上研究思路,本研究选择与研究思路相适应的研究方法及相应的技术软件对研究问题进行分析(参见图 1-2)。首先,应用文献研究法对婚姻代际干预的演变特征进行归纳,借助 STATA 统计分析软件对已有数据进行分析,探索其影响因素；其次，借助录音软件和音频转换软件对访谈内容进行系统记录和转换，通过扎根理论深入分析法对各时期婚姻代际干预的沿革机理进行归纳总结；最后，运用逻辑回归方程模型和相关的个案访谈资料对婚姻代际干预可能产生的影响进行分析，探究婚姻代际干预存在的实质、合理性与困境，为丰富和完善我国婚姻家庭变迁理论添砖加瓦。

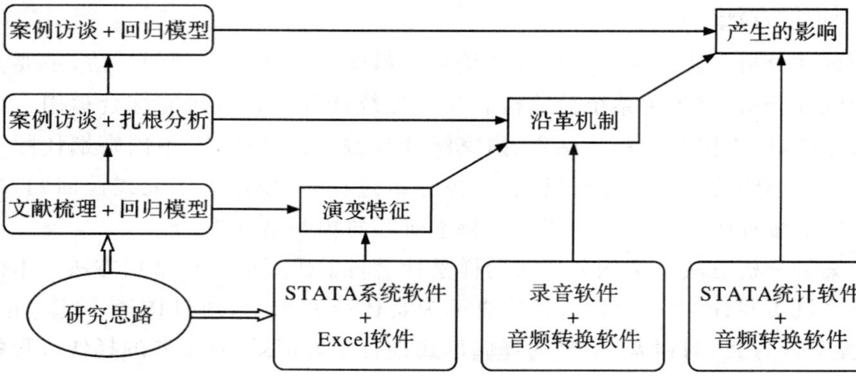

图 1-2　研究思路导图

3. 数据来源

本研究定量研究数据主要源自中国国家调查数据库（CNSDA）CGSS2006。该调查采用多阶段分层随机抽样的方法，除西藏、青海地区外，样本覆盖我国 28 个省市、自治区、直辖市，调查问卷分为农村卷、城市卷与家庭卷三部分，样本量为 10151 个，继续回答家庭问卷的样本量为 3028 个，本研究在继续回答家庭问卷的样本中剔除缺失、无效样本后，筛选得到有效样本 1431 个。该调查囊括了大量关于家庭成员出身、教育、职业、婚姻择偶等方面的信息。此外，样本年龄最小 16 岁，最大 69 岁，横跨半个世纪，为本项关于婚姻代际干预变迁的研究提供了有力的数据支撑。

4. 问卷设计

本研究定性访谈问卷结果的信度和效度依赖于整个问卷设计与访谈的实施过程，而访谈问题的选择是最关键的部分，因此，在进行访谈之前对提纲问题进行设计和修正至关重要。本研究访谈提纲的设计是在借鉴国内外已有成熟理论研究的基础上，阅读大量文献及研究报告形成问卷初稿，在与指导专家进行多次讨论和预访谈的基础上对访谈提纲进行修订，在语句措辞和提问内容上更加贴近各年龄层次的被试群体，保证访谈内容真实性与包容性的同时也重视问卷的有效性。基于此，本文对访谈问卷做出如下处理：

首先，与专家进行前期讨论。笔者在设计访谈问卷的过程中多次与该领域指导专家进行讨论。访谈提纲初稿形成后，在专家指导下及时对提纲中存在的问题进行修订：其一，将可能存在歧义的表达进行修改，减少访谈误解；其二，将专业词汇进行更加通俗的释义和表达，确保访谈过程更加亲和流畅；其三，将访谈问题进行重新归纳排列，确保每一部分内容对应题目的有效性。

其次，进行预访谈。本研究选择陕西省西安市周至县裕盛村和内蒙古呼和浩特市、通辽市及郊区民众中具有深切婚姻代际干预体验和实践的代表性人物进行问卷预防谈，对其反馈意见及时采纳，访谈中发现的问题及时进行修订，通过问卷预防谈使问卷内容更加完善，确保正式访谈更加顺利进行。

最后，确定最终访谈提纲。结合预访谈和指导专家给予的修改建议对访谈问卷提纲进行更加细致、完善的修订，力图避免敏感、歧义类表达的出现，将问卷内容与要研究的内容进行匹配，实现访谈资料与研究主题的吻合。

5. 调查地选择

本研究选择受传统文化影响较深，也将华夏文明遗址保存较为完整的关中腹地陕西省西安市作为主要调查地点，同时将西北地区内蒙古呼和浩特市、西南地区四川省成都市、东北地区辽宁省大连市及东南沿海地区上海市等地作为参照调查地，将城乡婚姻代际干预问题作为研究对象，在全国综合调查数据的基础上，在实然层面分析新中国成立以来婚姻代际干预的历史演变特征、沿革机制及可能产生的影响。

20 世纪 70 年代末 80 年代初期的改革开放政策推动了全国范围内的经济增长，一方面东南沿海地区受区域优先发展战略影响首先完成了计划经济向市场经济的转型，西北内陆地区紧随其后实现经济转型与发展，经过四十余年的改革发展，我们认为全国大部分地区已经初步完成了经济推动下的婚姻家庭现代化转型，但另一方面，也需要尊重无论东、中、西部农村地区仍然保存较为完整的主干式代际居住格局这一现实，特别是受传统文化影响较深的陕西地区。以本研究主要调查地陕西省西安市周至县裕盛村为例，自 2000 年之后该村整体实现从水稻、小麦等农作物生产向种植苗木花卉等经济作物的转变，特别是近年来逐步发展成为西北地区最大的苗木花卉基地，村民整体生活水平显著提高，越来越多的农民成为商人，百万、千万富翁在该村人数较多，但无论经济生活水平如何提升，三代或四代人共居的家庭文化始终保持较为完好。根据村委会负责人口述，截至 2018 年 8 月，全村（20 队）约 1450 户人家，共计 6500 余人，其中代际共同居住的家庭比例约占 90%，这为本项婚姻代际干预研究提供了代际访谈的便利，此外，该村展现出现代经济发展与传统文化完美融合的特征也为本项婚姻代际干预研究提供有益启发，故而作为本研究的主要调查地。

6. 研究对象

本研究的研究对象为城乡地区发生婚姻代际干预事实的典型家庭及其成员，对主要调查地陕西省西安市周至县裕盛村采取“逐级抽样”的方式进行样本选择，具体步骤如下：首先，将该村20队（组）编号并进行第一次抽样；其次，对抽到的队（组）家庭重新编号进行二次抽样；最后，得到具体访谈家庭编号及成员名单作为具体研究对象。而对其他省、市调查地则采取“方便抽样”和“重点抽样”方式进行个案选择。笔者于2016年2月至2018年5月先后访谈了陕西省、四川省、内蒙古自治区与辽宁省、上海市的20个家庭，38位成员（参见表1-1）。尽管访谈样本的构成比例有些失衡，但是作为探索性研究，本研究旨在剖析不同时代背景下婚姻代际干预的表现特征、沿革机制及可能产生的影响，从这一意义上讲，本次样本能够满足研究的基本需求并提供有意义的启发，访谈个案详情参见附录C。

表1-1 个案自然分布

性别		年龄（岁）					民族		教育					居住地	
男	女	20～30	31～40	41～50	51～60	60以上	汉族	少数民族	小学	初中	高中	大专	本科（以上）	城市	农村
25	13	14	4	3	9	8	37	1	6	7	9	4	12	26	12

1.3.2 研究内容

本研究以纵向历史比较与横向结构比较为切入点，在我国经济社会发展的转型时期背景下，从理论探索与实践验证两个方面对婚姻代际干预的演变特征、沿革机理与产生的影响进行系统研究，共设8章，各章的主要内容如下：

第1章：绪论。主要从理论与现实层面介绍婚姻代际干预研究的背景与意义，提出具体研究问题，介绍破解研究议题的主要研究方法，并对各章节主要研究内容进行概括，章末运用文献分析法对现有研究成果进行梳理和总结。

第2章：主要概念与理论基础。首先，明确婚姻代际干预的内涵，对婚姻缔结方式、婚姻理想类型及亲密关系经济行为的概念进行界定；其次，对婚姻代际干预研究涉及宏观社会制约理论、微观个体选择理论和家庭与社会相互作用的中层理论进行介绍，分析各理论流派对婚姻代际干预研究的借鉴意义。最后在扎根理论分析的基础上构建出适用于我国实际的婚姻代际干预研究理论模型。

第3章：当代中国婚姻代际干预演变特征与影响因素研究。在家庭现代化理论、结构功能理论的基础之上，综合运用对比研究、统计研究、文献研究等研究方法，以纵向比较祖辈、父辈、子辈三代人择偶形式的差异为切入点，分时期、地区、文化程度与家庭经济状况几个层面探索各时期婚姻代际干预演变特征及影响因素。

第4章：当代中国婚姻代际干预沿革机理研究。主要依据家庭现代化理论、家庭策略理论、代际矛盾理论、理性经济人理论及文化与经济相联系的亲密关系经济行为理论，在分析婚姻代际干预主客体权利关系变迁的基础上，构建婚姻代际干预沿革机理的理论模型，借助案例研究，提炼、编码关键信息，分析各时期婚姻代际干预存在的现实条件，探索婚姻代际干预的演进机理，在此基础上总结出婚姻代际干预在动机、程度与方式三个层面上的转变，为各历史阶段家庭成员根据内外部条件能动抉择以顺利实现婚姻择偶实践提供解释路径。

第5章：当代中国婚姻代际干预产生的影响研究。在前两章对婚姻代际干预演变特征与沿革机理分析的基础上，从现有研究论断出发，对可能引发的社会问题与各层次影响进行讨论，从根本上提升社会各界对婚姻代际干预现状与影响的认知程度，为政府相关部门重新审视并将其纳入社会整合提供行动路径。

第6章：当代中国婚姻代际干预总体分析与启示。在前文研究的基础上，重新审视各时期婚姻代际干预存在的合理性，客观分析其在现代化转型过程中面临的困境，在此基础上与已有研究理论进行对话，将文化感性与经济理性视角相结合，明确以婚姻代际干预为媒介的亲密关系经济行为的当代解释力。

第7章：政策建议。在第五、六章探讨当代中国婚姻代际干预产生的影响与启示的基础上，从社会、家庭、个人层面提出政策建议。

第8章：结论与展望。对研究进行总结，归纳研究结论与创新点，总结研究的主要贡献与不足，提出未来的研究展望。研究内容框架如图1-3所示。

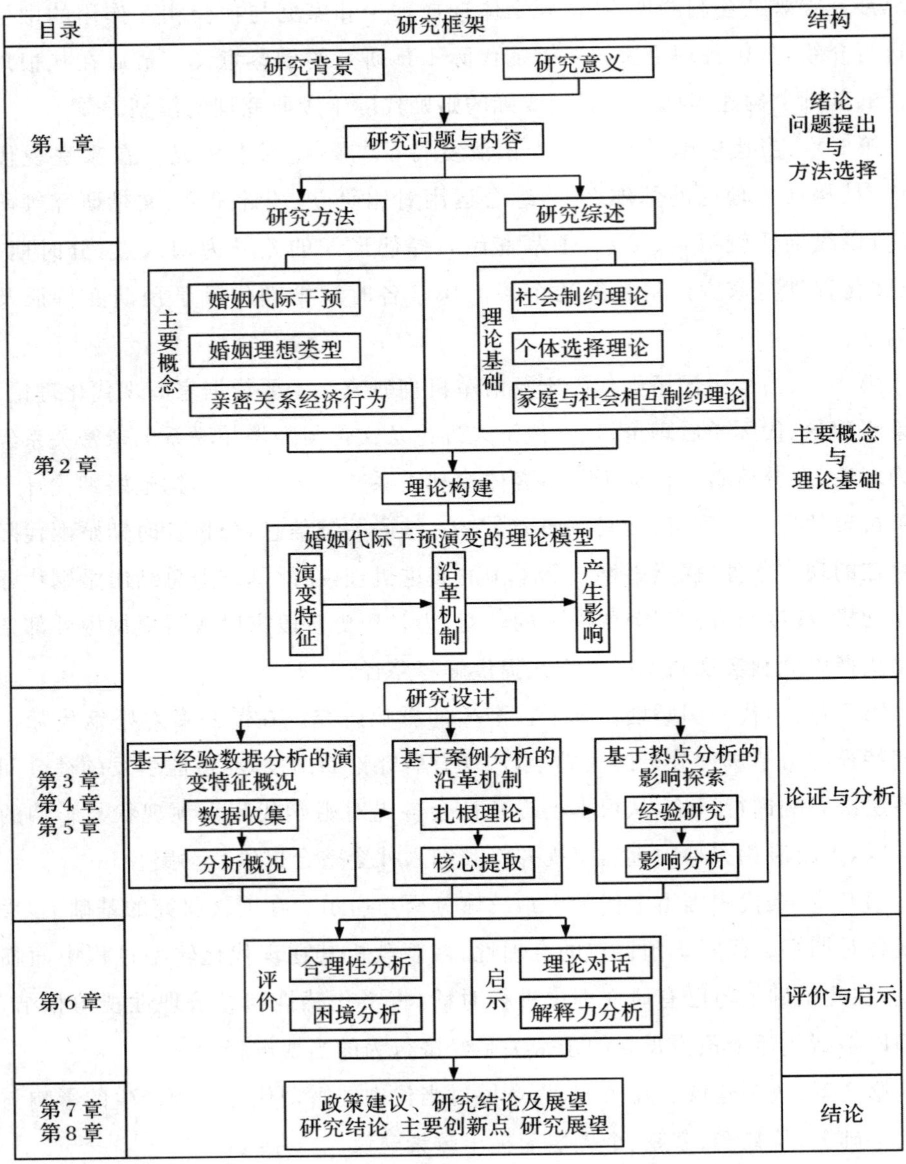
目录
研究框架
结构
研究背景
研究意义
研究问题与内容
研究方法
研究综述
第1章
绪论
问题提出
与
方法选择
主要概念
婚姻代际干预
婚姻理想类型
亲密关系经济行为
理论基础
社会制约理论
个体选择理论
家庭与社会相互制约理论
理论构建
婚姻代际干预演变的理论模型
演变特征
沿革机制
产生影响
第2章
主要概念
与
理论基础
研究设计
基于经验数据分析的演变特征概况
数据收集
分析概况
基于案例分析的沿革机制
扎根理论
核心提取
基于热点分析的影响探索
经验研究
影响分析
第3章
第4章
第5章
论证与分析
评价
合理性分析
困境分析
启示
理论对话
解释力分析
第6章
评价与启示
政策建议、研究结论及展望
研究结论 主要创新点 研究展望
第7章
第8章
结论

图1-3　研究内容与框架

1.4 研究综述

1.4.1 国内研究综述

1.国内婚姻家庭研究的几个历史时期及研究概况

20世纪初至20世纪上半叶，是家庭研究的初始时期。这一时期学术界对婚姻与家庭问题的讨论带有批判性色彩。在20世纪初向西方学习的思潮中社会学传入中国。辛亥革命时期，出现了以改革家庭关系为目标的"家庭革命""婚姻革命"的新主张。反对家长制、反对男尊女卑、批判封建的包办婚姻等思想和主张陆续登场。虽然这些思潮和实践基本上属于政治领域，但其在一定程度上冲击了传统家庭伦理观念和旧有的父权制家庭制度[①]，为树立新的婚姻家庭观念、建立现代婚姻家庭制度打下了重要基础。伴随着革命新思潮，这一时期关于婚姻与家庭的相关研究论著也较为丰富。主要有沈钧儒的《家庭问题》(1923)、陈鹤琴的《家庭与婚姻》(1925)、潘光旦的《中国之家庭问题》(1928)、李景汉的《北平郊外之乡村家庭》(1929)、梁绍文的《家庭问题新论》(1932)、傅商霖的《中国家庭的特点》(1933)、沈钧儒的《家庭新论》(1934)、林耀华的《金翼：中国家族制度的社会学研究》(1944年英文初版)、费孝通的《江村经济》(1939英文版)《生育制度》(1947)等。总的来讲，这些论著侧重于对中国城乡家庭的基本生活形态进行描述性分析，关心家庭生活的现实境况，虽然当时的研究也涉及人们的家庭观念(潘光旦1928)，但田野调查涉及更多的问题是家庭规模、家庭生活等内容，有关家庭观念、家庭结构、家庭类型、家庭成员关系的专项调查较少[②]。后期以潘光旦为代表的学者们开始尝试从理论层面对中国婚姻家庭制度和观念进行分析和架构。

20世纪50年代至改革开放之前，这一时期为曲折发展时期。1950年新中国第一部婚姻法的颁布确定了婚姻家庭关系的基本制度和原则。它的制定与实施，一方面，给社会带来了第一次短暂的离婚高潮(1953年全国的离婚案件高达117万件，总离婚率比1950年增加了好几十倍，如陕西省在1953年离婚率就高达1.73%[③])。另一方面，在偏远落后的广大农村地区仍然以乡约旧俗为主要生活指导，家庭制度与婚姻观念并无显著变化，婚姻法的传播与落实效果远不及人意。面对这样的社会现实，学界开始有一些针对妇女地位、妇女自杀和离婚等微观问题的讨论，但并无深入、系统的研究成果问世。文献资料多是政府对婚姻问题的报道和

---

① 布劳.社会生活中的交换与权力[M].李国武，译.北京：商务印书馆，2008：301.

② 韦伯.经济通史[M].姚增廙，译.上海：上海三联书店，2006：149.

③ 童星.世纪末的挑战：当代中国社会问题研究[M].南京：南京大学出版社，1995：303.

讨论。如“人民政协第一届全国委员会第二次会议上的发言”(1950 年 6 月 22 日)[①]、中南军政委员会民政部、司法部“关于贯彻执行婚姻法的通报”(《中南政报》1951 年第 17 期)[②]等。现有针对 20 世纪 50 年代婚姻家庭研究均为后来所作，如后有研究认为建国初期婚姻制度改革运动，使华北农村妇女获得了广泛的社会参与权，妇女的家庭地位普遍得到提高[③]。也有学者认为，由于当时基层干部群众对婚姻法存在思想障碍，妇女正当的离婚要求遭到了顽固的抵抗，致使数万名妇女自杀或被杀，直至婚姻法运动开展后，妇女自杀或被杀问题才得到了缓解，离婚逐渐向自由化发展[④]。紧随其后是人民公社化运动与“文化大革命”的爆发，至此学科研究出现中断，直到 1979 年恢复重建。少数针对该时期婚姻家庭的文献也仅是就政治干预对当时婚姻家庭影响的简要论述。总的来讲，这一时期学界有对家庭问题的浅层探讨和对婚姻制度、观念革新的呼吁，但偏向于政治性宣传，学科整体发展缓慢不前。

20 世纪 80 年代至今，为快速发展时期。这一时期的研究以改革开放产生的系列婚姻家庭问题为导向，摆脱了以阶级斗争与意识形态为核心的教条式研究方式，大量以实地调研与量化分析为基础的学术论文涌现(1979 年 1 月—2018 年 10 月，在中国知网发表的 CSSCI 文献中，以“婚姻家庭”为关键词，共检索相关文献 340 篇；以“婚姻制度”为关键词，共检索相关文献 231 篇)。主要研究涉及城乡婚姻家庭变迁、离婚问题、婚姻观念、择偶标准、婚姻匹配等宏观与微观多个层面，大量相关学术论著问世。

就宏观性研究而言，主要围绕婚姻家庭变迁的原因、方向、特征和影响几个方面展开，代表论著主要有：雷洁琼《改革以来中国农村婚姻家庭的新变化》(1994)、杨善华《经济体制改革和中国农村的家庭与婚姻》(1995)、沈崇麟、杨善华《当代中国城市家庭研究》(1995)、《世纪之交的城乡家庭》(1999)、杨善华、沈崇麟《城乡家庭：市场经济与非农化背景下的变迁》(2000)、马春华等《转型期中国城市家庭变迁——基于五城市的调查》(2013)等。这些论著的主要观点概括为：(1)变迁的原因：早期学者从生产力决定生产关系的原理出发，认为家庭与婚姻变迁程度与其社会变迁的程度基本相应，城乡经济发展的不均衡与文化差异导致了婚姻现代化程度的差距，变革的主要目的是建立与现代化市场经济相适应的家庭制度(雷洁琼，1994；沈崇麟等，2009)。近些年学者们对此提出异议，认为家庭变迁与经济发展呈

① 新华社. 人民政协第一届全国委员会第二次会议上的发言(1950 年 6 月 22 日)[N]. 人民日报，1950-6-22(2).

② 中南军政委员会民政部、司法部. 关于贯彻执行婚姻法的通报[N]. 中南政报，1951-8-30(17).

③ 张志永. 建国初期华北农村妇女家庭地位的变迁[J]. 河北科技大学学报(社会科学版)，2008(01)：80-84.

④ 李洪河. 建国初期与婚姻家庭相关的妇女死亡问题探析[J]. 妇女研究论丛，2008(03)：24-30.

现错位，这说明了家庭变迁与经济发展水平不完全相关，经济因素只是家庭变迁的动力之一（马春华等，2013）[①]。（2）变迁的方向：①认为农村家庭婚姻变迁虽然发展有快慢、程度有不同，但其整体方向是趋向现代化的，在此基础上提出了乡村家庭变迁的"续普理论"（雷洁琼，1994；杨善华，1995）；②城市家庭变迁的主要方向是追求个体化、私人化与情感满足，"家本位"观念淡化（沈崇麟、杨善华，1995）。（3）变迁的特征：①认为只要家庭制度不变，家庭的核心功能（经济、情感联系）就不会变（杨善华，2006），而生、育、养老、社会化等主要功能也具有相当的稳定性；②家庭规模趋向小型化，而是否具有核心化趋势则争论不一，有些学者认为出现了核心化趋势，如潘永康（1990）、徐安琪（2001），而有些学者则认为中国核心家庭比例一直较高，故不能算是趋势，如马有才（1986）、沈崇麟（2009）；③妻子的家庭地位提高，但女性在家中地位取决于地区差异而非先赋或个体因素（工作、教育、收入）（马春华等，2013）；④婚恋观念从封闭走向开放，婚姻家庭习俗呈现代化、民族化和多元化并存的特点（古力扎提，2006）；⑤婚姻缔结形式由父母包办到自由婚恋，婚姻基础和择偶标准由注重物质条件到注重爱情（徐安琪，2010），生育观念由重男轻女到男女平等，贞操伦理道德观念由从一而终到离婚、再婚自由，父权和夫权观念由主从关系到平等关系[②]。⑥核心家庭亲属网络化发展，亲属群体在家庭发展中始终发挥重要的作用（马春华等，2013）。（4）变迁的影响：①现代化发展对城市家庭影响的突破口是家庭收入水平、家庭成员职业构成与社会地位、家庭成员价值观变化三个方面（沈崇麟、杨善华，1995）；②城市婚姻成本不断上升导致父辈对子辈的经济资助程度不断加大，这使得青年人婚姻"自主却不自立"的问题凸显。从这些论著的主要观点来看，学者们仍然以现代化理论为主要理论支撑，但近年来学界开始注意到经济因素并不是推动家庭变迁的唯一因素，其他非经济因素也是解释地区差异不容忽视的重点。传统文化与亲属网络因其在家庭发展中的重要作用成为现代社会的选择性资源。

从微观层面看，城乡婚姻形态、离婚问题、婚姻观念、择偶标准等问题的研究则是城乡家庭变迁背景下的具体延伸。20 世纪 80 年代后对农村家庭的研究，重点放在经济体制变革以来农村家庭结构、功能的变化，兼分析农村婚姻现状及存在的问题（婚姻挤压、负债婚姻等），代表作有李景汉的《定县社会概况调查》（1986）、费孝通的《江村农民生活及其变迁》（1997）、孙淑敏《农民的择偶形态》（2005）。对城市婚姻家庭问题的研究主要考量现代化市场经济体制背景下的城市流动人口婚姻、阶层婚姻、大龄剩女、集体相亲等问题。代表著作有吴本雪的《城市婚姻的基

① 马春华，李银河，唐灿，王震宇，石金群. 转型期中国城市家庭变迁：基于五城市的调查[M]. 北京：社会科学文献出版社，2013：28.

② 郭显举. 浅谈我国农村婚姻家庭观念的若干变迁[J]. 学术交流，1995(03)：154－156.

础——中国婚姻家庭研究》(1987)、李煜和徐安琪《婚姻市场中的青年择偶》(2004)、孙沛东《"白发相亲"——上海相亲角的择偶行为分析》(2012)等。对离婚问题的研究,学者们普遍认为需要从社会结构中寻找婚姻解体的动因,拥有不同社会地位和不同文化背景的人对待婚姻的态度与期望各不相同,需要重视对其社会化过程的考量。此外,婚姻法对离婚自由的明确规定及离婚程序的简化也在一定程度上为人们离婚提供便利。总的来讲,经济发展与婚姻观念的变迁使得离婚自由走向大众化。代表论著有高健生和刘宁《离婚问题面面观》(1988)、张云《中国当代离婚问题研究》(2009)、林明鲜《中国的婚姻与社会干预的变迁》(2010)等。对择偶观念的研究似乎与每一次社会新思潮的出现保持同步。以单光鼐为代表的学者们敏锐地察觉到现代化发展对青年择偶观念的影响。他认为婚恋观念作为一定社会结构中男女两性如何选择、结合所持的态度,是一定的生产方式所决定的伦理观念在人们头脑中的反映。它具有复杂的社会内容,并随着社会的发展变化而变化[①]。学者王水珍(2008)概括了改革开放前30年婚姻择偶观念变迁的主要特征,包括去除政治影响、摆脱道德文化捆绑与脱离组织管控三个方面,城乡适婚群体由改革开放初期的单一物质化考量逐步走向注重内外兼修、看重个人能力与内涵的经济、社会与情感因素的综合考量。对择偶标准(男女选择结婚对象的条件或要求)的研究不仅是适婚人群婚恋观的现实反映,也在一定程度上对择偶方式的选择产生影响,近年来该领域的研究大致分为以下三类。1.单纯从理论层面论述择偶标准的变迁特征,认为改革开放多年后人们的择偶标准从单一化转向了多元化,不再看重家庭成分和政治身份,而更加关注心理、情感需求,择偶标准变得更加复杂多元(许小玲,2004)。2.以实证分析为基础对择偶标准变迁的原因与特征进行具体分析,徐安琪是此类研究的代表,她认为择偶标准的政治取向是特殊年代的伴生物,与当事人的受教育程度、职业背景无关,随着时代的变迁这一特征已淡化。此外,年轻人比年长者、受教育程度高者比受教育程度低者、有婚姻经历的已婚男女比无婚姻经历的择偶者更重视经济因素。最后,她还解释了择偶标准的经济取向与个性人品取向并非对立的逻辑原因(徐安琪,2000)。3.将择偶标准与社会分层理论联合论证。此类研究认为阶层内婚姻是传统"门当户对"婚姻的现代表现,虽然自新中国成立起我国一度消除了基于财产占有关系而产生的阶级差别,但基于教育与职业等级而衍生的阶层等级地位却有力地影响着人们的婚姻选择,社会大众多数会在同一阶层或邻近阶层寻觅婚姻伴侣(张冀,2003;李煜,陆新超,2008)。由此而论,社会成员择偶标准的变化取决于社会阶层结构的变化,阶层内婚姻既是阶层固化的表现又是其走向更加封闭的推动力(王英侠、徐晓军,2011)。

---

① 单光鼐.中国青年婚恋观的变化趋势[J].青年研究,1986(07):1-6.

2. 国内关于择偶形式、婚姻代际干预的相关研究

2001年中华人民共和国婚姻法的正式实施，标志着国内学界对婚姻择偶的研究进入新一轮快速发展期，厘清各时期婚姻择偶相关研究的基本脉络和理论范式，对于推进婚姻代际干预的相关研究和实践探索具有重要的意义。本研究采用数据统计和文献分析的方法，对新中国成立至今中国知网发表的关于婚姻择偶的相关文献做了总结和梳理（图1－4）。其中以“择偶方式”为主题词，共检索相关文献621篇；以“包办婚姻”为主题词，共检索相关文献1124篇；以“婚姻自由”为主题词，共检索相关文献1489篇；以“介绍婚姻”为主题词共检索相关文献62篇。从研究趋势上看，以“婚姻自由”为主题的文献自2000年开始进入快速的增长期，仅2011年一年就达到90篇，直到2017年，年产量均保持在60篇以上，但随着“婚姻自由”讨论热度的消退，2017年之后呈现小幅度下降趋势；以“包办婚姻”为主题词的文献同样在2000年之后呈现快速上涨，2013年小有回落，2015年达到峰值，之后缓慢减少；以“择偶方式”为主题词的文献在2005年以后快速上涨，2011年达到峰值，之后波动减少；而以“介绍婚姻”为主题的文献在新中国各时期始终是凤毛麟角，即便是产量最多的2017年也只有相关文献8篇，可见，各相关领域的研究并不均衡。

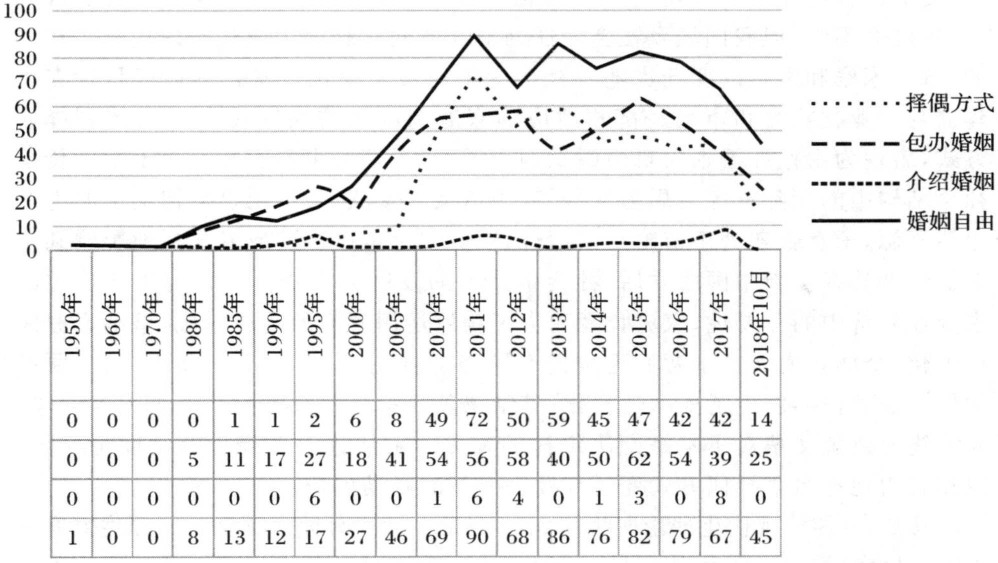

1950年	1960年	1970年	1980年	1985年	1990年	1995年	2000年	2005年	2010年	2011年	2012年	2013年	2014年	2015年	2016年	2017年	2018年10月
0	0	0	0	1	1	2	6	8	49	72	50	59	45	47	42	42	14
0	0	0	5	11	17	27	18	41	54	56	58	40	50	62	54	39	25
0	0	0	0	0	0	6	0	0	1	6	4	0	1	3	0	8	0
1	0	0	8	13	12	17	27	46	69	90	68	86	76	82	79	67	45

图1－4　各时期婚姻代际干预相关领域研究概况（来源：中国知网）

鲜有学者以“婚姻代际干预”为主题单独发文，现有针对这一问题的讨论均出现在对婚姻择偶方式的研究中，也就是说，国内学界普遍将婚姻代际干预（父辈干

预子辈择偶)视为择偶形式的一种具体形式,而很少对其予以单独重视,习惯将其纳入择偶形式研究进行统一讨论。具体总结如下。

1)择偶形式、婚姻代际干预变迁研究的两种理论范式

其一为主流观点,承认现代化理论的主要方面,认为中国城乡家庭婚姻整体走向现代化,择偶形式由父母包办走向自由婚恋。自20世纪80年代始单光鼐(1986)就对1983年"五城市家庭研究项目组"和当年九个省进行的"八十年代农村青年现状调查材料"进行分析,他认为1949年为婚姻缔结形式的分水岭,新中国成立前"包办婚姻"是当时社会的主要婚姻形式,1949年后"包办婚姻"逐年减少以致在城市地区基本绝迹。学者杨新科曾指出现代社会青年择偶标准综合化、择偶行为自主化、择偶模式多样化、择偶方式社会化已成为基本的发展趋势(1997)。此后陆续有沈崇麟、杨善华(1995、1999、2000)、徐安琪(1997、2004)、吴鲁平(1999)、田晓虹(2001)、刘中起、朱玲怡(2002)等一批学者先后从理论基础与实证分析层面论证了传统婚姻将在新中国经济变革、文化发展的洪流中退出历史舞台,取而代之是自主婚姻格局的广泛形成。这一派学者普遍认为,以发达的商品经济和现代化发展程度为标志,城市文明为一端,传统农业文明、乡土文化为另一端,中国城乡发展要经历从沿海到内地再到边远地区的阶梯发展过程,变迁的程度随区域经济与文化发展程度的不同而存在差异,虽然发展有先后、程度有不同,但我国城乡社会变迁的最终方向是趋向工业化与现代化。相应的,城乡家庭和婚姻的变迁也随着社会变革而发生变化。变化的最终目标在于建立与工业化社会和市场经济相适应的家庭制度和婚姻模式①②。具体到择偶方式,表现为由包办婚姻向自由婚姻的变迁,学者们给出的解释是由于中国传统社会结构中的代际资源格局为父传子、子承父。家族、父母明显掌握更多的生产生活资源,子女长期处于依附从属地位,因此父母可以决定或者强烈地影响到子女的配偶选择。新中国成立后,社会生产力的发展大大降低了作为生产单位的家庭在经济中的重要性,家庭长者失去了赖以运用权力的物质基础,婚姻家庭向自由化、个体化发展。子辈们逐步拥有了经济自主权、社会资本日益扩大,原有的代际资源格局发生了根本性变化,其结果就是家长的权力和权威被大大削弱,并最终导致了父辈对子辈婚姻决定权的丧失。虽然这一解释带有制度论色彩,但却有力地指出了择偶方式变迁与社会变革的联动效应。

其二,与传统现代化理论向相悖,不少学者认为个体永远无法离开原生家庭的影响,很多时候我们的思维模式和行为方式受到来自父母家庭看得见或看不见的影响,其对子辈择偶的影响亦不例外。这种强大的控制力源于家庭主要职能(生

① 雷洁琼.改革以来中国农村婚姻家庭的新变化[M].北京:北京大学出版社,1994:5.

② 杨善华.经济体制改革和中国农村的家庭与婚姻[M].北京:北京大学出版社,1995:10.

育、社会化)的稳定性(杨菊华、李璐璐 2009;李永萍,2018)和现代化发展的不完美性(阶级分化、贫富差距)(李煜、陆新超 2008)。因此,现代化发展并不必然驱使传统家庭的没落或消失,相反,它以独特的纽带与凝聚作用始终与现代人同在(靳小怡、崔烨、郭秋菊 2015)。稳定的家庭不会随外界环境的变化而轻易发生改变(杨菊华、李璐璐,2009),大卫·切尔认为过去亚洲的许多地方婚姻是由父母安排的,这是因为在这些地方婚姻被认为是如此的重要,以至于人们认为不能由那些没有经验的孩子们自己决定他们的婚姻[①]。而在今天,子女婚姻对于原生家庭的重要性并没有发生改变。不同的是,父辈对子辈婚姻的安排随着矛盾的转移发展成为一种协商式婚姻。在这种协商式婚姻中,父辈们仍积极主动托关系、找媒人为他们的子女挑选合适的伴侣,但子辈有权拒绝这种仪式,或向父母发表自己不同的意见。虽然这种被安排的相亲仪式并不一定会提高子辈择偶效率和与相亲对象之间相互了解的程度,但至少成为子辈婚姻家庭形成过程中的一种选择性因素(多数情况下是一种最重要的选择),代际资源的互相依赖与互补互惠特征仍然明显(王跃生,2006)。此类研究认为,现代化给每一个个体、特别是初入社会的青年人带来的压力与风险是其难以独立承担的。在外界压力不断增加的情况下,经济压力或现代化风险也许会随着家庭成员之间的重新分工与合作而得到缓解(黄亚慧,2013)。当然,应付生活焦虑所带来的情感后果也许会使得这种合作变得不够顺利,紧张、沮丧甚至是敌对情绪都可能会在家庭成员的互动中爆发出来,使他们之间的矛盾心理凸显(石金群,2014)。从这一角度看,现代化并没有产生更多的平等与和谐,它所产生的往往是伴随着新的社会分化和新形式的不平等所激发的风险与压力,而如何在这样的现实中寻求一种平稳过渡、协调共进的生活方式也许是家庭合作传统始终存在的意义。

2)城乡青年婚姻择偶形式、婚姻代际干预变迁研究

对城市青年择偶形式与婚姻代际干预的研究涌现于 20 世纪 80 年代。这一时期的学者们以数据资料为依托,经过广泛的实地调研论证,认为城市青年择偶形式从新中国成立前的大比例包办婚姻,到新中国成立后 20 世纪 50 年代的自由婚姻在婚姻领域中的比率上升,再到 20 世纪 60 年代中期包办婚姻在城市基本绝迹的过程(吴本雪,1987)。随着 20 世纪 90 年代改革开放政策的深入,社会各项事业快速发展,学者们对实现婚姻自由持更加乐观态度。研究进一步认为介绍婚姻与自由恋爱婚姻在婚姻领域中以大比率领先,20 世纪 90 年代的中国城市已打破了几千年传统婚姻中“父母之命,媒妁之言”的择偶方式。很可能自由恋爱的婚恋方式会随着改革开放、人口流动频繁等因素而稳步增加(崔风垣,1991;纪秋发,1995)。20 世纪最后几年,特别是进入 21 世纪以来,学者将更多的视野与精力投入到现代

① 切尔.家庭生活的社会学[M].彭铟旎,译.北京:中华书局,2005:100.

都市生活与婚姻问题上。许多学者通过统计回归模型分析各类婚姻问题产生的因果机制。择偶形式、婚姻代际干预与婚姻满意度、婚姻幸福感、离婚率之间的关系成为近些年的研究热点(徐安琪,1991;马春华等,2011),城市相亲问题(许荣漫,2013)、“剩男”“剩女”问题(左雪松、夏道玉,2011;王彬,2012;张冀,2013;朱磊,2014)也获得广泛关注。总体来讲,自新中国成立以来我国城市青年择偶形式与婚姻代际干预的研究总体经历了由历史描述概括到现象解释分析、由整体变迁推论到具体问题论证的研究过程。

对农村青年择偶形式、婚姻代际干预这一领域的研究大致可以分为两类,其一是针对农村社会整体的研究,其二是针对农村特殊群体如“农民工”“打工妹”的研究。就农村社会整体择偶状况来讲,李飞龙(2010)认为,新中国成立至改革开放年间,中国农村适婚群体的择偶形式主要包括包办婚姻、媒人搭桥、中间人介绍和自己结识四种途径,他认为包办婚姻是中国传统社会婚姻缔结的主要形式,媒人搭桥同样是传统婚姻文化的具体体现,中间人介绍是传统婚姻向现代婚姻的过渡形式,而自己结识则是现代社会倡导婚姻自主自由的主要表现,随着现代化发展和婚姻法的推广和普及,传统包办婚姻终将走向消亡。他在实证对比研究中发现目前农村青年自己结识配偶的比例虽然呈上升趋势,但总体比例仍然很低,不同农村地区的经济发展水平对应着不同的择偶方式,经济发展水平较高的农村地区对应较为自主开放的择偶方式,经济发展水平较低的农村地区的婚姻择偶方式则相对保守。同时,他也认识到经济发展并不是决定农村青年择偶途径的唯一因素,农村地区的婚姻家庭受区域经济和文化影响更为复杂,政治和文化价值因素都会对婚姻行为产生重要的影响。有学者进一步指出,农村社会存在社交范围局限,虽然城乡一体化发展加快了农村发展进程,可现实生活中人们的生活、娱乐形式仍比较单一,在社交广度与机会的获得上远无法与城市居民相比,所以农村青年更习惯将择偶寄托于传统亲友介绍上,以更加高效、稳妥的实现婚姻缔结的目的(于红丹,2010)。

就现代化发展过程中催生出的农民工群体而言,周芳名、徐晓军(2010)认为,在当前城市婚姻满足能力不断下降及乡镇企业就业机会上升的拉力下,“农民工”“打工妹”主动回乡相亲出现新高潮,原本渴望扎根城市的打工青年在稳定性需求和缔结婚姻现实需求下呈现出更高程度的现实理性,这成为打工群体选择回乡相亲的重要推动力。有学者认为80后农民工群体在择偶上出现了年龄偏早化、择偶观念逆传统化、婚期选择集中化等趋势(潘勇等,2007)。一些研究进一步指出,新生代“农民工”在城市职业结构中所处的位置决定了其较之城市居民资本积累较少,因而在城市婚姻市场的博弈中处于不利地位,同时根深蒂固的婚恋惯习也决定了大多数农民工要返回家乡,在传统的适婚圈内选择配偶(王芳,2011)。

因此我们可以认为,在农村青年择偶形式的演变过程中始终围绕着农村特有的人情礼俗展开，介绍婚、群内婚等干预婚姻存在于各历史发展阶段，虽然择偶自由程度经历了由低到高的发展过程，但婚姻自主性始终在条件范围内不断扩展。

3）择偶形式、婚姻代际干预变迁的影响因素研究

新中国成立以来，关于婚姻择偶形式、婚姻代际干预变迁的影响因素研究主要概括为以下四个方面。

其一，所有制变迁影响。杨善华（1995）、王跃生（2006）等学者都曾就所有制变动对婚姻择偶形式变迁产生的影响进行细致论述。他们认为，不同的所有制模式导致了占有不同生产、生活资料的家庭出现孕育人口与生存能力的差异，这种差异最终在婚姻行为、人口抚养水平上表现出来①。在土地私有制时代（新中国土改之前），地主与贫农拥有截然不同的生产、生活资料数量，这使得生存在同一社会环境中的人们表现出较强的阶级差异，这导致了中等及中等条件以上的家庭产生较高比例的父权主导婚姻，童养媳、早婚、早育形式较多；而贫困家庭则有相对较高的晚婚比例。新中国土地改革之后，贫困无土地农民分得土地（后转为集体制），普通大众的家庭财富水平趋于平均，其对人民最低生活的保障作用值得肯定。集体经济下，“小家庭”融入“大家庭”，国家通过政府职能机构严令限制父权主导婚姻行为，并通过立法形式（1951 年婚姻法颁布）形成较为严格、普遍的适龄婚姻模式和特定人群、特殊时期的晚婚模式。家庭失去了独立生产职能，青年人摆脱了父辈对其生产资料的束缚，越来越多以情感为基础的婚姻家庭形式开始出现。改革开放后，农村土地施行家庭联产责任制，以家庭为单位，农民再次拥有了土地，燃起了空前的生产积极性，男性家长重新获得了土地支配权，虽然重获土地支配权后的农村地区的包办婚姻比计划经济时期有所增长，但婚姻择偶自主自由的整体态势没有发生改变。

其二，父系权力影响。通常认为，父权制与土地所有制类型之间存在紧密关系。但也有观点认为，土地所有制并不是父权存在的唯一基石，传统农业社会的生产、生存特点与家庭文化共同造就了家长对家庭生产、生存资料和财产的统一管理与支配，并以此对家庭成员进行管束和控制（王跃生，2006）。费孝通也指出，长久以来无论是社会公法还是文化礼俗都对家长权力予以支持和维护（费孝通，1998）。土地私有制时期，在家庭经济、生产条件较好的家庭里，父辈以压倒性的权威替子女的婚姻做主，子辈很少有反抗的条件和机会。集体经济条件下，土地集体化虽然使家长失去了家庭财产控制的核心内容，但这一时期的社会风貌仍相对落后，特别是广大农村地区的封闭状态没有发生显著变化，子女婚前与父母共同生活，父辈家庭仍然是青年子女获得生存资料的主要来源，青年人对父辈家庭的物质依赖使得

① 王跃生. 社会变革与婚姻家庭变动：20 世纪 30 年代至 90 年代的冀南农村[M]. 北京：三联书店，2006：464.

父母对子女婚姻仍具有很强的干预能力，家长权威犹在。另一方面，阎云翔认为土地公有制极大地削弱了地方家族势力，特别是在特殊政治时期（“文化大革命”）导致了布迪厄所说的“实践性亲属关系”普遍，家长获得家族力量鼎力相助的情形不复存在，人们能动地选择与亲属靠近或疏离①，以实现政治自保和家庭稳固。因而在婚姻缔结过程中，家长总是从家庭利益出发，替子女选择那些他们认为“知根知底”的同村或同乡青年，通过村内联姻重新建立关系网络，巩固家庭地位。这一特征在改革开放实行家庭联产承包责任制后仍持续存在，村内婚或邻村婚的高比例稳定发展就是父系权威家庭能动性构建关系网络的产物。

其三，个体自由意识影响。个体自由主要是指脱离家长的控制。在土地私有制的农业社会中，由于家长对生产、生存资料的控制，个体不具备独立生存的物质条件，婚姻由家长全权做主，一些地主家庭即便是已婚子女分家都受到严格压制。集体经济时期，每个家庭具备劳动能力的青壮年全部投入集体劳动，青年人的价值在集体劳作中开始显现，公分制使得青年人开始意识到自己对家庭做出的平等贡献，个体独立意识开始觉醒，加之相关职能部门对婚姻法独立自主的婚姻理念进行大力宣传，家长对子女婚姻的决定权大大降低。特别是改革开放以来，受市场开放、经济发展、全球贸易影响，西方文明逐渐被社会大众接受、效仿，虽然长期以来的城乡二元结构壁垒导致了人们对婚姻自主自由意识的接受与发展程度有差异，但城乡青年整体迈向自主婚姻的事实不容置疑（徐安琪，1999；杨善华，2000；李良玉，2005）。

其四，政策干预影响。国家对家庭婚育行为的干预主要分为政策法规直接干预和利益诱导间接干预两个方面。直接干预主要指直接性政策、法规、条例、制度的颁布和施行。如政府以婚姻登记制度的实施为手段直接介入婚姻，否定以礼仪传统为代表的家长主婚权；又如婚姻法、计划生育政策的强制推行，虽然这类政策在开始施行时受到群众的抗拒抵制，但从无到有、从少到多的政策坚持最终使群众接受、履行并发展为新的国家政策典范，对我国婚姻家庭、代际关系产生深远影响。而所谓的间接干预主要指那些并非直接针对婚姻家庭，但却对婚姻自主、个体独立、代际关系产生间接影响的政策措施，如土地集体所有制度，原本旨在消除等级分化，并不是针对家庭成员关系，但却对婚配制度与家庭成员代际结构变动产生深层影响。此外，计划经济时期“妇女撑起半边天”鼓励妇女参与社会劳动建设的号召，原本是社会主义建设需要，但却在客观上削弱了父权（男权）意识，提高了女性的家庭地位，促进了女性独立。随着经济社会发展，国家对社会保障、养老制度的关注和完善都对家庭赡养行为、代际关系模式产生了深刻影响。基于此，学界始终关注政策制度对婚姻形式变迁的影响作用。王跃生曾在他的《社会变革与婚姻家

① 阎云翔. 中国社会的个体化[M]. 陆洋，等译. 上海：译文出版社，2016：115－116.

庭变动》一书中指出了政府对婚育和家庭行为主、客观干预的两种影响，认为城乡社会群众逐步摆脱乡土影响与此有很大关系[①]。肖爱树在讨论公有时代的婚姻状况时也指出，婚姻家庭关系在社会主义革命和建设的基础上发生了巨大变化，生产资料公有制促使人们的恋爱、婚姻和家庭观念发生着改变[②]。

4)择偶形式分类研究

国内学界较为认可的美国社会学家古德在他的《家庭》一书中指出，理论界将择偶制度分为两大类型，其一是指选择性婚姻，其二是自由市场性婚姻，后者的选择范围较大[③]。古德还指出，无论是选择性婚姻社会还是自由市场性婚姻，都会存在讨价还价的市场模式，只是究竟达成何种协议，以及由谁来做出决定，各个社会有所不同。选择性婚姻社会里，子辈的婚姻需要长辈们经过各种协商过程最终确定，而在自由市场性婚姻中则更多由婚姻当事人基于自身考虑进行抉择[④]。在古德择偶形式分类研究的基础上，费孝通(1991)、徐安琪(2001)、杨善华(2006)等国内学者先后就此问题讨论并达成共识，认为中国社会整体经历了由父母决策婚姻(包办婚姻)向自由市场性婚姻(自主婚姻)的过渡与发展过程。学者李飞龙(2010)在讨论新中国成立后农村青年男女相识途径时，将择偶形式进一步细化为四种途径，即包办婚姻、媒人牵线、中间人介绍和自己结识。近些年来，对各种择偶类型的具体研究概况如下。

其一，对包办婚姻的社会学分析。对这一问题进行细致研究的课题主要有1988年中国社会科学院社会学所青年研究室课题组发起的“当代中国青年价值观念演变”调查研究及1996年由上海社会科学院徐安琪主持实施的“中国城乡婚姻家庭调查”。在1988年的调查研究中，无论是城市还是农村青年被试在回答“婚姻问题上，你倾向于听取谁的意见?”这一问题时，选择频率最高的都是“听自己的意见”，城乡回答比例分别为76.4%、71.3%。而选择“听父母意见”的城乡比例仅有9.7%和14.4%[⑤]。显然，这一问题只涉及婚姻决策的主观愿望，并不能全面代表婚姻自主程度的真实性，但至少能够表明，新中国成立后，婚姻法的颁布和调整及改革开放以来的自由独立思潮对城乡青年婚姻自主意识起到了积极影响。同样，1996年的调查结果表明，在被调查的农村地区“长辈做主”的婚姻比例：1966年以前为67.2%，1967—1976年为62.1%，1977—1986年为52%，1987—1996年间降为43.2%。与此相反，该地区“本人做主”的婚姻比例从1966年以前的32.8%，

① 王跃生.社会变革与婚姻家庭变动：20世纪30年代至90年代的冀南农村[M].北京：三联书店，2006：466.

② 肖爱树.20世纪中国婚姻制度研究[M].北京：知识产权出版社，2005：239.

③ 古德.家庭[M].魏章玲，译.北京：社会科学文献出版社，1987：74.

④ 古德.家庭[M].魏章玲，译.北京：社会科学文献出版社，1987：74－75.

⑤ 肖爱树.20世纪中国婚姻制度研究[M].北京：知识产权出版社，2005：261.

1967—1976 年的 38%，上升为 1987—1996 年间的 56.8%[①]。以上两项课题研究结果表明，新中国成立至 20 世纪末，人们的婚姻自主意识不断增强，特别是改革开放以来，婚姻自主比例显著上升。但婚姻自主意愿与真实自主情况之间还存在较大程度的落差，父母做主婚姻，在城市特别是农村地区仍占有很高的比例。也就是说，在新中国成立后的一段时期内，包办婚姻在城乡地区仍不同程度存在，只是在向自主婚姻的变革过程中表现出城乡差异特征。虽然农村青年同样渴望自由恋爱以获得有爱情的婚姻，但长期以来的城乡二元结构壁垒导致农村青年不具备独立完成婚姻的物质经济条件，只能依托父母家庭干预操办，加之整个农村社会对自由恋爱风气的接受程度非常缓慢，没有“媒人牵线”的青年男女单独交往，被认为是伤风败俗、有辱先人的事情。这就造成了农村青年渴望爱情又不得的痛苦与无奈[②]。

其二，对介绍婚姻的社会学研究。徐安琪(2016)在最新论著《现代化进程中的家庭:中国和俄罗斯》分析伴侣选择时意识到实现自由择偶、自主婚姻的现实困境，她指出，几次婚姻法的颁布与调整，改革开放以来，人们自由选择伴侣的机会增多，自由恋爱、自主择偶渐成风气，但由于传统婚配模式和社会风俗的制约，加之现代化发展过程中日益激烈的职业竞争压力，年轻人结识异性，实现自由恋爱的有效途径仍非常有限，另一方面，婚姻市场中的性别失衡与结婚成本激增都成为青年人自由婚姻的现实障碍[③]。徐安琪通过改革开放以来的几次针对性社会调查结果，得出目前中国社会婚姻结识途径仍处在介绍为主，同时自己认识递增的状态。以往的多项研究均表明，中国夫妻多是通过中间人介绍或媒人牵线的方式认识。1982 年“中国五城市家庭调查”对 4878 位已婚男女调查统计表明，“由亲戚、朋友介绍”认识的比例高达 59.3%，而“自己认识”和“父母包办”的比例分别为 23%、17.7%[④]。1992 年“七城市家庭研究”的调查统计结果也展现了同样的趋势，在被调查的 5476 位已婚妇女中，介绍婚占 55.7%，自己认识和父母包办比例分别占 32.5%、12%[⑤]。同样，2006 年中国综合社会调查(CGSS)结果也显示，1993—2006 年间结婚的被试，无论农村还是城市，朋友、亲人介绍婚仍占重要比例[⑥]。虽然由于样本选择偏差，介绍婚比例难免存在误差，但至少说明，介绍婚或媒人牵线婚姻直到 21 世纪初仍占较高比重。近些年，国外学者也纷纷对中国婚姻形式投入研

① 吴鲁平.当代中国青年婚恋、家庭与性观念的变动特点与未来趋势[J].青年研究，1999(12):19-25.

② 孙月冬.社会转型与农村青年的婚姻困境[J].淄博师专学报，1997(02):39-41.

③ 徐安琪，叶列谢耶夫娜.现代化进程中的家庭:中国和俄罗斯[M].上海:上海社会科学院出版社，2016:110.

④ 潘允康.中国城市婚姻与家庭[M].济南:山东人民出版社，1987:64-65.

⑤ 沈崇麟，杨善华.当代中国城市家庭研究[M].北京:中国社会科学院出版社，1995:16.

⑥ 徐安琪，叶列谢耶夫娜.现代化进程中的家庭:中国和俄罗斯[M].上海:上海社会科学院出版社，2016:111.

究，贺美德、庞翠明(2011)对陕西和福建农村的实地调查结果也显示，对于多数青年人(20多岁)来说，谈到恋爱问题时通常十分强调自己的个人角色和自由权利，可一旦论及婚姻大事，父母就会出场，在有些家庭兄弟姐妹甚至也会参与其中。换句话说，虽然恋爱自由，但谈婚论嫁并不由自己完全做主。农村青年一旦超出法定结婚年龄还未成婚，其父母就会产生恐慌感，认为自己的"使命"还未完成，媒人牵线、邻里介绍成为常态①。而城市父母长期以来对子女(特别是独生子女)的统揽性照顾，加之受媒体对"剩女"话题的大肆报道影响，生怕其大龄子女的婚姻被"耽搁"，于是子女在外求学工作，父母在家托亲访友替子女寻觅佳偶②。由此看来，在中国，无论农村还是城市，人们不仅在观念上，更在行动上把步入婚姻殿堂视为人生完满的必经之路，而城乡介绍婚的盛行就与这种"必婚"心理直接相关。

其三，对自主婚姻的社会学研究。尽管传统社会具有根深蒂固的父母包办婚姻传统，但众多国内学者调查论证发现，历经新中国成立、几次婚姻法的颁布和修订，国家明令反对父母包办、禁止婚姻买卖、童养媳，倡导婚姻自主、自由恋爱，加之改革开放以来市场开放、经济转轨，城乡人口流动增大，越来越多的青年人实现经济独立并有了各类就业机会，自主婚姻日渐增多。1982年"五城市家庭调查"结果显示，新中国成立以来，父母包办婚姻比例明显下降，由最初(1946—1949年间)的31.8%下降为改革开放后的不到1%③。2008年"五城市家庭调查"结果也显示，1980年后，城市家庭传统意义上的包办婚姻在1%左右④。但学者们也注意到城乡经济文化差异导致了农村地区包办婚姻现象犹存。1990年"中国妇女地位调查"结果显示，直到20世纪末，农村地区男女婚姻由父母做主的比例分别为26.5%和36.6%，其中有25%左右三十岁以下的男女婚姻由父母决定⑤。此外，进入21世纪以来，城市青年的就业压力与住房压力问题日渐突出，越来越多原本想要摆脱家庭束缚的年轻人不得不选择重新回归原生家庭，寻求父母帮助。基于此，近几年一些学者开始重新审视城乡自主婚姻的真实发展概况，已有研究表明，只有30%的城市青年认为"择偶应该完全由自己拿主意，无需和他人商议"，大多数人希望亲人好友做参谋，其中"希望与父母商量"的占38%，"请兄弟姐妹和其他亲戚参谋"为18%(多选)⑥。2006年中国综合社会调查(CGSS)结果也显示，虽然青年人婚

---

① 贺美德，鲁纳."自我"中国：现代中国社会中个体的崛起[M].许烨芳，等译.上海：上海译文出版社，2011:1-42.

② 孙沛东.谁来娶我女儿：上海相亲角与"白发相亲"[M].北京：中国社会科学出版社，2012:111.

③ 五城市家庭调查研究项目组.中国城市家庭[M].济南：山东人民出版社，1985:307.

④ 马春华，李银河，唐灿，王震宇，石金群.转型期中国城市家庭变迁：基于五城市的调查[M].北京：社会科学文献出版社，2013:220.

⑤ 陶春芳，蒋永萍.中国妇女社会地位概观[M].北京：中国妇女出版社，1993:197-199.

⑥ 李煜，徐安琪.择偶模式和性别偏好研究：西方理论和本土经验资料的解释[J].青年研究，2004(10):1-11.

姻受父母影响的比例正在减少，但 30 岁以下的城乡被试中，认为“父母对自己选择结婚对象没有影响”的比例仍不到 40%[①]。徐安琪(2016)最新论著认为，尽管城市男女的婚姻基本实现了自主决定，但在其择偶过程中或多或少都包含了父母的意见[②]。由此可见，近些年学者们开始从关注婚姻自主的宏观概况转向具体认知，并随时代变迁转变研究视角，探索最新动态。

1.4.2 国外研究综述

1. 关于择偶理论的研究

学界普遍认为西方家庭理论研究始于 20 世纪 50 年代之后[③]，而对婚姻择偶理论的探究基本与家庭理论保持同步。我们知道任何理论体系的建立都旨在对某种行为进行规律性探索，择偶理论亦不例外。人们重视家庭与婚姻生活，更认识到择偶行为是世代家庭绕不开的实践活动，自然不满足于对择偶对象的背景、条件、文化等因素的简单探索，也不仅仅是描述择偶过程或择偶方式，而是希望解释个体的具体选择，比如什么样的两个人更容易走到一起，为什么他和她而不是和其他人结婚？各类择偶理论希望通过一种形而上的思考方式去诠释这类问题。理论源于现实，择偶理论的建立离不开对择偶方式、标准、过程等社会变动条件的研究，且理论体系一旦建立就具有相当的稳定性，不会轻易受社会外部条件变化的影响。这对我们更加清晰地认识择偶行为与婚姻代际干预现象提供了较好的思考帮助。下文简要概括关于择偶理论的几个重要视角。

1)择偶偶像理论

精神分析学派代表人物弗洛伊德从个人主义的视角对择偶现象进行研究，他认为由于个体在青少年成长发育时期普遍存在“俄狄浦斯情结”，即“恋母”或“恋父”情节，受此影响，成年男性择偶之时更倾向于选择与自己母亲品质外貌有所相似的女性作为结婚对象，而成年女性择偶之时则更倾向于选择与自己父亲品质个性有所相像的人作为结婚对象这种心理。该理论十分强调生理和心理因素的作用，认为在择偶行为中生理、心理需要的因素大于社会选择的因素，强调先天的性意识对个性发展的意义。之后也有学者对该理论进行补充，如波盖特、维林等，其研究结果表明：大多数人容易爱上自己幼年时亲近的父母一方或其他类似角色的

---

① 徐安琪，叶列谢耶夫娜. 现代化进程中的家庭：中国和俄罗斯[M]. 上海：上海社会科学院出版社，2016：112.

② 徐安琪，叶列谢耶夫娜. 现代化进程中的家庭：中国和俄罗斯[M]. 上海：上海社会科学院出版社，2016：112.

③ 林胜. 从择偶的理论到择偶理论：从社会学方法论的争论看择偶研究[J]. 社会，2002(09)：49.

人(多米尼安,1898)[①]。虽然选择类似父母品行的人作为恋爱对象在一些家庭中时有发生,但却并没有充分的证据证明这一理论的真实性。因此,西方学界对这一理论存在许多质疑声音,认为其过分夸大心理作用而忽视了社会环境因素的影响。在现实社会中缺乏足够的证据支撑。

2)婚姻市场理论

西方对这一理论的研究始于20世纪50年代,乔克博森(1959)认为两性的平衡对结婚率有重要的影响,第一次指出性别比对于男女结婚率的重要性,相继引发了学者们对"婚姻挤压"问题的系列讨论。如阿柯尔斯(1967)得出婚姻挤压能解释初婚年龄变化这一结论。硕恩(1983)认为第三世界国家比发达国家(特别是美国)更能体现婚姻挤压对结婚水平及婚龄分布的影响。戈尔德曼等(1984)认为个体在婚姻市场中的处境取决于两性择偶机会比[②]。总体来讲,这一理论带有经济学色彩,将适婚男女看作是婚姻市场上的交易伙伴,如同市场经济中的供求关系变化会引发相应产品价格变动,无论战争、疾病、文化、政策等一切主动或被动因素所导致的性别比失衡都会对另一性别在婚姻市场择偶过程中产生不利影响。由于择偶过程中,同样存在交易、匹配、比较、互动等环节故称之为婚姻市场理论。

3)资源交换理论

该理论与婚姻市场理论一样带有明显的经济学色彩。这一理论的主要代表人物是美国社会学家乔治·C.霍曼斯和彼得·M.布劳,布劳认为所谓"社会交换"指的是人们期望从别人那里得到的并且一般来说确实也从别人那里得到了回报所激励的自愿行动[③]。该理论认为一切社会行为均建立在交换的基础之上,择偶行为本质上也是一种获得和给予之间的交换[④]。按照这一逻辑,日常生活中的择偶行为可以视为婚姻市场中青年男女在理性评估自身条件后努力寻找资源、条件匹配的异性以达到结合后收益最大化的婚姻目的。传统婚姻中十分强调这一交换特质,现代社会中,人们通常认为才识、学历可以弥补择偶方家庭背景的不足,俊朗的外表和美丽的容颜可以使其获得更多更好的就业和择偶机会。但需要注意的是,社会交换与单纯的商品交换存在不同,它没有单一的、定量的交换媒介来确定准确的价格,交换关系建立的条件是相信别人会对自己的投入做出回报,因此,在婚姻市场中,初始的问题就是表明自己的竞争优势,证明自己值得信赖。该理论作为微观社会学的重要组成部分,较为详细地剖析了社会互动过程中参与主体的预期、报

① 林胜.从择偶的理论到择偶理论:从社会学方法论的争论看择偶研究[J].社会,2002(09):49.

② 郭志刚,邓国胜.婚姻市场理论研究:兼论中国生育率下降过程中的婚姻市场[J].中国人口科学,1995(03):11-16.

③ 布劳.社会生活中的交换与权力[M].李国武,译.北京:商务印书馆,2012:157.

④ 张文宏.西方家庭社会学关于择偶的主要理论[J].世界经济与政治论坛,1990(04):27.

酬如何影响其自身选择和所处的社会环境关系。但也如马克思和其他经济学家已经指出的,外部社会环境可能会限制现实选择的可能性,换句话说,个人的择偶行为在很大程度上会受到文化传统、社会制度、风俗习惯以及个人情感因素的影响,交换理论往往缺乏对宏观结构和条件制约因素的考量。该理论更多是对支撑人类关系的社会心理过程提供解释,而忽略择偶条件和过程发生变化的原因。

4)需要互补理论

该理论着重强调各种需要的相互补充匹配,例如大男子主义的男性往往会选择小鸟依人、依赖性强的女性为另一半;喜欢被人关心的男性往往会选择细心、喜欢照顾人的女性为伴侣;独立的男性往往会选择同样独立的女性为另一半等。但当美国社会学家温奇在后来撰写的文章和报告中再次验证他的需要互补理论时,结果却是不理想的。事实上,这一理论忽视了诸如经济、文化、教育、家庭等其他非人格因素对婚配选择的影响。后来许多学者认识到需要互补理论的不足,对其进行修正:其一,认为关于互补性理论的思考原则上是可取的,但需要结合所处时代社会结构背景进行综合考量;其二,在应用互补理论进行说明时,要详细限定情景,不能以偏概全;其三,在选择测量指标时,一定要用理论指导实际,文思合意,否则就可能造成测量指标与理论的不符,降低理论说服力(埃什尔曼,1991)。总体来讲,该理论虽然具有种种缺陷,但其在讨论婚配择偶机制方面仍然具有不可忽视的解释力。

5)同类匹配理论

该理论与需要互补理论形成强烈反差,认为在婚姻市场中,个体更倾向于选择与自己职业地位和文化教育水平相当、年龄与信仰等领域相似的异性为另一半,也就是我们所说的同质匹配。美国社会学家古德认为一切择偶制度都倾向于"同类联姻",即阶级地位大致相当的人才可能结婚①,这既因为群体强迫人们选择与自己相似的伴侣,也因为市场协议过程会使人认识到最好的机遇是选择同等类型的人②。这一择偶理念不仅限于西方社会,更与以中国为代表的东方社会奉行的"门当户对"文化相契合。中国人向来讲究男女婚配地位相当,认为只有阶层地位相当的婚姻才能持久稳定,民间流行的"龙凤配""俊男配美女""王子配公主"就是这一思想的真实反映。值得注意的是,同类匹配婚不是传统社会的特有产物,时至今日,同类匹配理论仍然对婚配择偶市场具有惊人的解释力,这也从侧面反映出,经济发展与人口流动并不能从根本上消除固有的阶层壁垒,阶层固化仍是时代发展的屏障。

---

① 古德.家庭[M].魏章玲,译.北京:社会科学文献出版社,1986:76.
② 古德.家庭[M].魏章玲,译.北京:社会科学文献出版社,1986:77.

6)择偶坡度理论

该理论指出了两性在婚配上的坡度效应,认为婚姻市场中的男性出于生理发育与心理发展特征更倾向于选择年龄比自己小、文化经济水平比自己低的女性为另一半;同样,出于被保护欲或依附心理的女性倾向于选择年龄比自己大、经济地位与教育程度比自己高的男性为结婚对象。学界分析认为,从文化制度角度讲,此种"男高女低"模式体现了传统男权色彩,从其产生的社会影响来看,这种模式很可能会对婚姻市场上的适婚男女比例产生影响,婚配年龄坡度越大,除最上层与最下层人之外,男性可选择的范围就会越广,而特定年龄的女性择偶范围就越小,这就造成了底层男性与高学历、大龄女性的婚姻挤压问题。就国内目前研究现状来看,我国婚姻挤压问题无论在繁华都市还是偏远乡镇均已凸显。

7)择偶的"策略""游戏"理论

布迪厄(1998)最早涉及这一领域,他在对其家乡的婚姻问题研究中首次把婚姻策略与游戏概念相联系,认为婚姻策略不仅仅是个体遵循既有规则的表现,更是在实践基础上,对婚姻内在逻辑的游戏性分析与把握,是个体发挥主观能动性的体现。也就是说,婚姻策略具有充分的实践基础,对个体采取何种婚姻行径具有很强的现实意义。例如,家族里的长辈和主事人可以采取各种有利于家庭发展与家族声誉的婚姻策略来确保家族社会地位的稳固。因为在经济落后、各类资源积累困难的传统社会中,维持家族兴盛、确保家族世袭财产的完整与延续往往需要借助他们认为正确的婚姻策略来实现,因此长期以来人们十分重视在婚姻领域的探索,并由此产生了各类有意义的婚姻实践。在当代社会中,同样不乏为达某一目的而采取的婚姻策略形式,如许多年轻人选择听取更多家人意见以获得更多来自家庭的婚姻支持,老年人也会考虑到子女接受程度而采取更加温和、民主的婚姻介绍策略,以达到既协助完成子女婚姻,又不触犯子女自主心态的目的。国内学者谢立中(1998)与孙淑敏(2005)曾对布迪厄的婚姻策略、游戏理论进一步补充与完善。他们把婚姻比作扑克牌游戏,指出游戏结果一方面取决于玩家手中所拥有的底牌,另一方面又对玩家的出牌技巧提出较高要求。也就是说,是否能够结成满意的婚姻,不仅取决于个体自身拥有的物质与内涵条件,还取决于婚姻当事人驾驭既有条件的能力。由此可见,该理论不仅强调了外部环境与社会结构这些客观因素,还对个体能动性给予充分重视,展现出其他择偶理论不具备的解释力。

2.西方择偶形式与婚姻代际干预的具体研究

对西方婚姻择偶形式与婚姻代际干预的研究大致可分为两种派别,其一,认为东西方存在本质差异,即坚持文化差异背景下的择偶方式与代际干预差异论。其二,认为无论东西方世界,在婚姻择偶方面存在一些共性制约因素,因此,择偶方式与婚姻代际干预的变迁特征具有趋同性。这一派学者以美国社会学家 W·古德为主要代表。下文对两派研究分别进行论述。

中西方差异论认为东方家庭和西方家庭经常在那些希望家庭成员遵守的家庭规则的种类上存在着差异。例如,人们所处的代际不同,他们被赋予的优先权也不同[①]。桥本(1996)曾在日美家庭的比较研究中得出这一结论。他认为日本是一个与美国社会具有完全不同优先权的国家。虽然日本是工业发达国家,但父母在家庭中仍然具有很高的优先权,父母意见对子女婚姻择偶来说具有相当的影响力,老年父母也更倾向与子女同住,家庭赡养功能突出。后有学者认为,虽然日本的家庭已经明显地减少了许多传统形式,但是与大多数西方社会相比,目前日本家庭变迁仍然是缓慢的。劳雷尔·肯德尔(1996)对韩国婚姻家庭进行的研究同样支持这一观点。他发现在韩国,父母对子女婚姻的干涉是一种普遍现象,父辈通常会积极给子辈安排相亲对象,这种被安排的见面仪式为家庭形成提供了一种选择性因素[②]。而在以美国、英国为代表的西方社会中,随着生命周期的变化,家庭通常会萎缩成夫妻家庭,若配偶死亡,又继续发展成为单亲家庭。父母与子女的家庭不会轻易随个体或环境的变化而融为一体,父母更尊重子女对配偶的独立选择权。珍妮特·冯驰(1989)曾概括出英国家庭义务的规范性指导方针,她认为,英国的家庭成员在履行义务时会考虑接受其他成员的帮助是否会扰乱其家庭关系之间的平衡,同时还会考虑夫妻单方对某个家庭成员提供的帮助对于夫妻双方来说时机是否合适,是否有利于保持良好的家庭关系等[③]。进入 21 世纪之后,生活方式更加多元化与个性化,越来越多的人发现他们自己正在进行的生活方式、婚姻形式与传统家庭生活的模式差别很大。由此,对东西方社会文化本质上差异的探讨成为当今社会学研究的兴趣所在。

另一派观点则认为东西方择偶方式与婚姻代际干预变迁特征走向趋同。因为在 20 世纪,大多数西方国家都已经实现现代化,这就意味着发展中国家的文化如同它们的现代化程度一样最终会变得与西方社会越来越相似,这就是现代化和家庭变迁的"趋同理论"[④]。根据趋同理论,经历了现代化的社会,其家庭与婚姻的运作与表现形式会更为相似,因为改善经济条件对家庭提出了基本相似的要求。古德曾强调家庭在任何社会和经济制度中都同等重要。他认为只有当人们的需要能从家庭得到部分的满足时,经济才能行之有效地得到发展,而且,无论何种经济制度都不能例外[⑤]。他还认为"家文化"并非东方社会特有的产物,在《旧约全书》

① 切尔.家庭生活的社会学[M].彭铟旎,译.北京:中华书局,2005:49.

② 切尔.家庭生活的社会学[M].彭铟旎,译.北京:中华书局,2005:100.

③ 切尔.家庭生活的社会学[M].彭铟旎,译.北京:中华书局,2005:55.

④ 切尔.家庭生活的社会学[M].彭铟旎,译.北京:中华书局,2005:27.

⑤ 古德.家庭[M].魏章玲,译.北京:社会科学文献出版社,1987:6.

中，同样强调了家庭在文化上的重要性。例如，《旧约全书》中的《出埃及记》《申命记》《传道书》《诗篇》和《箴言》都宣扬了服从家规的重要性①。几乎在所有的国家，家庭责任都是个人无法摆脱和推卸的责任。在婚姻择偶方面，古德指出，虽然西方社会的多数青年不想结婚或拒绝与父母兄长谈论此事，但他们也并非随心所欲，社会压力同样普遍存在，且与各种直接或间接的奖励惩罚联系在一起。所以，大多数人都会主动听从家庭的吩咐。他认为，人们至少都希望儿女的婚事能够门当户对，所以只要家长们有能力控制儿女择偶的自由，他们定会不遗余力。但这种控制也分情况而论。有些情况下，他们有能力控制，而在另外一些情况下，他们控制不住②。弗朗索瓦兹·左纳邦德也认为在择偶方面，虽然社会结构发生了变化，虽然阶层和集团日益分化，在自己的阶层中或与自己阶层相近的阶层中结婚的机会仍比在完全不同的另一阶层中机率更大。社会流动性增加，无疑减少了在择偶问题上外部所施加的压力，但这种压力并没有被取消，而这种压力是为了限制择偶面③。由此可见，西方家庭并不是一个纯粹的以爱情为基础的和睦的共同体；它与东方世界一样有自己的摩擦、非理性、冲突与结构制约，甚至包括压制与暴力，但尽管有这些不足之处，却仍然是代际之间相互支持的主要来源④。与此同时，我们也要看到趋同理论存在的争议。有反对者认为在印度就没有明显的稳定趋势表明传统的联合家庭已经崩溃，相反，他们将联合家庭作为一种经济和社会进步的策略。这里涉及家庭形式的变迁，在此不做具体评述。

1.4.3 小结

从现有文献资料与研究成果的丰富性看，国内外学术界对择偶形式与婚姻代际干预的相关研究已取得了较为丰硕的成果，为分析和把握现代化转型过程中婚姻代际干预变迁提供了较为客观的理论与现实依据，深化了我们对婚姻择偶形式的认知。这些有益的研究均为本研究顺利开展奠定了坚实的基础。

从研究的立场、观点来看，我国对婚姻择偶形式与代际干预的研究与西方学者有较大差别。国内学者注重对历史、结构因素的讨论，认为社会变革、特别是制度、法律变迁是研究婚姻择偶过程无法忽视的背景。通常学者们在明确时代变迁外力作用的基础上探索各时期婚姻择偶观念、形式、标准的变迁特征；西方学界的研究注重抽象理论探索，他们倾向于将择偶理论与择偶标准相结合，注重从个体发展与自由市场竞争的理性经济人角度分析择偶动机，以揭示社会的开放程度。

① 古德．家庭[M]．魏章玲，译．北京：社会科学文献出版社，1987：2.
② 古德．家庭[M]．魏章玲，译．北京：社会科学文献出版社，1987：18.
③ 比尔基埃．家庭史[M]．袁树仁，等译．北京：三联书店，1998：55.
④ 贝克．个体化[M]．李荣山，等译．北京：北京大学出版社，2011：150.

从研究内容上来讲，在对婚姻择偶观念、标准、具体形式变迁及影响因素分析上，我国学者的研究更加充分。丰富的历史经验与婚姻制度改革实践为我国婚姻形式变迁研究提供了大量有益素材。特有的东方家庭文明与代际传承特征为婚姻代际干预变迁创造了独有的研究视角；而在对婚姻择偶理论探索与现代化婚姻匹配模式分析上来讲，西方学者特有的思辨传统为其分析论证婚姻择偶问题奠定了理论基础，论证清晰、逻辑缜密、指导意义较强。

从研究方法来讲，国内早期学者善于在资料分析基础上进行文献研究，以对比概括为基础的描述性研究较多。近年来实证研究方法在国内兴起并快速发展，理论指导下的实证研究兴起，学者们开始注重现象背后的因果联系，统计模型分析技术的使用频率增多；而西方学者具有深厚的实证传统，丰富的数据网络与一手调查资料支撑起婚姻家庭领域的各项研究，善于在模型分析的基础上论证假设，解释性研究扎实丰富。

在肯定前人研究成果的基础上，笔者认为，我国现有研究仍存在以下几点不足与缺憾。

从理论依托来看，已有理论范式大多是西方家庭研究的经验总结，来源于西方学者的创造与演绎，婚姻代际干预的本土化理论创新较少，且不够成熟和完善，缺少结合中国制度、文化、城乡结构变迁与代际关系变革情境的理论构建。

从研究群体来看，对未婚样本的研究多而对已婚夫妇的研究少，无法把握不同年代婚姻代际干预特征的历史变化。未婚对象往往针对特定区域内的特定群体，如对西北某一农村社区的青年群体研究或对某一地区大学生群体的研究，还有只针对“打工妹”“农民工”这类特殊群体的研究，样本具有区域局限性和社会层级上的特殊性。

从研究方法来看，采用概率抽样方法对不同年代男女初婚的婚姻代际干预特征的实证研究少，而以方便采样的方法对某单位、某群体未婚青年择偶方式进行的调查研究也多停留在简单的描述或双变量相关的分析上，大多缺乏必要的理论准备和研究假设，缺少剖析因果机制的研究。特别值得注意的是，综合运用定性与定量研究相结合的方法，鲜有全面剖析各时期婚姻代际干预演变特征、沿革机制与影响的研究。

2 主要概念与理论基础

2.1 概念界定

2.1.1 婚姻缔结途径

家庭社会学界共识的“婚姻缔结途径”主要是指适婚群体具体通过哪些方式结识异性并达成缔结婚姻关系的过程[①]。父母包办、他人介绍与自己认识是新中国成立以来我国适婚群体缔结婚姻的三种主要形式。其中父母包办指婚姻当事人在择偶问题上没有任何自主选择的权利,全权由父母的意愿安排[②]。父母包办是被动婚姻,属于强制干预、安排婚姻的范畴,是传统社会青年择偶的唯一合法形式,是“父母之命、媒妁之言”传统婚姻文化主导下的产物。自己认识也就是所谓的自主婚姻,属于真正的主动婚姻,是指婚姻当事人可以完全凭借自己的喜好选择配偶的自主选择方式,在选择配偶这一过程中,任何他人不对其抉择过程产生干扰和控制,这也是新中国成立后即首部婚姻法颁布以来被主流社会倡导和推崇并长期占据主导地位的择偶方式[③]。自己认识的形式主要有:校园恋情、同事关系恋爱、偶遇式“一见钟情”恋爱、社交聚会恋爱、网络社交恋爱等。且各种恋爱比率随社会与时代变迁而发生改变。他人介绍指适婚男女通过朋友、亲属、婚介所等途径结识另一半。他人介绍介于主动婚姻与被动婚姻之间,属于中介婚姻,当事人具有一定的自主性。介绍人在传统与现代社会中的作用不同。传统社会中,介绍人(媒人)的地位非常高,他们除了介绍双方认识之外,在其相处、订婚、聘礼等事情上也具有一定的发言权,而在现代社会,他们更多起到一种牵线搭桥的作用,之后双方展开进一步恋爱或选择和平分手,这些后续事宜他们不再过问。

---

① 杨善华.家庭社会学[M].北京:高等教育出版社,2006:48.

② 潘永,朱传耿.“80后”农民工择偶模式研究[J].西北人口,2007(01):125-128.

③ 潘永,朱传耿.“80后”农民工择偶模式研究[J].西北人口,2007(01):125-128.

2.1.2 婚姻代际干预

本研究“婚姻代际干预”这一概念是由“婚姻”“代际”“干预”三个词组成，根据《现代汉语词典（第7版）》解释，“婚姻”为社会学专有名词，是为当时社会制度所认可的，男女两性互为配偶的结合。强调两性、配偶身份及“婚姻是家庭产生的前提”①；“代际”主要指两代人之间；《现代汉语词典（第7版）》对“干预”的解释为“过问（别人的事）”②。合起来讲，“婚姻代际干预”就是指两代人之间过问对方婚姻之事。本研究排除子辈干预父辈婚姻这类向上干预形式，只指针对传统意义上的父辈干预子辈婚姻的向下干预形式，是父母包办婚姻与父母介绍婚姻的合集，即父母参与子女婚姻择偶的统称。分为三种具体情境：第一种是由父辈独立做主，也就是前文介绍的传统包办婚姻；第二种是父辈根据自身的某些考虑通过亲属或周边圈子成员介绍，初步筛选出适合做子辈配偶的个体，子辈在这些个体中选择自己中意的人进行交往并结成婚姻，这一类属于充分尊重父母意愿的婚姻，父辈占更多的主动性，但子辈也有参与；第三种是由子辈自己结识或通过他人（同学、朋友）介绍结识交往对象，在征得父母同意后方才缔结婚姻，这一类情况子辈占更多主动性，后两种情境可以归属为学界定义的“协商式婚姻”，也就是父辈与子辈通过协商的形式共同参与子辈婚姻择偶的过程。但无论是三种情境中的哪一种，父辈都充分参与子辈的择偶过程。表面上看，婚姻代际干预仅涉及婚姻缔结过程与代际互动两个方面，实则不然，概括来说，父辈与子辈是处在家庭这一整体中的个体，他们虽具有一定的独立性，但却有不可改变的血缘性与社会性联系。而在整个社会中，他们既可区分你我，独立社交，又可联结成为一个紧密的群体与更大的亲属、朋友网络发生联系。但无论怎样，他们都间接地与社会生活中的各类机构发生联系。父辈与子辈之间的关系始终无法摆脱群体、文化、社会环境的制约。

2.1.3 婚姻理想类型比较

“理想类型”这一学术概念，源于德国社会学家马克斯·韦伯。他认为理想类型高于现实，但服务于认识现实，其形式是通过表明一种历史现象接近这些概念中的一个或若干个的程度，可以对这种现象进行归纳③。杨善华概括出理想类型的两个特点：一方面，认为它作为构造概念的工具，具有高度的概括性、抽象性，因而不同于经验事实，另一方面，作为考察现实的概念工具，又是在对繁多的经验进行

---

① 百度百科[EB/OL]. https://baike.so.com/doc/3930822-4125367.html.

② 中国社会科学院语言研究所词典编辑室.现代汉语词典[M].北京：商务印书馆，2018：421.

③ 韦伯.经济与社会[M].林荣远，译.北京：商务印书馆，2004：52.

整理之后，突出了经验事实中具有共性的或规律性的东西，使之成为典型的形式[①]。基于此，我们可以认为理想类型是一种科学的分析结构、研究手段。婚姻理想类型同样是基于历史互动经验的总结概括而非现实反映。现实社会不存在完全单一、纯粹的婚姻形式，因此婚姻理想类型搭建的目的并非是找到现实原型，而是希望通过各类型之间共性与差异的比较更好地理解现实、解释现实。以代际互动为依托，父辈干涉与否和子辈择偶自主与否配对成以下三种婚姻理想类型。

1. 包办婚姻与协商式婚姻

就相同点来看，包办婚姻与协商式婚姻都是父辈参与子辈婚姻的一种婚姻形式，子辈对父辈的婚姻干预表现出不同程度的尊重与接纳，都属于婚姻代际干预形式。不同之处在于父辈的参与程度有大小，子辈面对父辈干预的反应有差异。包办婚姻是父辈强制参与，父权式干预，代际之间权力表现极不平等，传统文化与小农经济禁锢下的青年群体在面对父辈婚姻强制干预之时无力反抗，只得逆来顺受。学界普遍认为包办婚姻是传统父权社会的主要婚姻形式（古德，1986；杨善华，2006；潘永，朱传耿，2007）。但笔者认为，不能单纯将包办婚姻定格在传统社会，需要认识到任何社会中的婚姻形式都非单一、纯粹的，尽管近代以来包办婚姻受到新青年、学界、政界的诟病，但我们不能否认其在社会控制与家庭发展方面起到的作用，现代社会也很可能有近似包办婚姻的形式存在。就如社会学家迈克尔·米特罗尔等指出的，家庭制度具有组织日常生活与维持世代延续的功能，具体表现为组建家庭的目的在于保证传统社会生产生存、维系现代社会发展生存的延续性。家庭始终是一个经济体，家庭成员所担当的首先是在家庭经济生活中的角色，其次才是父母夫妻之类的角色[②]。因此，现代社会因经济原因牺牲子女婚姻幸福的情况也有发生。而协商式婚姻中父辈的干涉程度明显低于包办婚姻，代际关系相对平等，父辈虽然有干涉，但会更自觉地听取子辈意见，子辈在自身婚姻决策过程中具有一定的自主权，在与父辈意见相悖时，子辈拥有更多的理由和社会支持力量去为自己的婚姻幸福据理力争。由于现代社会结婚成本激增，受父辈经济支持等因素的影响，更多青年会选择更加柔和的协商形式与父辈进行情理沟通，父辈意见仍是其不能忽视的选择。

2. 自主婚姻与协商式婚姻

就相同点来看，自主婚姻与协商式婚姻都是子辈具有婚姻自主权的婚姻形式，父辈对子辈择偶意愿表现出不同程度的尊重与接纳，代际关系相对平等。不同之处在于父辈对子辈择偶的参与程度有差异。自主婚姻中父辈完全放手，对子辈择

---

① 杨善华，谢立中. 西方社会学理论：上卷[M]. 北京：北京大学出版社，2005：181－182.

② 米特罗尔，赖因哈德，西德尔. 欧洲家庭史[M]. 赵世玲，赵世瑜，周尚意，译. 北京：华夏出版社，1987：16.

偶问题不干预，子辈具有完整的婚姻与择偶自主权，伴侣的选择更多以互相吸引为前提，自由恋爱为基础。以古德为代表的家庭现代化理论认为自主婚姻是现代化发展的必然产物和要求。依据这一理论可以认为自主婚姻是现代社会青年择偶的主要形式。但笔者认为，不能把自主婚姻完全认定为现代社会的配套婚姻形式，过分夸大其现实意义，在享受婚姻自主带来精神愉悦的同时，需要认识到婚姻择偶自由背后的社会隐忧。而协商式婚姻被认为是今天亚洲许多地方的婚姻进化形式（肯德尔，1996；切尔，2005），是一种与自主婚姻并行的常见婚姻代际干预形式。协商式婚姻不同于自主婚姻之处在于父辈对子辈婚姻具有一定的参与度，父辈仍然会帮助子辈寻觅良偶，甚至会要求子辈参加其安排的“见面仪式”（相亲），但接下来的事情就由子辈自行决定，子辈有权拒绝参加见面仪式，也有对见面对象不满意后说不的权利。

3. 包办婚姻与自主婚姻

包办婚姻与自主婚姻就父辈参与度和子辈婚姻自主程度来讲被认为是两个极端形式。二者的共同之处在于子辈婚姻的决定权只属于父辈或子辈之间的某一方，双方在婚姻择偶问题上不存在或较少存在协商和妥协。不同之处主要表现在四个方面：其一，决定权不同。包办婚姻顾名思义就是子辈婚姻事宜全权由父母操办，子辈无自主权。这是一种理想形态，我们知道无论处在何种社会中，当事人都不会在自己的婚姻问题上心甘情愿地让渡权利，精神或行为上都会或多或少地表现出自主意愿。而自主婚姻同样是一种理想择偶形态，表现为婚姻择偶完全由当事人自己做主，父辈不参与子辈的择偶过程。其二，妥协方不同。在包办婚姻中，经济控制与传统文化约束背景下的青年更多选择顺从与妥协。自主婚姻中父辈基于现代文明压力做出更多的妥协与让步，甚至最终完全让渡权利。可现实情境却是，无论父辈是否能够左右子辈的择偶结果，都会对子辈婚姻表现出极大的关心并采取一定的辅助措施，就如西方学者指出，个体的心理状态很难不表现在其外在行为上，所以，父辈对子辈择偶的关心很难仅停留在精神或心理层面而不采取任何行动。但另一方面，经济发展与产业格局变化对个体劳动提出了流动性要求，越来越多的青年人选择在远离家乡的城市工作，与原生家庭物理距离的拉大必然会降低父辈对其择偶问题的干预程度，这便是经济社会对婚姻家庭、代际关系变革产生影响的最直接表现。其三，产生的背景不同。包办婚姻更多发生在物质经济匮乏的时代，教条式的文化传统控制着人们的言行举止，对婚姻的控制即是实现了社会对个体的最好控制，所以包办婚姻成为传统父权制社会中婚姻制度的重要特征。自主婚姻是近代以来被社会各界广泛推崇的择偶形式，自主婚姻格局的形成是现代经济社会发展的现实要求。主流观点认为，社会变迁的最终方向是趋向工业化和社会现代化，在工业化背景下，城乡家庭变迁的最终目标在于建立与工业化社会和市场经济相适应的家庭制度和婚姻模式[①]。自主婚姻便是满足社会与经济发展要求的理想形式。其四，产生的影响不同。父系父权制下的子辈婚姻与财产继承相联，与劳动力更替、亲代养老密不可分，这就决定了儿女婚后的居住格局——子从父居[②]，子辈婚后居住格局与父权制家庭制度互为表里因果关系。现代化自主婚姻对应的是子辈婚后自立门户，新家庭居制，新家庭的建立为真正实现婚姻自主提供了广阔的平台。以上三种婚姻理想类型对比分析如表 2－1。

表 2－1　婚姻理想类型比较

特征	类型		
	包办婚姻	**协商式婚姻**	**自主婚姻**
婚姻决定权	父辈	父辈＋子辈	子辈
父辈参与程度	强制参与	适度参与	不参与
子辈自主程度	不自主	相对自主	自主
子辈态度	服从	让步	强硬
父辈态度	强硬	让步	尊重
代际关系	不平等	相对平等	平等
经济类型	小农经济、计划经济	计划经济、市场经济	市场经济
文化特征	传统单一	冲突对抗	开放多元
社会态度	诟病	默许	倡导

2.1.4　亲密关系经济行为

依据美国经济学家薇薇安娜·A. 泽利泽的观点，所谓亲密关系就是指双方交往互动建立在特殊的共识或至少其中一人提供照料的基础上，关系之外的其他（第三方）个体无法获得诸如此类的熟知、理解与照料行为[③]。亲子关系作为亲密关系的重要组成部分，以共享经济、共有仪式文化及对私人特点的知晓等特征构成了彼此间经济互动、情感支持以及对一方稀缺资源的补充。也正因亲密关系涉及经济付出与相互照料而常常根据信任程度的不同划分为不同等级。在中国这样具有悠久家庭文化历史的社会中，亲子关系无疑是建立在血缘基础上的最深层次的亲密关系类型。

① 杨善华. 经济体制改革和中国农村的家庭与婚姻[M]. 北京：北京大学出版社，1995：10.
② 杨善华. 家庭社会学[M]. 北京：高等教育出版社，2006：45.
③ 泽利泽. 亲密关系的购买[M]. 姚伟，刘永强，译. 上海：上海人民出版社，2009：7.

经济行为本意是指货币的使用，本研究超越了这一层含义，更加关注货币形式之外的非货币化资产的转让、消费、分配及馈赠等外延形式。将家庭亲密关系与经济行为联合分析认知是本项婚姻代际干预研究的立足点及核心指导概念，其具有双重内涵：既具有给予亲密关系金钱帮助的含义，又具有权力与控制意义上资源不平等的内涵。也就是说，包括婚姻代际干预在内的大多数直接或间接亲密关系互动都控制和影响着我们选择行动的方式，即个体亲密关系的维持与经济活动之间常常相互混合存在。

2.2 理论基础

婚姻代际干预相关研究起源于20世纪20年代，伴随着新中国的成立及第一部婚姻法的制定和颁布，婚姻生活的自主性要求逐渐凸显并受到学界广泛关注。但因婚姻代际干预涉及代际互动、文化权力变迁及社会法规制度变革等内容而具有复杂性及多学科交叉性，学者们越来越无法从单一理论层面对其进行分析与解释，而需要从多理论视角入手对婚姻代际干预问题进行深入剖析。本研究主要借鉴的理论基础包括社会制约理论、个体选择理论及家庭与社会相互制约理论。

2.2.1 社会制约理论

社会制约理论作为一个广泛、抽象的理论范畴，涵盖了众多不同角度切入的具体理论，对本项婚姻代际干预研究有所帮助的具体理论主要有家庭生态理论、结构功能制约理论和现代化理论。

1.家庭生态理论

家庭生态理论探讨的主要议题是家庭与环境之间的关系[①]。这一流派的代表人物主要有密歇根州立大学教授比特丽斯·帕罗森、美国心理学家布朗芬·布伦纳等。帕罗森教授指出了家庭生态系统的三个重要组成部分，即有机体（家庭成员）、环境（自然界或人类构建的社会）、家庭组织（处理信息以采取家庭行动决策的基础）。帕罗森教授认为，家庭决策是由家庭成员综合考虑外部环境后做出的决定，而家庭组织则是二者的调和与承载机制，有机体与环境具有相互制约性与依赖性。家庭成员发展离不开社会环境提供的物资资源，却也受有限外部条件的制约。反过来，外部环境虽由有机体创造，但受其认知差异的影响。布伦纳于20世纪80年代提出了著名的个体发展生态理论，他认为个体发展嵌套于相互影响的外部环境系统，个体与外部环境系统之间的相互作用最终影响着一个人的发展路径，而这

① 杨善华.家庭社会学[M].北京：高等教育出版社，2006：138.

些相互影响、彼此关联的系统共同构成了个体发展的整体生态系统，可逐层概括为微系统（家庭、学校等）、中间系统、外层系统和宏系统[①]。其中，微系统是家庭生态系统的最里层、最基础的层面，是个体初始社会化最直接接触的层面，通常指原生家庭，这也反映出父母思维与行为习惯将对个体发展产生十分重要的影响。随着个体成长，学校开始随家庭共同对其产生影响。第二层次是中间系统，主要指各微系统之间的相互作用和联系。布伦纳教授认为，如果各微系统之间能够充分互通相连，那么个体非常有可能实现最优化发展（虽然现实并非如此）。第三层次为外层系统，指那些个体并未直接接触却对微系统产生影响的外围环境系统，也就是对个体发展产生间接影响的系统，例如，父母的眼界格局与工作环境、社区服务与文化氛围、学校的办学教学理念、社交网络环境等。第四层是宏系统，是家庭生态系统理论的最外层系统，指个体所处的宏观时代背景，具体包括经济文化背景、政策法规背景、城乡结构背景等，它对个体心理发展产生潜移默化的影响。具体系统模型图如图 2－1[②③]。

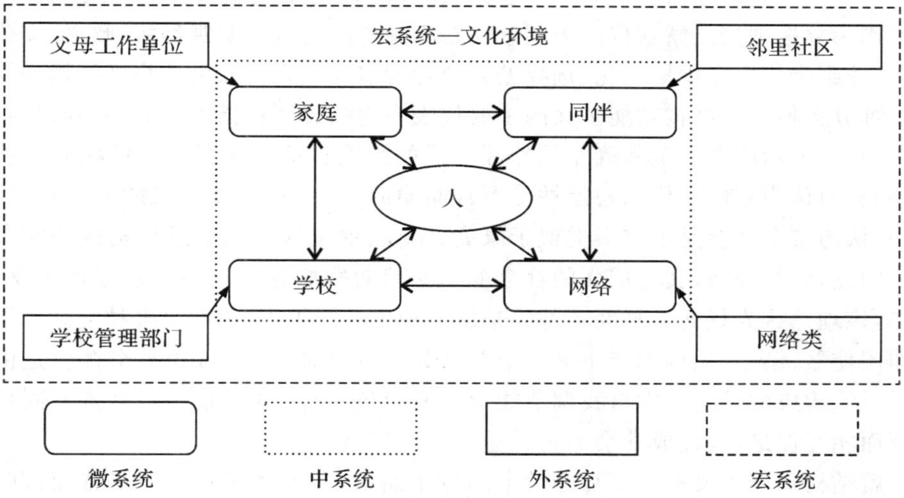

图 2－1　生态系统理论的行为系统模型

① 焦浩进，卢清. 从家庭生态观视角透析学前儿童社会性发展的路径：以西部农村地区为例[J]. 家教世界，2013(20)：22.

② HARDEN K P，TURKHEIMER E，LOEHLIN J C. Genotype by environment interaction in adolescents' cognitive aptitude[J]. Behav Genet，2007(2)：273－283.

③ 刘杰，孟会敏. 关于布朗芬布伦纳发展心理学生态系统理论[J]. 中国健康心理学志，2009，17(2)：250－252.

虽然帕罗森与布伦纳都曾或多或少提到过个体能动性对周围环境的反作用，但家庭生态理论具有一定的环境决定论色彩，过分放大环境对个体发展的作用。我们知道，随着个体生命周期的变化，其对周围环境会逐渐具有选择改变能力，布伦纳将这种环境的变化称为“生态转变”。他认为每一次重要的人生转变，如结婚、生育、入职、升学、退休等都可能成为个体发展的新起点并对其往后的人生轨迹产生影响。最终，这些转变节点会通过影响家庭进程对其发展产生间接影响[①]。这种解释认为即便个体在某些生命转折点中充分发挥主观能动性，但其家庭会随个体改变做出相应调整去影响其发展，这似乎再一次凸显了其环境决定论色彩。但总体来讲，这一理论体系为我们研究婚姻代际干预提供了一种有益的层级制约视角。即婚姻代际干预既会受微观系统如家庭、亲属网络等初始团体的影响，也会受间接系统如父母受教育水平、同伴婚姻类型的影响，同时更会受整个社会经济、文化环境特征的影响。

2. 结构功能制约理论

当一种研究议题需要建立多维理论模型时，结构功能主义即结构功能制约理论可作为首选理论。婚姻代际干预这一婚姻择偶问题触及宏观经济、政治、文化要素，又受到个体生命周期变化、选择差异与行为多元化影响而无法绕开结构功能主义多维分析传统。结构功能主义的主要代表人物帕森斯曾指出家庭的中心特点是均衡，其主要功能在于重新确立被外部世界的影响打乱了和谐均衡的状态。换言之，帕森斯认为家庭结构的稳定性是不言而喻的[②]。结构功能主义的主要观点为：第一，认为整个社会是由许多类似于家庭、学校、单位这样的子系统构成的宏大系统。因此，诸如经济、文化层面的社会变革必然对家庭这类子系统造成连锁反应；第二，该理论认为任何一种变革都不是由某种单一因素引起，而是多种复杂因素交错作用使然；第三，结构功能主义一个非常显著的特征，是它认为整个社会是由多个子系统构成的具有强大自我调节能力的有机统一体，各子系统因具备不同功能特征而相互促进，并促成社会的良性运行、协调发展。

就结构功能主义在家庭社会学中的应用而言，主要体现在以下三方面：其一，从微观上讲，结构功能主义清楚地解释了家庭功能与家庭结构之间的相互促进与适应机制，即某种家庭结构必然为执行某种家庭功能而存在，反过来，家庭功能的整合与分化也必然引起家庭结构的变化。其二，从中层结构来讲，结构功能主义很好地诠释了家庭作为社会最小的组织单元，是个体与社会产生连接的重要载体，实现个体发展与社会稳定是其存在的深层意义，是功能驱动下的组织构成形式。其

① 桑标，席居哲．家庭生态系统对儿童心理健康发展影响机制的研究[J]．心理发展与教育，2005，1：85－86．

② 杨善华．家庭社会学[M]．北京：高等教育出版社，2006：15．

三，从宏观上讲，结构功能主义能够给予家庭制度随社会变迁而发生改变以合理解释。它从结构与功能层面阐明了子系统—家庭与总系统—社会之间相互适应与促进关系。如古德在《家庭》一书中就认为家庭对广大社会所作的贡献包括：生儿育女、休养生息、儿童的社会安置、社会化和社会控制[①]。他还认为，现代一夫一妻制能够最大限度地满足个人主义与平等主义的社会价值观，且现代婚姻制度能够凭借其灵活机动的拆组功能更好地适应以经济快速发展为主要特征的市场经济社会。这为婚姻代际干预研究提供了一种可行的功能主义视角。应充分重视“存在即合理”这一哲学逻辑，从婚姻代际干预带来的工具性影响分析其存在机理。

当然，我们也要认识到结构功能主义存在的缺陷与不足。其一，从微观上看，结构功能主义过分强调家庭的积极功能，忽略掉了家庭结构与功能之间的冲突与对立。如对婚姻自主权的认知差异与选择偏差，结构功能主义无法解释代际冲突产生的原因。其二，从中间层面来看，结构功能主义没有认识到社会失范与冲突产生的根源，仅关注理想家庭形态下人与社会的和谐状态，缺少以时间为标尺的纵向历史性比较和以现实发展程度为依据的横向差异比较。其三，从宏观层面看，由于结构功能主义过分强调各子系统间的配合默契与宏观系统的自身调节能力，而忽视了子系统间的冲突有可能成为推动整个社会制度、体制变革的动力。一团和谐的社会其改革发展进程自然会放缓变慢，掩埋冲突的后果甚至会导致社会停滞不前。因此，在研究婚姻代际干预时，不能仅从结构稳定的角度看到其合理的一面，要认识到结构制约背后存在的冲突与不平等。只有这样才能更加真实地反应婚姻代际干预的发展状态与现实困境。

3. 现代化理论

西方世界作为现代化理论的诞生发源地，具有悠久、扎实的现代化研究传统。奥地利社会学家赖因哈德·西德尔在他的《家庭的社会演变》一书对中欧200多年家庭发展史进行回顾、分析、概括，指出家庭发展的历史不可分割地与生产方式发展历史紧密相连。他认为“家长在整个家庭中的经济地位越显著，父权制家庭特征就越突出”[②]。西德尔十分重视工业化及生产力发展的地位，认为家庭作为社会发展背景下的最小实体必然受到所处社会经济、阶层、文化、社会氛围等方面的影响与制约。但另一方面，西德尔也指出家庭并非完全被动地接受社会限定，其通过生产与代际延续创造出能够适应各种占系统位置的关系和个人。这在一定程度上明确了个体家庭对社会变革的能动应对。

马克·赫特尔在其《变动中的家庭——跨文化的透视》一书中对现代化理论与家庭变迁做出了更加详细的探讨与评价。他认为家庭现代化理论实质上是结构功

① 古德. 家庭[M]. 魏章玲，译. 北京：社会科学文献出版社，1987：9.

② 杨善华. 家庭社会学[M]. 北京：高等教育出版社，2006：17.

能主义和进化论的混合物[①]，该理论没有摆脱进化论和结构功能主义的局限性，暗含着进步比传统更具有价值的"先验"取向，认为现代西方工业社会比传统的非工业社会更具优越性[②]，总的来讲，赫特尔认识到了现代化理论中的价值倾向与不足。

家庭现代化理论另一重要代表人物是美国社会学家古德。他在其代表著作《家庭》中的主要观点为：第一，认为工业化与城市化仿佛是一个囊括了许多大相径庭、相互抵触的形式与进程的百宝箱，除非我们搞清楚哪些具体因素引起了工业化与城市化产生的连锁反应，否则不能笼统地将变革原因归结为工业化发展，这会大大降低其说服力。第二，指出早在工业化发生之前，许多家庭变革就已经发生，这些变化并非工业化发展一因所致，而是多种不同力量相互作用的结果。例如，我们认为被现代人认同的新居制核心家庭制度是"现代"社会的产物，但现实情况却是它们具有悠久古老的存在发展历史，并非是工业化使然。第三，古德认为传统社会中的扩大家庭是支配个体的合法性存在，而现代夫妇式家庭能够充分体现平等主义和个人主义的合理性，这一制度也与工业社会强调经济进步的观念相吻合。他强调在世界范围内，传统的家庭制度（通常以扩大家庭和联合家庭为代表）正在瓦解，整个社会向夫妇式家庭制度转变[③]。但另一方面，他也承认现代社会家庭模式的多元化现实，认为有些家庭模式在抵御工业化势力方面表现得更加突出。换句话讲，他认为有些家庭模式具有很强的稳定性，能够抵御外部环境干扰，而有些家庭模式则无法抵御工业化与城市化发展之势而发生相应改变或走向消亡。

回看国内现代化理论的发展进程。学界普遍认为自20世纪60年代至改革开放这段时期，家庭现代化理论在国内家庭社会学研究领域长期占据无法动摇的权威性地位，是最重要的研究视角与分析工具。国内学者普遍对家庭现代化理论作以下几点概括：第一，认为西方现代化理论具有"单线式""一元性""决定论"倾向。即把西方工业文明认为是人类社会发展的终极文明形式，具有普世价值，所有社会都会按照西方的发展模式，最终走向工业文明。同时，将传统与现代文明对立，认为现代文明是唯一符合人类个性、利益发展的文明，一切传统都是现代化发展的阻力，必将走向衰落、灭亡。第二，对摩尔根、恩格斯、帕森斯、古德等人的家庭序列顺序发展及结构功能分化等概念进行归纳总结，认为家庭现代化理论是结构功能主义与进化论的结合体。第三，学者们从古德的论点出发，认为经典家庭现代化理论的两个主要特征分别是现代个体自由价值文化与夫妻制婚姻家庭制度之间的关系

① 赫特尔.变动中的家庭:跨文化的透视[M].宋践,李茹,等译.杭州:浙江人民出版社,1988:36.

② 赫特尔.变动中的家庭:跨文化的透视[M].宋践,李茹,等译.杭州:浙江人民出版社,1988:43－46.

③ 唐灿.家庭现代化理论及其发展的回顾与评述[J].社会学研究,2010,25(03):203.

和夫妻制核心家庭与现代工业发展之间的适应性①。总体来讲，国内学者对家庭现代化理论的认识褒贬不一，支持者认为自社会学重建以来，多数社会调查和研究成果都反映了我国社会家庭居住格局的转变，家庭人口规模正在缩小、核心家庭比重稳步上升，这些研究趋势说明了家庭现代化理论在当今社会仍具有相当的解释力(王跃生，2006)。而反对者则认为家庭规模缩小主要是由于人口政策变动导致，不能等同于传统大家庭的瓦解，也不能简单地认为中国家庭正在走向西方式核心家庭(郭志刚，1987)，还有学者从历史的角度分析中国核心家庭在数量上占据第一位，而这与现代化、工业化并没有直接关系(曾毅，1993)②。笔者认为，就婚姻代际干预而言，家庭现代化理论可作为研究假设的出发点，以数据分析结果论证其现实解释力。

2.2.2 个体选择理论

个体选择理论主要包括个体化理论、理性行动理论和交换理论三种。

1. 个体化理论

自20世纪末期开始，关于家庭的讨论变得更为纷杂，很多理论与经验研究表明家庭正在发生着巨大的变化。整个社会都在探讨生活方式的多元化与个体化，但是这并不意味着传统家庭(一夫一妻，父母与子女紧密相连)正在消失或者走向灭亡。相反，多元化是指除传统家庭形式持续存在之外，其他形式的家庭正在不断发展和增长，如同性恋家庭、独居家庭、丁克家庭、未婚同居、异地家庭等形式，这些家庭形式展现出地域与群体差别；而学界关于个体化的讨论，主要代表人物是德国社会学家乌尔里希·贝克夫妇，他们在《个体化》中提出了著名的"第一现代性"和"第二现代性"概念，认为第一现代性的标致在于秩序和行动逻辑有鲜明的边界区分，也就是说个体行动、群体活动和生活形态各领域之间存在鲜明的行动逻辑和边界区分，这导致管辖权、资格和责任有了明确的制度归属，这种具有明确逻辑(Logic of Unequivocalness)支配的社会被其形象地称为第一现代性下的牛顿式社会。而由于现代化动力的自我作用，在21世纪初第一现代性正被一种具有模糊逻辑特征和不确定原则式的社会和政治现实所取代，因此可以认为，现代性正在动摇其自身的核心原则，"风险社会""个体化"和"普世化"作为现代化动力的极端形态本身正在激化，成为对现代化进程带来的始料未及的副作用的自觉回应。用贝克的话讲，现代性似乎已经抵达其当前发展的极限，正迈向一个新阶段，后者可以恰当地称为第二现代性，第二现代性与第一现代性的不同之处在于其重新审视和挑

① 唐灿.家庭现代化理论及其发展的回顾与评述[J].社会学研究，2010，25(3)：202.

② 陈熙.家庭现代化理论与当代中国家庭：一个文献综述[J].重庆社会科学，2014(08)：68.

战那些曾被第一现代性理所当然接受的正被模糊逻辑破坏的不确定事件①。在明确第二现代性概念之后,贝克紧接着提出现实中的人们更多是受"自由之累"而非危机之害的观点,也就是说人们正在被自由增长带来的意外后果和关于自由增长的种种表述所累。不同于文化悲观论者认为的价值衰落理论,贝克认为个体化增长并不会大规模地破坏团结关系,而是催生出一种新的团结形式,因为现代化带来的高度自决权和机会的多样性与不确定性似乎导致人们失去了前进的方向感,于是便出现了黏合社会网络的要求,人们越来越出于自愿而非传统义务趋势结成新型团结模式,希望以此获得归属感、安全感,明确生活的意义。在这种解释框架下,家庭成员之间的关系正由需要共同体变成一种选择性关系,这不是说家庭正在崩解,而是说家庭获得了一种新的历史形式,一种"反家庭的家庭"("后家庭时代的家庭")正在形成②。贝克夫妇的个体化理论充分表明了既为自己打算又为他人而活,这两种曾经被认为是相互矛盾的东西,其实有着内在的、本质的联系③。据此,我们可以认为,贝克的个体化理论可以解释婚姻代际干预只是现代人多种择偶方式中一种个体家庭的选择形式,是一种基于现实环境的个性选择。这对探讨在整个社会现代化转型与婚姻家庭制度变革过程中的婚姻代际干预演变特征与沿革机理具有重要的理论指导作用。

2.理性行动理论

个体理性行动是经济学领域的基本假设,即假定人在一切经济活动中的行为都是理性思考后的结果。以亚当·斯密为代表的西方古典经济学派认为个体理性行动的最终目的是实现投入最小与收益最大化。新古典经济学派继承发展了古典经济学理性人思想,提出以下三个假设:一是个体行动是合乎理性的(为达到目的而选择的手段假设);二是个体行动前可以获得充分的外界环境信息以满足决策分析(完全信息假设);三是个体在信息充分的前提下能够理性分析决策,最终实现利益最大化(利益最大化假设)④⑤。

社会学自创学伊始就开始关注个体行动,此后的许多理论也都试图从理性逻辑解释个体或集体行动。代表人物及观点主要有马克斯·韦伯的"目的理性与价值理性"概念和科尔曼的"理性行动理论"。韦伯把社会行动划分为"目的-工具合理性行动"与"价值合理性行动"两个理想类型。目的-工具合理性行动主要考虑达成特定目的需要对应的手段与能力,而这一目的是否符合人类心愿价值则不予考

① 贝克.个体化[M].李荣山,等译.北京:北京大学出版社,2011:5.
② 贝克.个体化[M].李荣山,等译.北京:北京大学出版社,2011:98.
③ 贝克.个体化[M].李荣山,等译.北京:北京大学出版社,2011:186.
④ 贝尔.当代西方社会科学[M].范岱年,等译.北京:社会科学文献出版社,1988:99.
⑤ 汪翔.理性预期宏观经济学[M].北京:中国人民大学出版社,1989:2.

虑[①]；价值合理性行动则相信行动具有无条件的、排他性价值，只要信奉价值合理，即使不顾后果与条件限制也要完成的行动[②]。目的-工具合理性行动虽有对摒弃情感形式的合理性内容，但也有导致人们行动机械化的实质非理性一面，因此，又被称为形式合理性(formal rationality)；相反，价值合理性行动既表达了对价值无法掌控、计算的非理性一面，也体现了打破传统、坚持个性、激发潜能与革命性的实质合理性一面，故又称为实质合理性(substantive rationality)[③]。由此看来，韦伯认为的合理性与非理性都是相对而言，他所划分的两种行动类型各自都包含了理性与非理性因素。

科尔曼的"理性行动理论"。首先，科尔曼坚持认为是众多个体行动的集合构成了系统行动，因此他自称采用了个体方法论范式去解释社会系统；其次，科尔曼认为理性行动理论区别于其他理论的最大特点就是最大化假设对一切行动或问题的解释，他认为理性行动的主要关注点不是对个体行动的解释，而是从个体行动出发对这些行动可能造成的社会后果进行分析。他还认识到个体理性行动于个体或社会而言并不总是带来所期望的结果，个体期望与社会期望也并不总是重合。换句话讲，科尔曼认为社会科学理论的主要任务是解释社会现象，而非个体行动。最后，科尔曼不同于其他理性派否认规范这一既定宏观条件，他承认规范对个体行动的指导价值，并认为规范使微观至宏观的转变成为可能[④]。

理性行动理论在婚姻家庭领域的应用主要体现在：第一，理性行动理论很好地解释家庭中的生产、消费、分配以及资产继承与转让等经济活动。如果不能理性地从事这些活动，家庭就无法维持成员生存与发展需求，家庭制度也就无法长期存在。第二，区别于传统经济理性与家庭情感对立论，以薇薇安娜·A.泽利泽为代表的学者认为正是因为交易涉及信任和风险，所以只有亲密关系发挥作用时，理性的经济计算才能更加精确和更富有结果[⑤]。他们认为，家庭领域中从来不乏理性决策，人们会把这种理性整合进家庭成员更大的相互义务网络中，同时又不会损害所相应的家庭关系。也就是说，理性与家庭情感是共存的，前者甚至对维持家庭关系起到更积极的作用。第三，理性行动理论是婚姻匹配与择偶行为的理论支撑，但在现实表述上却被人们刻意隐藏。人们通常认为理性是建立在对金钱利益的最大追求之上，择偶理性意味着尽可能从择偶过程中获得最好的价值，而择偶的另一方面，是通向一个以道德价值与情感为基础的意义系统——家庭，从这个角度看，人们似乎又总是希望将情感而不是经济计算带入家庭生活或夫妻关系中。但总体来

① 杨善华，谢立中．西方社会学理论：上卷[M]．北京：北京大学出版社，2005：185.
② 杨善华，谢立中．西方社会学理论：上卷[M]．北京：北京大学出版社，2005：185.
③ 杨善华，谢立中．西方社会学理论：上卷[M]．北京：北京大学出版社，2005：187.
④ 丘海雄，张应祥．理性选择理论述评[J]．中山大学学报(社会科学版)，1998(01)：118－125.
⑤ 泽利泽．亲密关系的购买[M]．姚伟，刘永强，译．上海：上海人民出版社，2009：19.

讲，理性行动理论是婚姻市场理论、匹配理论、择偶梯度理论、婚姻交换、互补理论等择偶理论的内在前提。从这一角度讲，婚姻代际干预作为婚姻择偶的一种形式，必然无法离开对其蕴含理性本质的讨论，这一理性分析范式是研究个体行动的必经之路。

理性行动理论体现的不足之处主要有：第一，理性行动（选择）理论浓厚的经济学色彩使其在研究社会行为时过多地关注其经济效益而忽视对行动可能造成的社会结果进行考察。虽然科尔曼提到要将社会科学的研究任务从单纯分析个体行动转移到对其产生的社会后果进行分析，但现实结果似乎并不理想。第二，理性行动理论作为以研究个体行动为出发点的微观分析范式，天然地忽视了对个体行动存在背景即社会制度文化与结构制约的考虑。这使得其无法对年代变迁和地区差异带来的理性行为偏差进行解释。第三，该理论无法对社会或家庭中存在的利他行为进行解释。

3. 社会交换理论

彼得·M. 布劳认为对人类关系和行为的不同影响可以被分为两大类：那些影响个体选择和偏好的因素，以及为实现这些选择提供或限制机会的外部条件[①]。社会交换理论（以下简称“交换理论”）侧重于对前者的分析，能够详细地剖析社会互动以辨明每个参与者过去和预期的报酬如何相互影响他们的选择和行为以及正在出现的社会关系[②]。换言之，交换理论强调了维持社会关系与互动的互惠动机。虽然无法像宏观结构理论那样强调外部环境与阶层、结构对个体的约束与制约，但在解释微观社会互动关系与形式上具有不可动摇的理论地位。

交换理论在婚姻家庭领域的应用主要体现在以下两个方面：第一，交换理论很好地解释了家庭关系中的利他主义传统。从主观认识来讲，人们普遍认为个体在成长发展过程中受到来自家庭无微不至的照顾、支持与资助，家庭关系与亲子关系常被冠以“无私”“奉献”的美誉。但交换理论则认为这些表面的无私之下，潜藏着“利己主义”动机，无论是养儿防老、重男轻女的传统观念，还是现代社会对子女教育的非理性投入，似乎都受到了能够带来相应回报的激励。学者杨帆、杨成钢就认为代际交换即使没有发生在行为人身上，也可能通过示范效应影响行为人的养老意愿；代际交换中反映老人主动性的“付出”较“回报”而言，对加大行为人对家庭养老的认同程度具有更明显的作用，而且这种主动性可能比个人特征、家庭结构等客观因素的影响更明显[③]。当然，婚姻家庭生活中也存在离开“利己主义”，追求社会赞同的“利他主义”成分。例如，父母对患病孩子不离不弃的照顾、放弃工作的全职

① 布劳. 社会生活中的交换与权力[M]. 李国武，译. 北京：商务印书馆，2012：10.

② 布劳. 社会生活中的交换与权力[M]. 李国武，译. 北京：商务印书馆，2012：10.

③ 杨帆，杨成钢. 家庭结构和代际交换对养老意愿的影响[J]. 人口学刊，2016，38(01)：68－76.

妈妈或全职太太等。因为人们知道，漠视他人需求无法获得社会赞同。相反，主动付出不仅能获得广泛社会赞同带来的精神愉悦，更能够影响周边家人的效仿而逐渐内化为一种家庭传统。第二，交换理论创造性地阐明了家庭资源分配背后隐藏的不平等事实。交换理论认为，在现代社会的复杂经济结构中，财富无疑比它在岛民（位于新几内亚的小岛，是学者的调研地）中更为经常地被用于维持支配人的权力，而不常用来对人们慷慨地给予[①]。此外，现代社会的分割性质使人们不再对陌生人的赞同产生兴趣，这与以亲密关系为基础的小团体如家庭、亲友圈形成鲜明对比。换句话说，在类似于家庭这样的小圈子里，成员间的赞同对现代个体来讲变得极为重要。就如布劳所说，现代人的财富的主要功能是使他能够慷慨地分配报酬，这些报酬有助于赢得亲密者的赞同和维持他们的情感[②]。但另一方面，我们也要认识到，财富的拥有者在慷慨赠送之时也使其在地位上超过其他成员成为可能。列维斯特劳斯认为，社会交换的一个重要功能就是在慷慨方面压倒竞争者，如果可能，则在希望他不能履行的未来义务上制服他，因此从他那里得到特权、头衔、等级、权威和声望。这在家庭代际关系中同样适用，父母以他们对子女抚养、教育甚至是婚姻上的看似无偿的投入（资源、资金）获得了相应的家庭权威，从而确立了相对于子女来讲更具发言权的优越家庭地位。从这一角度讲，父母权力可以定义为：通过威胁撤销有规律地提供报酬的形式，或以惩罚的形式，将其意志强加给子女的能力。交换理论在婚姻家庭领域的以上两点应用均对婚姻代际干预研究意义重大。该理论不仅从微观层面揭示了家庭"利他主义"面纱背后的"利己"动机，还从代际分配权力出发给出了婚姻代际干预产生的不平等解释。这将在本研究后面章节中得到体现和应用。

交换理论在婚姻家庭领域应用的不足之处体现在：第一，交换理论作为一种微观理论视角仅涉及对影响个体或家庭选择与行为偏好因素的讨论，而忽略了对支持或限制这些选择的外部宏观条件的考虑。我们知道，任何一种社会现象的产生除个体内部因素驱动之外，外部环境的支持或制约同样对事物的发展起着重要的作用。在某些情况下，如新婚姻制度的推广，政府的支持与配套措施的完善甚至对政策成败起决定作用。因此，对婚姻代际干预的研究，除考虑个体家庭内因之外，也要考虑其产生发展的时代特征与相应的社会制约条件。第二，交换理论试图提供一种根据支撑人类关系的社会心理过程而提出的解释[③]，但它无法解释社会关系发生变化的原因。换句话讲，交换理论可以解释父辈干预子辈婚姻的心理动机，但它却无法解释婚姻代际干预城乡、阶层差异产生的原因，而这只有应用宏观结构

---

① 布劳. 社会生活中的交换与权力[M]. 李国武，译. 北京：商务印书馆，2012：177.

② 布劳. 社会生活中的交换与权力[M]. 李国武，译. 北京：商务印书馆，2012：177.

③ 布劳. 社会生活中的交换与权力[M]. 李国武，译. 北京：商务印书馆，2012：13.

理论，根据不同的结构条件变化对宏观经济结构与区域文化差异进行综合考虑才能予以充分的解释。

2.2.3 家庭与社会相互作用理论

1. 代际团结理论

埃塞尔·沙纳斯(1979)等学者研究指出，我们认为的家庭代际团结的衰弱可能只是一种虚构的表象①。现实情境是，尽管传统世代同堂式大家庭逐渐式微，青年夫妇成家后普遍独立居住，但代际之间的互动与联系仍然非常频繁、高效。虽然近些年家庭关系与代际互动形式确有变革，但被认为是为适应经济社会环境而做出的形式调整，代际关系紧密团结的实质并没有发生根本改变。芬驰和梅森(1990,1993)就曾指出：相对于把规定父母子女关系的家庭规范看作是具体的要求，不如将它们视为某种指导方针，并且家庭规范会随着个体状况和社会环境的改变发生改变，也许正是这种适应性的改变被解读为家庭代际团结走向破裂和衰弱②。几乎同时期，本特森与他的同事在1982年提出了研究家庭代际关系的团结模式。他们认为代际团结包含六个不同的团结维度，分别是联系性团结、情感性团结、一致性团结、功能性团结、规范性团结、结构性团结。代际团结理论认为团结与凝聚力是家庭亲子关系的核心③。2008年，研究指出影响代际团结的三个层面，即微观个人机会与需求层面、中观家庭历史结构与成员数量层面、宏观社会文化与环境层面④。国内学者自21世纪初也纷纷涉足该研究领域。学者杨菊华、李路路在对东南亚国家和地区的比较研究中得出现代化进程并没有导致家庭功能的衰落，代际之间在日常照料、经济支持、情感慰藉等方面依然存在紧密互动。她们认为家庭凝聚力具有强大的抗逆力性和适应性，深厚的文化积淀超越了现代化的作用⑤。因此，自20世纪中期至今家庭代际团结理论始终被学界给予一定程度的重视，并对家庭变革与代际变迁保持高度解释力。

代际团结理论在婚姻家庭领域的主要贡献：第一，代际团结理论解释了婚姻代际干预存在与延续的正面可能性。不少学者认为，现代化进程在拉大亲子空间距

① SHANAS E. Social myth as hypothesis：The Case off Amily Relations of Old People[J]. The Gerontologist，1979，19(1)：3－9.

② FINCH J，MASON J. Filial Obligations and Kin Support for Elderly people[J]. Aging and Society，1990，10(2)：151－175.

③ BENGTSON V L，SCHRADER S S. Parent-Child Relations[J]. Research Instruments in Social Gerontology：Social Roles and Social Participation，1982(2)：115－185.

④ SZYDLIK M. Intergenerational Solidarity and Conflict[J]. Journal of Comparative Family Studies，2008，39(1)：99.

⑤ 杨菊华，李路路. 代际互动与家庭凝聚力：东亚国家和地区比较研究[J]. 社会学研究，2009，24(03)：26－243.

离的同时也改善了亲子间交流的方式与物质往来的便利性。这为家庭成员间对家庭内发生的诸如子代升学、工作、婚姻、养老等大事件共同参与决策提供了可能性与便捷性。第二，代际团结理论在一定程度上实现了家庭发展与个体需求的辩证协调。该理论承认现代性变革给婚姻家庭层面带来的多元影响，承认冲突是家庭关系正常的一面；但同时也强调代际冲突并不是不可解决、不可调和的，相反，一些冲突的解决最终有利于提高代际关系的整体水平①。

当然，代际团结理论也存在不足之处，即对家庭冲突认识的简单化，忽视了现代家庭矛盾的多样性与复杂性。年龄、文化环境与受教育程度等方面的代际差异都可能对家庭成员的价值观念与行为选择产生难以调和的影响。因此，代际团结理论并无法对婚姻代际干预现象的存在与变迁做出全面解释。

2. 冲突理论

冲突理论在婚姻家庭领域的应用主要体现在以下三方面：第一，代际冲突理论。卡尔·曼海姆将“代”的形成过程与社会变革联系起来，“代”指出生在同一时期、经历了同样的社会变革并形成独特的“历史社会意识”或集体认同、进而影响他们的态度和行为、使之与先前的几代人相区别的一群人②。纵观中国人口政策前后时代差异：父辈计划经济时代，物资贫乏、百废待兴，教育、就业与福利国家（单位）包办，文化观念上，集体主义、礼教传统根深蒂固；普遍出生于改革开放之后的现代中青年人，多是计划生育政策后的独生子女一代，它们大多享受到“王子”“公主”般的家庭关爱，但同时也面临着市场经济残酷竞争体制下被淘汰的威胁，经济极大发展的同时文化、价值多元又给青年人带来了信仰与选择困惑。所有这些制度结构与时代特征构成了不同代际人特有的社会体验与价值认同，代际之间的差别不仅是体现在年龄与经验上，更多地体现在个体价值与人生选择上。如此物质与文化的断裂为两代人之间的冲突构成了基础。第二，冲突论为解释重大家庭与婚姻制度变革提供了一种理论视角。家庭内部成员间的利益冲突与矛盾一方面可以认为与家庭这一特殊微型系统环境与结构条件有关，另一方面，冲突理论认为微系统内部冲突往往是外部宏观结构矛盾的具体反映，并在一定程度上成为激发内外系统变革的动力。它强调了家庭生活不断变化的性质，并认为变化是变革的主要动力。第三，该理论还认为经济变革、社会结构转化、权力关系变迁都是促使家庭发生变化的主要因素，这在一定程度上与结构制约观点类似。但以上几点应用均对婚姻代际干预产生的社会因素与变迁动力分析提供了有益启发。

冲突理论的不足之处体现在忽视了家庭制度的稳定性，且过分强调及时性。社会学家杨善华认为冲突论的模式实际上是一种决定论模式，也就是说，当外部条

① 石金群. 当代西方家庭代际关系研究的理论新转向[J]. 国外社会科学，2015(02)：74－80.

② 吴小英. 代际冲突与青年话语的变迁[J]. 青年研究，2006(8)：1－8.

件发生改变时，家庭应对其即刻做出反应，根本不存在选择不同家庭方式的可能性[①]。但这在中国特别是欧洲各国家庭变迁中显然不完全适用。冲突理论无法对多元家庭制度做出很好的解释。因此，在对婚姻代际干预研究中进行冲突分析时既要看到它在满足个人需求、促使代际关系与婚姻制度变革方面的解释力，也要注意对其作用条件进行分析。

3. 代际矛盾理论

20 世纪 90 年代，学者们越来越发现，代际团结与冲突理论并不能很好地对正在发生的宏观规范层面与微观感知、行动层面的矛盾进行解释。现实中的人们总是既希望获得独立自主、行动自由的生活权力，又离不开家庭成员的情感支持与经济帮助。这种矛盾心境在当代社会有愈发加重的趋势，在这样的现实情况下，德国学者卢休在 1998 年首次将"家庭代际关系矛盾心境"应用于家庭代际关系研究中。该理论关注代际关系中存在的矛盾现象，并倡导对矛盾背后的原因进行研究。不同于代际团结理论、冲突理论过分强调代际关系协调或矛盾的某一侧面，代际矛盾理论将重点放到对家庭代际关系团结与矛盾共生性的讨论上，注重对社会结构与个体层面之间矛盾协商、转化机制的分析。同时，关注社会家庭成员在矛盾面前的决策过程及结果。这一理论弥补了代际团结理论、冲突理论存在的理论不足，为个体与结构互动讨论提供了一种崭新视角。

代际矛盾理论在婚姻领域的启示主要有：第一，代际矛盾理论强调在面对择偶问题时代际之间团结与冲突的共生与对话。即在子女择偶问题上，父子之间既有对婚姻幸福出发点的共同考虑，也有对诸如人品、学历、相貌、家境等条件因素的不同意见与偏好；既有对整个家庭稳定发展的义务责任，又不希望在婚姻问题上被过多强求与干涉，希望获得婚姻自由。在这一层面上，代际矛盾心境很好地诠释了婚姻决策过程中家庭成员间的矛盾心境。第二，代际矛盾理论强调对婚姻代际干预矛盾冲突的管理与协调，认为冲突与矛盾是家庭代际关系的常见现象，家庭因其特有的情感与道德连接特征而更多选择以协商、让步的方式化解矛盾冲突，但处理结果是否符合个人与社会期许则视所处的具体环境和成员认知水平而定。第三，代际矛盾理论具有政策意义。本特森认为，由于矛盾心境理论强调结构在矛盾产生和应对过程中的作用，因而突出了社会政策的重要性——社会政策可以减轻结构带来的矛盾心境。但是社会政策对矛盾心境的最终作用则取决于个体对矛盾的驾驭[②]。如在婚姻问题上，婚姻政策法规中对相关核心价值的倡导与规定是缔结婚姻不可忽视的前提，这对满足个体需求、调和成员利益具有指导作用。以上三方面均对本项婚姻代际干预研究启发良多。代际矛盾理论较为细致地体现个体抉择在

① 杨善华. 家庭社会学[M]. 北京：高等教育出版社，2006：15.

② 金石群. 独立与依赖[M]. 北京：社会科学文献出版社，2015：24.

意愿与结构之间的摇摆与互动，这为剖析婚姻代际干预主客体心理动态提供了较好的分析视角。

代际矛盾理论的不足之处体现在其重视对个体心境的分析而忽视对结构环境的理性认知，重视代际矛盾现实而忽视个体能动选择。该理论还认为矛盾心理可能是暂时的也可能是长期的，但都是难以根本解决的①。这一论断因其过分强调矛盾心理的普遍性与不可逆性而具有明显的代际悲观论色彩。

4. 家庭策略理论

家庭策略（Family Strategy）这个概念来自西方家庭史的研究，其目的是为了更好地理解工业化过程中家庭的作用，研究家庭面临新的外部环境时的决策过程②。据此，家庭策略可以被理解为家庭成员在面对社会变迁与生存环境变动时对诸如工作地选择、住房选择、子女择校、择偶、退休养老等重大家庭事务的抉择过程。我国改革开放四十多年来，社会学、人类学等相关学科领域对家庭策略的研究愈来愈重视，学者们普遍认为家庭策略这一理论视角对于探索家庭对社会的反作用颇有裨益③，加深了我们对个人、家庭与社会互动关系的理解。在社会急剧变革的几十年中，人们越来越认识到家庭不再是被动承受社会变革之痛的弱势结构单元，相反，它以超强的适应力与逆生力主动调整应对策略以维持家庭的稳定与发展。当然，家庭策略的实施过程并不总是民主和谐、毫无纷争的。近年来东西方学者们开始注意到家庭决策过程中权力支配、夫妻争执、父子分歧时有发生。概括来讲，家庭策略理论强调了家庭成员间排除分歧后的合作，但注意到合作与合力的取向取决于成员的家庭地位。因此，家庭的性质又必然影响社会的变迁④。家庭策略理论与代际团结理论的相似之处在于都强调家庭成员的合作，不同之处则体现在家庭策略理论认识到合作背后存在的不平等与纷争。

家庭策略理论对本项婚姻代际干预研究的主要启示：第一，提供了一种将宏观社会结构背景与个体互动经验相结合的分析视角。家庭策略理论既不像结构制约理论那样过分强调宏观背景的结构制约，也不像微观互动理论那样单纯讨论心理层面的个体选择偏好，它将两种理论传统很好地结合起来。这对婚姻代际干预的宏观变迁特征与微观存在机理具有很好的解释力。第二，该理论的联合视角决定了我们必须采取宏观与微观、区别与联系、共性与个性相结合的综合研究方法。也就是说，在研究婚姻代际干预时，既要考虑其存在的时代经济文化背景，又要重视

① 石金群. 独立还是延续：当代都市家庭代际关系中的矛盾心境[J]. 广西民族大学学报（哲学社会科学版），2014，36(04)：35－40.

② 樊欢欢. 家庭策略研究的方法论：中国城乡家庭的一个分析框架[J]. 社会学研究，2000(5)：100.

③ 杨善华. 家庭社会学[M]. 北京：高等教育出版社，2006：137.

④ 张永健. 家庭与社会变迁：当代西方家庭史研究的新动向[J]. 社会学研究，1993(02)：97－103.

其对个体、家庭发展的意义，要把婚姻代际干预看作家庭在综合各方因素后的决策选择，具有相当程度的个性选择差异，且这一决策的实施又是一个动态发展的过程，会随家庭面临的内外部条件的变化而发生相应改变。第三，家庭策略理论为分析婚姻代际干预背后的权力关系提供了一种视角。即关注谁在婚姻决策中起主导作用？各家庭成员分别采取何种策略、在多大程度上影响婚姻决策的形成？这对分析婚姻代际干预的性质、形成机制及其形成过程中家庭成员关系的变化具有很好的解释力，这种分析可能因年代、地区、阶层及成员文化程度差异而呈现出不同的干预特点，从而构成了比较研究的前提。

家庭策略的不足之处体现在其虽然意识到家庭决策背后存在的权力支配与非民主程度，但并没有提出更好的策略建议以应对或避免其发生。此外，家庭策略具有明显的理性色彩，忽略了个体感性决策与非主流选择的可能性。

5. 亲密关系经济行为理论

该理论的主要代表人物是美国经济社会学家薇薇安娜·A. 泽利泽，她关于亲密关系经济行为的论述是基于对相互独立世界问题的讨论展开，不同于认为经济活动与亲密关系是相互独立的分离领域和认为二者是“除此而无他”(Nothing But)的一元论观点，泽利泽坚持认为亲密关系中存在经济行为，而经济行为中也包含情感关系，日常生活实践中的人们常常会把二者混合在一起，经常积极地参与、建构、商谈并形成各种相互联系的生活领域①。尽管传统理念认为货币交换会玷污亲密关系，经济关系一旦融入个人情感就会失去判断力，但现实世界往往相反，人们早已形成了一套亲密关系间的经济行为的逻辑，他们用不同的仪式、符号和交换媒介来区分不同的社会关系，例如父母、配偶、师生、朋友关系之间，都存在情感关系基础上的经济互动，其中看似由情感联结的婚姻家庭领域因充斥着分配、消费、馈赠与转让关系而更具经济活力。泽利泽认为如果不进行资源分配或转移，成员生存将无法得到保障，家庭也就无法长存，因此，家庭在互通知识和权利义务的影响下更加长期稳定地享受经济互惠的后果。

该理论独创性地将经济与情感相联合，对本项婚姻代际干预研究具有指导作用：其一，不能单从文化或经济角度进行分析，想要真正理解为什么婚姻代际干预具有如此强大的生命力，除把它置于中国历史脉络中做文化比较分析外，还需要强调其存在背后的经济合理性，即重视家庭对个体发展的经济效用；其二，在现代，为了掌握生活变迁的主动权，越来越多的人选择联合而不是分离，人们常常以血缘家庭为单位，将家庭发展与婚姻抉择等事件相连，考虑的不再是经济与情感边界，而是现实条件下的利益最大化，整体上讲这是一种策略行为。

---

① 泽利泽. 亲密关系的购买[M]. 姚伟，刘永强，译. 上海：上海人民出版社，2009：13.

2.3 研究问题与理论的关系

通过对上述理论基础的分析概括，我们认为对婚姻代际干预问题进行系统研究既离不开对社会生长环境、结构环境与经济环境的宏观前提讨论，又需要把握主体能动性，重视微观个体层面的个体化选择、资源交换及理性行动逻辑，而在宏观与微观发生作用的中观层面，代际团结、冲突与矛盾问题凸显、家庭策略行径与亲密关系经济行为理论成为联系宏观与微观，解释个体与家庭面对环境变迁路径选择的理论切入点。研究问题与理论关系参见图 2－2。

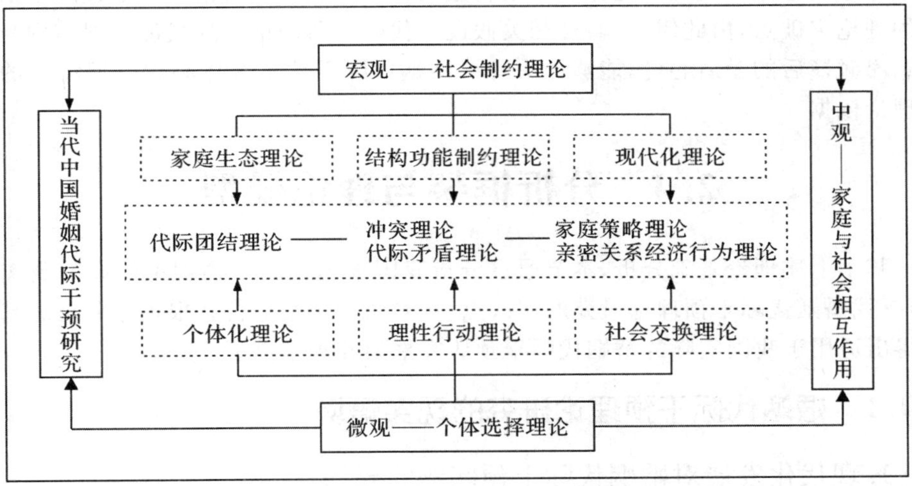

图 2－2　研究问题与理论关系导图

图 2－2 所示的三层理论指导构成了当代中国婚姻代际干预研究的具体解释路线：其一，冲突理论、代际矛盾理论揭示了市场化初期传统文化环境制约与个体经济发展正面碰撞的直接后果，揭示了婚姻代际干预在特定历史时期内产生的传统婚姻控制与个体化发展需求的正面较量，同时，学者们认识到冲突与矛盾并非不可调和，它在一定程度上能够成为激发革新的正面力量，推动婚姻代际干预的新时代变迁。其二，代际团结理论流派指出了在结构环境制约背景下人们以代际交换的形式实现阶段性团结的愿望，虽然这一理论一定程度上实现了家庭发展与个体需求的辩证协调，但其忽视了现代家庭矛盾的多样性和变迁发展的必然性，缺少变迁动力解释。其三，家庭策略理论与亲密关系经济行为理论是代际矛盾冲突与团结理论的进阶理论，这两个理论既看到了经济环境制约又

顾及到了个体理性发展需求，在现代经济理性支配下人们总是在积极探寻最优发展策略以满足个性发展需求，这成为推进婚姻家庭变革的直接动力，而在亲密关系情感价值指导下，又倾向于在子辈择偶这类家庭事件中倾力奉献以实现家庭资源效益的最大化，并最终促进了家庭成员整体协同发展，这一解释路径实现了文化情感与经济理性的兼顾联合，成为指导当代中国婚姻代际干预研究的核心思想。

研究认为对婚姻代际干预研究给予解释和启发的理论总体经历了从宏观到个体、从对立矛盾到协商联合的过程。亲密关系经济行为与家庭策略理论能够较为全面地对婚姻代际干预的演变特征与沿革机理进行解释，故作为本研究的重要理论指导。而家庭现代化理论作为举足轻重的传统理论同样为本项婚姻代际干预研究的理论突破点，由此伊始，验证相关假设。代际矛盾理论更加关注宏观结构与个体意愿碰撞后的矛盾心境，能够作为解释婚姻代际干预主客体心理发展特征的主要理论依据。

2.4 分析框架与理论模型

基于上述理论基础分析，本节通过分析我国婚姻代际干预理论研究的现实语境，寻找婚姻代际干预理论研究的切入点，在对访谈个案进行扎根理论分析的基础上得出适用于我国实际的婚姻代际干预研究框架和理论模型。

2.4.1 婚姻代际干预理论研究的现实语境

1. 现代化发展对婚姻代际干预问题的规约

推进婚姻自主自由格局的形成是家庭现代化发展的具体要求，家庭与社会经济发展同步必然推进代际资源、权利格局的转变以适应现代化发展需求，这预示着包括政府在内的主流文化宣传机构形成了对婚姻择偶自由自主文化的集体倾斜而无法正视婚姻代际干预存在的现实语境。对婚姻代际干预进行系统而全面的分析可以发现，婚姻自主自由倡导与婚姻代际干预现实矛盾的关键要素主要包括政策法规风向、社会配套支持、婚姻主体自觉三个方面。

首先，婚姻政策法规是主流婚姻文化的风向标，不同层级单位与团体所形成的配套支持结构是实现婚姻法规目标的根本。就婚姻代际干预问题而言，不同时期的婚姻法中虽有涉及，但强调的侧重点与关注度不同。总体而言，1950 年婚姻法对这一问题的关注度最高，整个婚姻法宣传都围绕废除封建婚姻制度，树立婚姻自由观念，禁止婚姻干预展开。而 1980 年婚姻法对这一问题涉及较少，虽然那一时期政治婚姻、干预婚姻大量存在，但相较于社会经济制度变革给婚姻家庭带来的财产分配与相关影响，婚姻干预问题被推之末位。2001 年婚姻法修正案重新对婚姻自由给予应有的重视，在更加注重保障公民合法权益、以人为本等立法理念的趋势下，婚姻干预问题被再次推到台前。无效婚姻、可撤销婚姻法规的增补促使婚姻法制体系逐步完善，配套法规以保障婚姻自由法规顺利执行。但另一方面，我们注意到，两部婚姻法及一次修正案都仅是将婚姻自由作为缔结婚姻的基本原则，将婚姻干预作为禁止条例列出，对婚姻自由的条件、婚姻干预的类型与程度缺少细化规定。这就造成即便有婚姻法与配套法规的支持，现实生活中一旦发生婚姻干预现象法律仍无法对其进行深度干预，更多只是道德层面的谴责。这与我国婚姻立法史“宜粗不宜细”的立法传统有关，与婚姻法修订需求导向的被动形式有关，更是因道德情感与法律理性的敏感界线始终存在，人们无法在真正意义上正视二者的关联所致。笔者认为探索婚姻代际干预的演变特征、沿革机制与影响正是需要打破经济理性与文化感性界限，将二者结合分析，这是我国婚姻代际干预研究的关键。

其次，对适婚群体辅以社会配套支持在婚姻自主自由格局形成中发挥重要作用，更是国家法规条例外对适婚群体采取实质性帮助的表现。在国家现代化转型过程中，政府部门和相关单位不再像计划经济时期对个体生活进行方方面面的干预指导，特别是从婚姻家庭私生活领域的抽离，强调公私分开，政企分离。从传统的“管家制”向“市场制”转变已经表明，无论从理论层面还是实践层面，政府干预个体生活的时代已经结束。一方面，这为个体自由、个性选择提供了更多发展空间与权力，但另一方面，这种突然的转变忽略了婚姻家庭及私人生活的变革不仅要依靠政府的变革，更要依靠社会力量的支持与推动。因此，婚姻自主格局无法在动荡的社会转型过程中扎稳根基，在风险倍增的社会生存环境中，家庭支持对个体发展和婚姻稳定扮演了重要角色，婚姻代际干预的普遍存在就是对这一现实的具体回应，而婚姻代际干预的未来走向很大程度上取决于社会相关领域支持功能的完善与否。

最后，婚姻当事人的主体性及其在社会、家庭变迁中采取能动抉择是婚姻格局形成的前提。目前学术界与社会生活实践中人们对婚姻自由和婚姻代际干预的理解仍停留在传统的“文化对立”认知层面，对其研究也多集中在“应然层面”的分析而忽视了对“实然层面”的关注，对婚姻代际干预的认知偏差不仅不符合现代婚姻家庭发展现实，也表现出对婚姻代际干预存在基础及在婚姻缔结过程中产生作用的认识不足。现实婚姻抉择中，父辈参与子辈的择偶，子辈寻求家庭婚姻帮助已成为不争的事实，父辈与子辈依据各自指导价值和现实条件在婚姻缔结过程中扮演着不同的角色、发挥着不同的作用。因此，在现代化转型背景下，梳理、分析“实然层面”的婚姻代际干预现实，能够从学术理论层面探究其存在依据和沿革机理，为婚姻家庭发展现实提供解释依据。

2.婚姻代际干预特征与机理演变对婚姻家庭现代化的回应

婚姻代际干预成为婚姻择偶形式中与自主婚姻互不侵犯的默许形式，在婚姻缔结过程中以其互助性和协商性有效地控制了自主婚姻的盲目性和风险性，同时弥补了个体职业流动与教育年限延长带来的“择偶难”问题。在现代化转型背景下，婚姻代际干预很有可能凭借其由关注群体生存到重视个体发展、由强制干预到适度干预特征的转变成为婚姻家庭现代化的中国式回应，承担重要的历史使命。

首先，婚姻代际干预特征的转变在现代婚姻缔结过程中发挥着重要作用。家庭现代化理论认为，婚姻择偶形式的现代化发展主要以促进个体自由为出发点，以激发社会活力为着力点，以改善和保障民生为落脚点，如此看来，婚姻代际干预就是在这样的现实背景下完成了由重视群体规范、集体生产向关注个体选择与发展关怀的转变，因时而异地承担起市场化风险中的婚姻家庭责任。当然，一场理想的完美婚姻，除了国家维护之外，还需要具有特定个体爱好、奉献意识与互动能力的婚姻主体参与其中，而婚姻代际干预的当代转变以其特有的血缘文化、为对方着想的奉献精神和经济互助能力而在婚姻缔结中发挥着不可或缺的作用，其在分解婚姻经济压力、化解发展矛盾、保障婚姻稳定性等方面的优势与积极作用必然成为婚姻主体抉择的关键把握点。

其次，婚姻代际适度干预已成为代际互助与家庭稳定的重要形式。市场化转型的关键特征是政府职能的有效转变和单位集体职能的合理转移，虽然现代化发展不断推动国家简政放权，但在这之后谁来负责承接的问题就显得至关重要，虽然现代化发展和对个体独立自由价值的引导给初获自由的个体带来短暂快感，但快感之后的落寞体验与市场化竞争带来的生存压力又使越来越多的年轻人认识到亲情与家庭的重要性，纷纷选择回归原生家庭。相较于婚姻自由而言，婚姻代际适度干预以其更强的互助性和协商性优势在婚姻缔结中减少了主体压力，降低了盲目自主风险，推动了婚姻的高效实现。

最后，婚姻代际干预特征的当代转变促使社会舆论支持回升。随着对西方自由主义的曲解和盲目追随带来的不良后果，我国已经在逐步探索并形成一条具有中国特色的现代化发展之路，婚姻家庭领域亦是如此。政府和相关部门重申家庭文化的重要性，逐渐与家庭领域建立分工协作关系，将家庭组织更加擅长的情感慰藉、互助共荣和协商性发展事务交由其完成，再辅以适当社会调节和把控，大力倡导支持性家庭文化的发展，为个体发展和社会稳定提供保障和支持。基于此，演变后的婚姻代际干预逐渐被更多的人群所接受，社会舆论风向正在悄悄地发生转变。

2.4.2 婚姻代际干预理论研究的分析框架

随着现代化发展不断深入和推进，多元、自主的婚姻家庭文化正在被逐步建立，国家权力在私人生活领域的逐步抽离似乎已成为国家职能转变与婚姻家庭现代化发展的重要表现。在这一进程中，家庭组织以其来自于亲情又服务于亲情的特征顺理成章地成为私人生活领域的重要行为主体，其在诸如经济行为、婚姻行为、养老行为中扮演的角色日渐重要。但是，有关家庭对个体婚姻行为干涉的研究既缺乏高度理论凝练，又没有形成较为完善的概念体系与分析框架。在整个婚姻择偶变迁历史中，父辈家庭所扮演的角色并非一成不变，而是呈现出多角度演变特征，因此，构建完善的理论分析框架对以下婚姻代际干预问题做出回应是非常有必要的：婚姻代际干预在社会转型过程中呈现出怎样的演变特征？婚姻代际干预随时代发展变迁具有怎样的沿革机理？婚姻代际干预存在的基础是什么？会产生哪些方面的影响？

为回答上述关键问题，本节将在对已有研究文献和实地访谈资料进行深入分析研究的基础上，得出婚姻代际干预演变特征、沿革机理与影响研究的关键内容与分析框架，主要的分析方法是扎根理论研究方法，访谈资料源于笔者在 2016 年 2 月至 2018 年 5 月以中西部地区（陕西省、内蒙古自治区）为主、东北东南沿海地区（辽宁省、上海市）为辅的实地访谈调研。该访谈调研通过目的性抽样和理论性抽样两种抽样方式进行，选择现代化转型过程中家庭代际结构较为完整并对婚姻代际干预问题有着较为深刻理解和实践的 20 个家庭共 38 位成员展开调研。对每个家庭的家长和主要人物进行深度访谈，每次访谈时长为 60～90 分钟，当同一家庭的不同被试提供信息或反应情况有偏差出入时，选择对同辈群体的其他成员进行访谈，以求访谈所得信息的真实性。同时，向被试者索要能够反映其所谈真相的相关文本资料作为参考，以现有文献研究资料、实地访谈资料和相关文本资料为数据依托，强化三角检定。访谈结束后，在最短时间内将录音内容和访谈时录音无法体现的被试情绪、表情变化及访谈过程记录整理为标准访谈文本，并撰写研究日志，以最大程度减少信息遗漏与记忆偏差。本研究通过两次试访谈对访谈提纲进行了修改补充，最终获得 38 份样本数据，其中 30 份用于扎根理论研究，8 份用于理论检验，最终形成约 20 万字的访谈资料和展现研究心路历程的研究日志，服务于后期理论构建。

在对原始访谈资料进行标准化文字转录和整理的基础上进行扎根理论编码与归类分析，以提取出与关键问题相关的基本概念、范畴及内在逻辑关系，进而总结出婚姻代际干预的演变特征、沿革机理与影响研究的关键内容与分析框架。结合前文对婚姻代际干预相关概念与内涵的界定，此处通过故事线的方式对婚姻代际干预理论研究的关键内容进行开放性编码分析，如表 2－2 所示。

表 2-2　访谈资料编码分析表(节选)

访谈文本资料	提取关键内容	编码
父母说了算,谁也不敢胡拧!那是准法子,老人说啥就是啥!就叫包办买卖!(被试 LN)	父母之命不可违抗	传统包办婚姻
别看我军人出身,我结婚的事儿也是父母定的,否则就是不孝!(被试 LQS)	婚姻与孝道相连	
我妈说要是不同意这亲事,就别认她这个妈!我还能有啥办法?当时家里说了算,我只能听她的(被试××)	父母逼婚	
我们那个年代,特别是在这里(内蒙古地区)都是父母说了算,我在外读书,父母在家操办好了一切(被试 LD)	婚事父母包揽	文化惯习
即便日子过得再苦,在结婚大事上,我都会倾力给娃办一个像样的婚礼!才能被人看得起!(被试 CXP)	结婚关乎面子	
抬头不见低头见,要是离婚肯定被人说三道四,老爷子王法大,不准小姑子谈离婚(被试 LN)	离婚关乎声誉	
当时河滩这边产米,我妈是四川人,爱吃米,觉得我嫁到这边以后吃米不愁!(被试 CXP)	“鱼米”交易	婚姻功能
我家几代人都在这,家族大!我丈人当时同意我们也是为了女儿在这里有个依靠,扎住脚(被试 CWF)	投靠大姓家庭	稳定地位
其实我父母也是有私心的,我下面还有两个弟弟,希望我和他结婚后能帮拽一下我的弟弟们(被试 LXL)	分担家庭负担	经济功能
大家都想着,怎么着也得找个有工作的,不然城里生活压力确实大!	共担家计	
我爸成分不好,一直到 20 世纪 80 年代不讲究这个了,我大哥二哥才结婚,嫂子们都是贫农家庭(被试 LY)	身份影响	特殊时期婚姻
我爸给国民党当过兵,我大哥一直没娶上媳妇,后来他出走没了消息,我比较幸运,起码成了家(被试 WM)		政治性影响
那个时代很多选择都是跟着国家政策走,我能理解她(母亲)返城	知青婚姻	
我们都是阿坝人,算是从小一起长大,是自由恋爱(被试 RGY)	自由恋爱	地区婚姻差异
咱是村里人,得本本分分,不能进城几年就有想法,让人家说闲话!	乡村规约	

续表

访谈文本资料	提取关键内容	编码
我闺女不学好，跟外地打工的人跑了……她弟弟眼看也到找对象时候了，我说什么不能让他走他姐的老路，现在这时代更乱！（被试 LZ）	时代乱	现代婚姻风险
大女儿两次自由恋爱婚姻失败，给她和我们全家人带来太多伤痛，二女儿这回真是托亲友介绍，再三观察，谈了三年才敢结婚！（被试 LXL）	自由婚姻失败风险	
年底回去就让家里人介绍一个，我常年在外打工，认识的女孩儿都是三天两头换一茬，根本不靠谱（被试 HRZ）	周围人不靠谱	社交特征
我的工作性质经常要加班，单位女同事又少，根本没什么机会交朋友，也没那个时间（被试 LXB）	没时间没机会交友	
对我女儿好就行！别的我们什么都不要求，车、房她结婚不用愁，就这一个女儿，都是她的！（被试 WYF）	配房配车	独生子女特征
他们就我一个孩子，我无论如何不想在结婚的事儿上逆爸妈的意，让他们伤心（被试:CY）	尊重父母意见	
我妈说了，除非她满意，否则别想从她那儿得到一分钱！北京生活压力又大，我肯定不能因为找对象这事儿跟家里闹掰！（被试 WLG）	对原生家庭有经济依赖	
我都跟他说了，作为独子独孙，在外面打工可以，但是找媳妇肯定得回来找本地的，不然他过不好不说，也是给我找罪受！（被试 ZM）	独子独孙文化控制	
她学习压力重，平时光忙着上课学习确实没时间！我们现在就是愁她的个人问题！眼看二十六七的人了！（被试 WYF）	学习忙碌无暇找对象	教育年限与婚姻择偶矛盾
我 36 岁才结婚，以前忙着进修、学习，把这事儿耽搁了！		
结婚可不是闹着玩儿！买房、买车哪一件事是不需要家里帮忙的？我刚工作两年，单靠我根本没那个实力（被试 WJB）	无力独自承担婚姻费用	婚姻成本高昂个人无力承担
我们这边光彩礼就得十万！我自己肯定拿不出来，所以还得我妈同意！再说家里一直是我妈拿事儿，结婚大事我自己肯定定不了（被试 LM）		

接着进行归类分析，对上述编码关键内容进行深入挖掘，发现各部分之间的联系，发展主要关键词和主要编码概念，明晰二者之间的关系，为后文理论构建奠定基础，本研究在对主要访谈内容进行编码的过程中共归纳出七个主要类别和十三点关键内容，归类及其内容如表 2-3 所示。

表 2-3　编码基础上的归类分析

类别	关键内容	内涵
婚姻代际干预	特征→动机	出于资源、环境关系考虑而产生的婚姻代际干预目的
	→程度	进行婚姻代际干预的强弱程度
	→方式	进行婚姻代际干预采取的或直接或间接、主动或被动的形式
所属时代	经济发展缓慢	新中国成立至 1978 年为改革开放之前的一段历史时期
	经济快速发展期	以 1978 年为分界点，改革开放至今
婚姻文化	传统婚姻文化	强调孝道伦理、亲子权力地位不对等的婚姻文化
	现代婚姻文化	强调婚恋自主与个性选择的婚姻文化
地区	城市地区	受现代化影响最深、婚恋观念相对开放、强调分工和个性化发展的地区
	农村地区	受传统文化影响最深、婚恋观念相对保守，注重地缘、血缘关系的地区
环境	婚姻环境	缔结婚姻所处的政治、经济、社会、文化、家庭环境
机理	干预机理	婚姻代际干预发挥效用的具体方式
	沿革机理	婚姻代际干预随时代变迁而变的具体轨迹和方式
影响	婚姻代际干预影响	婚姻代际干预对个体、家庭、社会带来的正反层面影响

最后，进行结构性编码，通过对初始编码和二次归类进行再次编码，使得研究脉络更加清晰，主题更加突出，进而得出与本研究密切相关的核心内容，为婚姻代际干预演变特征、沿革机理与影响的理论分析框架构建奠定基础。本研究核心内容关系结构及内涵解释如表 2-4 所示。

表 2－4　核心内容之间的关系结构

类别关系	关系结构	结构内涵
特征→演变	特征→时代	不同时代的婚姻代际干预差异
	→地区	城乡不同地区的婚姻代际干预特征差异
	→受教育程度	父辈及子辈不同受教育水平背景下的婚姻代际干预差异
	→家境	父辈家庭经济条件不同背景下的婚姻代际干预差异
机理→沿革	机理→缓慢发展期	改革开放之前根据当时社会现实背景形成的婚姻代际干预机理
	机理→快速发展期	改革开放之后根据时代变迁形势产生的婚姻代际干预机理
	机理→转变	改革开放前后婚姻代际干预动机、方式、程度上的转变
影响→变化	影响→缓慢发展期	改革开放前婚姻代际干预对各相关领域带来的影响
	影响→快速发展期	改革开放之后婚姻代际干预对各相关领域可能产生的影响
	影响→变化	婚姻代际干预在个体、家庭、社会层面的影响变化

以上对实地访谈资料和已有文献资料的扎根理论分析可以归纳得出，婚姻代际干预研究理论的分析内容主要包括婚姻代际干预时代变迁特征、婚姻代际干预沿革机理和产生的影响三个方面，对这些关键内容的理论研究受经济文化环境、国家政策方针和个体能动性选择的影响，基于此，新中国婚姻代际干预关键内容与结构之间典型关系所形成的理论分析框架如图 2－3 所示。

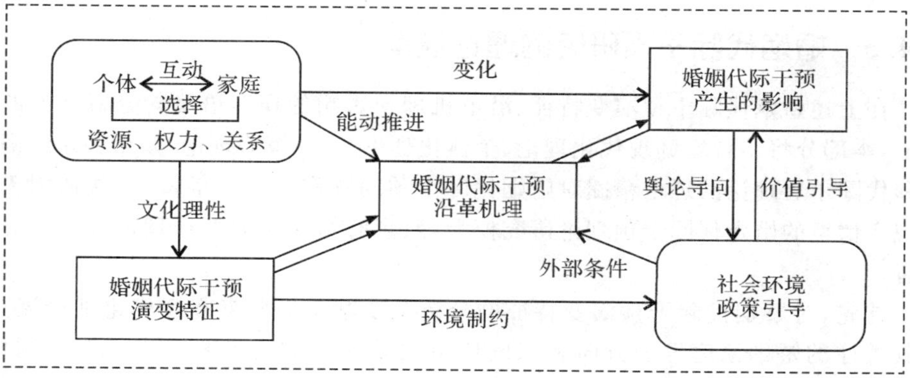

图 2－3　婚姻代际干预理论分析框架

在分析婚姻代际干预演变特征、沿革机理与影响的过程中，要结合主体因素、关系因素和环境制约因素进行深入剖析，对婚姻代际干预理论研究中包含的三个重要环节具体分析如下：

其一，婚姻代际干预演变特征。其主要回答“新中国不同时期、不同地区婚姻代际干预的外显特征是什么?”这一问题，既有理论认为时代不同、地区不同、文化程度不同、家庭经济条件不同都会导致婚姻代际干预的外显特征不同，这些因素会对婚姻代际干预特征产生怎样的影响是值得深究的重要问题，如此才能对婚姻代际干预整体演变脉络有更加全面的认识。

其二，婚姻代际干预的沿革机理。其主要回答“为什么婚姻代际干预在社会变革和发展中始终存在？它的动力机制是什么?”这一问题，即在明确各时期婚姻代际干预演变特征之后，根据不同发展阶段的经济、文化、环境差异来分析婚姻代际干预的沿革机理，并探寻机理沿革特征。

其三，婚姻代际干预可能产生的影响。其主要回答“各时期婚姻代际干预存在与演变给个体、家庭、社会层面带来哪些方面的影响?”这一问题，即婚姻代际干预在不同历史发展环境中的角色地位、具体效能和产生的影响都有所不同，其作用发挥的程度与方式也存在差异，对婚姻代际干预可能产生的正反面影响进行系统讨论可以明晰其存在的合理性和弊端，从而推动其走出困境，以更好地服务于个体发展和婚姻互助需求。

上述三个环节都需要建立在对不同时代婚姻代际干预特征与核心背景要素的精准把握之上，只有这样才能对当代中国婚姻代际干预的演变特征、沿革机理与影响进行全面而深入的解构和构建，同时也回应了经典家庭现代化理论关于婚姻代际干预必将走向消亡、婚姻自由自主终将实现的理论期待，进而推动当代中国婚姻实践走出内外困境，实现良性发展。

2.4.3 婚姻代际干预研究的理论模型

在上述婚姻代际干预演变特征、沿革机理与影响的现实语境与分析框架的基础上，本部分将结合家庭现代化理论、个体化理论、家庭策略理论、亲密关系经济理论和代际矛盾理论的理论精髓对婚姻代际干预问题进行深入剖析，构建适用于我国现实情境的婚姻代际干预理论研究模型，对现有婚姻家庭变迁理论做以补充与完善。

首先，对婚姻代际干预演变特征的分析主要基于经典家庭现代化理论展开，对其关注的婚姻家庭发展方向和家庭成员关系转变的两个要素进行深入剖析。对现有家庭现代化理论进行研究梳理可得，婚姻代际干预受到的最重要的外在冲击力是市场经济，该理论认为经济形式决定着婚姻家庭的类型和格局；其次是与现代化发展相应的社会价值目标变迁、代际资源权力变化以及个体化需求转变对婚姻代际干预带来的冲击，在对婚姻代际干预演变特征进行分析时应对其给予充分重视。

其次，对婚姻代际干预沿革机理进行研究时，在贝克的个体化理论与家庭策略理论的基础上对不同时期婚姻代际干预机理转变的关键因素进行解构。贝克的个体化理论中最核心的理念就是个体是否可以沉着应对自由及其产生的风险；而家庭策略理论视角之下，婚姻代际干预的存在和机理的转变实质上是家庭在面对现代化发展及其外部环境变迁时的策略性选择，不同的家庭成员出于自身发展利益考虑最终形成了以血亲关系为联结纽带的相互依赖、共同合作的家庭关系结构，不同时期的个体需求差异决定了不同成员间的资源交换差异，也决定了整个家庭在面对诸如婚姻决策、分配决策时的策略性行动差异。因此，将婚姻代际干预置于家庭决策网络中，分析不同时期婚姻代际干预存在的原因和动机，探索婚姻代际干预的内在沿革机理，对明确婚姻代际干预发展方向以更好地在个体婚姻发展中发挥应有作用有重要的理论与现实意义。

最后，对婚姻代际干预存在实质与产生影响的分析主要建立在亲密关系经济理论和代际矛盾理论的基础之上。亲密关系经济理论强调打破传统文化情感与经济理性之间的界限，对婚姻代际干预问题的解释应将文化情感因素与经济理性因素综合交叉考虑，把二者视为现象发生的必然条件，亲密关系的维持必定离不开经济联结，而经济交换中也蕴含着情感与奉献，经济与情感相连不仅可以对家庭关系的维持起到“安全阀”的作用，还可以保证家庭成员之间的资源交换效益，最终提升整个家庭共生系统的稳定性。婚姻代际干预的当代沿革实质就是以婚姻代际干预为媒介的亲密关系经济行为，即婚姻代际干预行为很大程度上加强了亲子间的经济互助与合作，使得亲子交换变得更加紧密频繁。而代际矛盾理论则强调了在以婚姻代际干预为媒介的亲子互助与合作中可能产生的或积极或消极的矛盾心态，这对客观认识婚姻代际干预存在现实与困境、明确婚姻现实需求具有重要意义。

结合婚姻代际干预理论研究的现实语境——现代化转型与发展，将上述演变特征、沿革机理与产生的影响纳入婚姻代际干预研究的理论分析模型中，最终形成的婚姻代际干预研究理论模型如图 2-4 所示。

在我国目前的婚姻家庭研究中，最重要的现实背景即是现代化转型与发展，因此在构建适合于我国婚姻代际干预研究的理论模型中必须要对现代化转型背景进行全面解构，并对各发展阶段的宏观结构与微观特征进行深入分析，以处理好时代变迁下的宏观结构制约问题，为进一步分析各历史阶段的婚姻代际干预特征奠定基础。

婚姻代际干预的首要问题就是明确各历史阶段的表现特征，厘清特征演变方向。现代化转型与发展一方面阻碍了以包办婚姻为特征的传统婚姻发展路径，另一方面也为婚姻代际干预的当代转变提供了转型空间。因此，婚姻代际干预的理

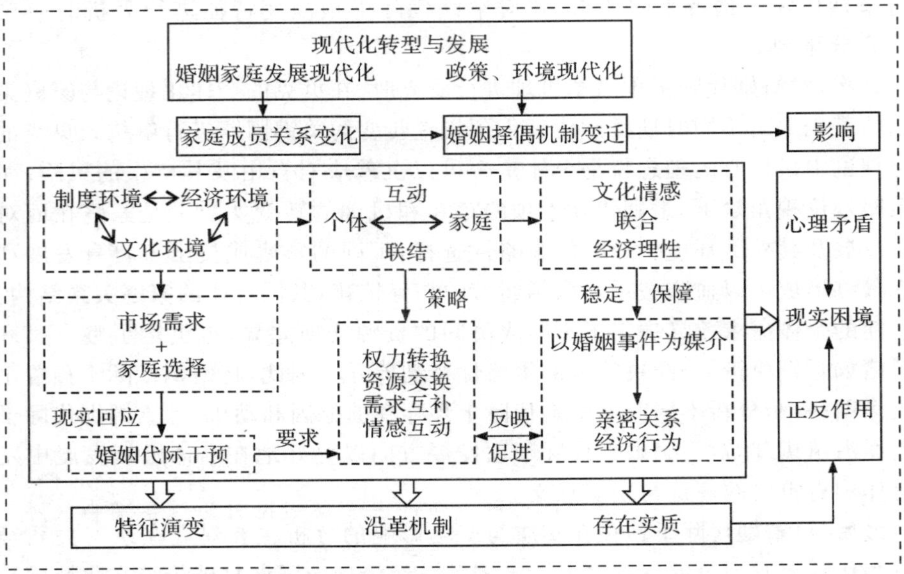

图 2－4　婚姻代际干预研究理论模型

论分析必须建立在对婚姻家庭发展与政策环境变迁充分了解的基础之上，而其中最关键的是理解制度结构变迁与个体能动选择之间的相互作用关系，考虑个体和家庭在应对外部环境变迁时做出的能动抉择和路径特征。婚姻代际干预的表现特征随主体间互助关系与资源转换程度的不同而存在差异，最突出的差异就是资源交换与互助水平越高的家庭越容易产生婚姻代际干预。婚姻代际干预的演进过程就是从重视权力制约到强调互助交换的转变过程，因此要通过权力转变、资源交换和代际互助程度来分析婚姻代际干预的特征。最后，在对以婚姻代际干预为媒介的亲密关系经济行为实质与沿革机理分析的基础上探讨其可能产生的影响，更加客观地认识其在婚姻缔结中扮演的角色和面临的现实困境，以促进其更好地在婚姻家庭现代化过程中发挥应有的作用。

婚姻代际干预演变特征研究是在实然层面对我国目前存在的婚姻代际干预现象进行历史与现实经验的总结过程，对于理解婚姻家庭变迁方向、认识纷繁复杂的实践现象有所帮助；而沿革机理研究是对特征研究的深化，是在历史变迁基础上对干预形成的原因、动力和路径的细化挖掘；影响研究则是对其存在作用和面临困境的探索和回应。上述研究最终要实现的目标是在微观层面促进代际互助和理解，在中观层面促进婚姻代际干预和其他婚姻缔结形式的合理化发展，在宏观层面引发社会关注和支持，缓解发展矛盾，不断提升个体婚姻缔结能力。

3 当代中国婚姻代际干预的演变特征与影响因素分析

本章在理论框架的基础上正式进入研究主体的第一部分——对婚姻代际干预的演变特征与影响因素进行研究。本章主要在家庭现代化理论假设基础之上，运用文献研究和统计分析方法对新中国婚姻代际干预的历史演变特征进行概况，并对城乡演变特征进行对比分析；通过理论导向的实证数据分析探索婚姻代际干预的影响因素，补充已有研究的不足。

3.1 当代中国各时期婚姻代际干预的演变特征

3.1.1 当代中国婚姻代际干预城市演变特征

1. 婚姻自主程度上升，介绍婚姻比例稳定居高

自 1950 年新中国第一部婚姻法颁布实施以来，自主择偶、自由恋爱成为社会推崇的主流择偶观，城市地区受西方文明影响较早、较快，青年人婚恋自由渐成风气。加之改革开放的政策推动，经济发展迅速，婚姻法两次修订变更以适应时代变迁发展需要。进入 21 世纪以来，全球贸易加速，我国经济体制深化改革，通信、网络、数字技术飞速发展，社会流动频繁，社会交往在时空范围内无限扩大延伸，理论上来讲，人们自由选择伴侣的机会也会随之增多，但现代化发展伴随的激烈竞争与就业、工作、住房压力不断激增，越来越多的人疲于应对工作压力，无暇接触、结识异性，自由交往的途径仍十分有限，离婚成本升高与婚姻市场中的性别比例失衡这些因素都使青年男女自由寻觅意中人的理想与现实不相匹配。基于此，城市青年婚介需求普遍较高。此种现实也受到学界调查研究的普遍证实。

改革开放至今我国城市婚姻择偶形式主要包括“父母包办”“亲友介绍”“中间机构介绍”以及“自己认识”四种途径，每种择偶途径背后蕴含的婚姻自主程度各不相同。普遍认为“父母包办”与“不自主婚姻”对应，“亲友介绍”和“通过中介机构认识”属于“相对自主婚姻”，“自己认识”对应“自主婚姻”。以往多项研究显示，中国夫妻多

以中间人牵线的方式介绍认识[①]。依据1982年"五城市家庭调查"显示，在被调查的4878位已婚被试中，近六成回答"由亲戚、朋友介绍认识"，自己认识和父母包办的比例都不大，分别为23%和17.7%[②]。1992年"七城市家庭调查"中，针对5476位已婚妇女的调查显示，"自己认识"和"父母包办（含媒婆介绍）"分别只占32%和12%，虽然较十年前，自主婚姻比例有所上升，包办婚姻比例下降，但介绍婚姻仍占较大比重，达55.7%[③]。2006年中国综合社会调查（CGSS）结果（表3-1）[④]也显示，新中国成立以来，包括"父母或兄弟姐妹""邻居""同事同学或朋友""媒人或婚姻介绍所"在内的亲友介绍婚比例始终占半数以上，分别为1950—1964年间的94.1%、1965—1978年间的75.6%、1979—1992年的64.6%、1993—2006年的50.5%。2008年"五城市调查"数据调查结果（表3-2）[⑤]同样显示，无论20世纪80年代还是现今，"亲友介绍"婚姻始终保持在50%比例之上，甚至近些年介绍婚比例呈现继续上升的趋势。

虽然以上调查研究结果验证了经典家庭现代化理论的部分观点，即父母包办婚姻比例明显下降，自己结识婚姻比例稳步上升，婚姻自主性增强。但我们也看到，即便时代发展，即使是在工业文明发达的城市社会，仍有半数以上的青年始终通过亲友介绍的方式结识另一半。这说明择偶方式的选择并不完全如家庭现代化理论预言与现代化发展相对应。

表3-1　被访与配偶如何认识比例(%)

城市	结婚年代				合计
	1950—1964年	1965—1978年	1979—1992年	1993—2006年	
自己认识	7.7	23.1	34.8	48.8	36.2
父母或兄弟姐妹	48.1	18.5	13.8	13.0	15.5
邻居	23.1	23.5	19.3	9.8	17.2
同事同学或朋友	3.7	18.5	22.9	24.5	21.9
媒人或婚介所	19.2	15.1	8.6	3.2	8.6
其他	0.0	1.3	0.5	0.9	0.8
小计	100.0	100.0	100.0	100.0	100.0
人数	27	238	419	347	1031

数据来源：CGSS2006。

① 徐安琪，叶列谢耶夫娜.现代化进程中的家庭：中国和俄罗斯[M].上海：上海社会科学院出版社，2016：110.

② 潘允康.中国城市婚姻与家庭[M].济南：山东人民出版社，1987：64-65.

③ 沈崇麟，杨善华.当代中国城市家庭研究[M].北京：中国社会科学出版社，1995：16.

④ 徐安琪，叶列谢耶夫娜.现代化进程中的家庭：中国和俄罗斯[M].上海：上海社会科学院出版社，2016：112。

⑤ 马春华，李银河，唐灿，王震宇，石金群.转型期中国城市家庭变迁：基于五城市的调查[M].北京：社会科学文献出版社，2013：11。

表 3-2 不同时期城市择偶方式概况

择偶方式（婚姻自主程度）	调查年代		
	1983 年	1993 年	2008 年
父母包办（不自主）	17.65%	4.31%	3.3%
亲友介绍（相对自主）	58.51%	54.74%	55.8%
通过中介机构认识（相对自主）	—	7.78%	0.2%
自己认识（自主）	23.02%	31.99%	40.6%
其他	0.82%	1.17%	0.1%
合计	100%	100%	100%

数据来源：2008 年"五城市调查"。

2. 子辈婚姻话语权提升，但父母意见同样重要

新中国成立以来，婚姻法颁布并经 2 次修订和修正，严令禁止包办买卖婚姻、禁止童养媳，大力倡导恋爱自由，自主婚姻与日俱增，包办婚姻趋于消失。1982 年"五城市家庭调查"结果显示，"父母包办婚姻"比例由最初 1946—1949 年间的 31.8%，逐渐降至 1950—1953 年间的 11.7%，再到 1958—1965 年的 3.3%，最后到改革开放后的不到 1%①。2006 年中国综合社会调查（CGSS）结果（表 3-1）显示，新中国成立以来，城市家庭婚姻"自己认识"的比例稳步上升，由最初 1950—1964 年间的 7.7%，到 1965—1978 年间的 23.1%，再到 1979—1992 年的 34.8%，上升为 1993—2006 年的 48.8%②。但需要注意的是，虽然以往多数调查研究显示城市青年婚姻基本实现自主决定，但深入研究发现，他们在择偶过程中或多或少包含了父母的意见。李煜、徐安琪（2004）研究表明，城市青年在观念上认同"择偶应完全由自己拿主意，无须和他人商议"的观念，但大多数人还是"期望亲朋好友做参谋"，其中"期望与父母商量"的占 38%，"请兄弟姐妹和其他亲戚做参谋"的比例为 18%（多选）③。CGSS2006 的调查也显示虽然父母对子女婚姻的影响正在减小，但也只有 40%的 30 岁以下青年人认为"父母对自己选择对象没有影响"④。

---

① 五城市家庭研究项目组. 中国城市家庭[M]. 济南：山东人民出版社，1985：307.

② 徐安琪，叶列谢耶夫娜. 现代化进程中的家庭：中国和俄罗斯[M]. 上海：上海社会科学院出版社，2016：112.

③ 李煜，徐安琪. 择偶模式和性别偏好研究：西方理论和本土经验资料的解释[J]. 青年研究，2004(10)：1-11.

④ 徐安琪，叶列谢耶夫娜. 现代化进程中的家庭：中国和俄罗斯[M]. 上海：上海社会科学院出版社，2016：112.

表 3-3[①] 反映出不同时期的城市家庭在婚姻择偶问题上父辈与子辈择偶权利的变化关系。调查以 1978 年为分界点，分为改革开放前、后两个历史时期进行比较。结果显示："父母决定，不征求本人意见"（"包办婚姻"）和"本人决定，不征求父母意见"（"完全自主婚姻"）这两类极端情况均在改革开放前发生比例最高，分别为 6.6% 和 21.0%；"父母决定，征求本人意见"比例逐年下降，"本人与父母共同决定"的比例呈现先上升后下降的趋势；而"本人决定，征求父母意见"的比例则表现出大幅上升趋势，由 1979 年以前的 49.6% 上升为 2000 年以后的 66.7%。这一结果说明，现代城市社会家庭更倾向于选择温和的协商手段来处理子辈的择偶问题，而在这种协商式择偶方式中，子辈话语权增加的同时父辈意见同样重要，婚姻代际干预始终存在。

表 3-3　不同时期城市配偶决定权分布

结婚年份	选择配偶如何决定					
	父母决定，不征求本人意见	父母决定，征求本人意见	本人与父母共同决定	本人决定，征求父母意见	本人决定，不征求父母意见	合计
1979 年及以前	62 6.6%	89 9.4%	127 13.5%	468 49.6%	198 21.0%	944 100.0%
1980—1989 年	9 0.9%	50 5.2%	139 14.3%	616 63.6%	155 16.0%	969 100.0%
1990—1999 年	5 0.6%	38 4.4%	92 10.7%	581 67.7%	142 16.6%	858 100.0%
2000 年及以后	7 1.0%	28 4.0%	81 11.6%	466 66.7%	117 16.7%	699 100.0%
1980 至今合计	21 0.8%	116 4.6%	312 12.4%	1663 65.8%	414 16.4%	2526 100.0%
总体	83 2.4%	205 5.9%	439 12.7%	2131 61.4%	612 17.6%	3470 100.0%

注：P=0.000。

① 马春华，李银河，唐灿，王震宇，石金群．转型期中国城市家庭变迁：基于五城市的调查[M]．北京：社会科学文献出版社，2013：16.

分城市来看(表 3-4)[①],“父母决定,不征求本人意见”(“包办婚姻”)与“本人决定,不征求父母意见”两类极端情况(“自主婚姻”)均属西部城市兰州(5.6%,22.5%)比例最高,其次是哈尔滨(3%,20.9%),东部城市广州与杭州比例相对最小;“父母决定,征求本人意见”(“相对不自主婚姻”)哈尔滨(9.5%)、兰州(9.0%)比例最高,同样广州比例最小(3.1%);“本人与父母共同决定”杭州比例最高(18.9%),哈尔滨比例最低(8.4%);而“本人决定,征求父母意见”婚姻在所有调查城市中均占半数以上,其中广州比例最高(67.2%),兰州比例最低(50.5%)。由此可见,虽然经济越发达、现代化程度越高的城市中父母强迫、包办子女婚姻的情况越少,但父母在家庭中的重要地位并没有发生改变,其在子女择偶时意见的重要性不减反增。换句话说,经济越发达的地区子女在择偶时更倾向于尊重父母的意见。这种现象背后的逻辑将在后面章节做详细讨论。

表 3-4 不同城市配偶决定权分布

所处城市	父母决定,不征求本人意见	父母决定,征求本人意见	本人与父母共同决定	本人决定,征求父母意见	本人决定,不征求父母意见	合计
广州	0 0%	23 3.1%	88 11.9%	496 67.2%	131 17.8%	738 100.0%
杭州	7 0.9%	43 5.7%	143 18.9%	455 60.2%	108 14.3%	756 100.0%
郑州	23 3.0%	33 4.3%	88 11.5%	500 65.6%	118 15.5%	762 100.0%
兰州	43 5.6%	69 9.0%	94 12.3%	385 50.5%	172 22.5%	763 100%
哈尔滨	22 3.0%	70 9.5%	62 8.4%	429 58.2%	154 20.9%	737 100%
总体	95 2.5%	238 6.3%	475 12.6%	2265 60.3%	683 18.2	3756 100%

注:P=0.000。

① 马春华,李银河,唐灿,王震宇,石金群.转型期中国城市家庭变迁:基于五城市的调查[M].北京:社会科学文献出版社,2013:16.

3.1.2 当代中国婚姻代际干预农村演变特征

1.发达地区农村自主婚姻比例较高,但介绍婚整体占主流

学界普遍认为新中国成立后农村地区婚姻择偶形式大致经历了包办婚姻、媒人牵线、中间人介绍、自己结识四个阶段,各择偶形式基本与当时的经济、社会发展状况相对应,从包办婚姻向自主婚姻的过渡体现了农村社会从传统向现代不断发展的过程。雷洁琼曾分区域对农村地区婚姻择偶类型做了较为细致的研究,对不同时期各地区农村择偶方式进行了交互分类,如表 3-5[①] 所示。表 3-5 概括出以下几点认识:其一,在经济相对发达的上海农村地区"自己认识"的比例高于经济相对落后的河南农村地区,落后地区农村(河南村镇)"自己认识"比例整体呈现上升趋势,特别是改革开放后,上升比例明显加快,由改革开放前的 8.5%上升为改革开放后的 15.8%。但无论任何时代、任何地区,以"自己认识"为特征的完全自主婚姻都不是农村社会的主要婚姻形式("自己认识"比例均不高)。其二,地区不同,即不同经济发展水平的农村地区,择偶形式差异明显。经济相对发达的上海农村地区倾向于选择"别人介绍"方式认识配偶,而经济落后的河南农村地区更多是通过传统的"媒人牵线"方式结识另一半。也就是说,在农村青年择偶问题上,经济相对发达的地区更多求助"朋友圈",经济相对落后的地区更多选择传统媒人。其三,虽然河南村镇比上海村镇"家里人介绍"发生比例高,但相较于其他择偶方式,二者"家里人介绍"比例均明显偏低,这说明无论是新中国成立初期还是改革开放之后,有限的亲属网络始终难以满足个体择偶的需要。其四,经济发展状况并不是影响择偶方式的唯一因素。具体表现为改革开放后,经济相对落后的河南农村地区在择偶形式上体现出更多的现代性,即 1979—1986 年期间相比 1950—1965 年间"自己认识"比例成倍增长(8.5%到 15.8%)、"媒人牵线"所占比例大幅下降(48.9%到 39.6%);而在经济相对发达的上海农村地区,改革开放后(1979—1986 年间)"自己认识"所占的比例较改革开放前(1966—1978 年间)下降了 3.4%,而"媒人牵线"所占比例反而上升了 8.0%。由此可见,农村社会择偶形式的变迁并非受经济条件这一独立因素的影响。

---

① 雷洁琼.改革以来中国农村婚姻家庭的新变化:转型期中国农村婚姻家庭的变迁[M].北京:北京大学出版社,2004:175.

表 3-5 不同时期各地区农村择偶方式交互分类表

年代/地区		择偶方式									
		自己认识		别人介绍		家里人介绍		媒人牵线		合计	
		频数	%	频数	%	频数	%	频数	%	频数	%
上海农村	1950—1965	10	14.1	55	77.5	1	1.4	5	7.0	71	28.5
	1966—1978	21	17.4	88	72.1	9	7.4	3	2.5	121	48.6
	1979—1986	8	14.0	42	73.7	1	1.8	6	10.5	57	22.9
	合计	39	15.7	185	74.3	11	4.4	14	5.6	249	100
河南农村	1950—1965	17	7.2	83	35.3	16	6.8	119	50.6	235	44.8
	1966—1978	16	8.5	62	33	18	9.6	92	48.9	188	35.9
	1979—1986	16	15.8	38	37.6	7	6.9	40	39.6	101	19.3
	合计	49	9.4	183	34.9	41	7.8	251	47.9	524	100

近年来，越来越多的国外学者将目光转移至中国，并对中国农村婚姻家庭做出较有说服力的研究成果。贺美德、鲁纳曾对中国陕西和福建农村地区进行田野调查，他们的调查研究结果显示，大多数农村青年人在观念上十分赞成个人角色及婚姻自由权利，可是一旦真正涉及谈婚论嫁，他们的父母就会“登场”，有的家庭兄弟姐妹甚至也会参与其中①。中国传统观念认为，只有完成结婚生子的“任务”，人生才算圆满，大多数中国人不仅在观念上，更在行动上将“必婚”理念视为家庭责任，特别是在广大农村地区，青年人一旦超过法定结婚年龄还未成家，其父母家人就会产生焦虑恐慌感，生怕父辈的香火在自己这一代得不到延续，于是，村里乡亲便形成了庞大的介绍婚姻市场，谁家娃年纪多大，到没到结婚年龄，大家都早有了解，有能力的家庭，父辈在子女未到法定结婚年龄就“放话”出去，早早替子女做打算。可见，自主婚姻发展至今，农村青年虽然在观念上早已接受了自主婚姻理念，但在实际择偶过程中受经济、地区、乡村文化及个体影响，大多数人仍选择他人介绍的方式来结识另一半。

2. 婚姻自主程度上升，父母干预但不独断

上文研究指出，农村地区介绍婚仍占主要比例，但根据资料 CGSS2006 数据历史纵向比较来看（见表 3-6），改革开放之后结婚的被访者明显比改革开放之前结婚的被访者更少受到父辈对其婚姻择偶的影响，“不大有影响、一点也没有影响”的

① 贺美德，鲁纳．“自我”中国：现代中国社会个体的崛起[M]．许烨芳，等译．上海：上海译文出版社，2011：1-41．

比例明显升高(50.66%—61.3%),"有些影响"与"非常有影响"的比例明显降低,分别为34.36%—29.84%、14.98%—8.86%,这与后来研究得出的父母参与但不做主的情况结论一致。已有研究认为,父辈干预并不必然对子女婚姻的自由度造成负面影响,大多数干预性婚姻仍能得到子女的认同①。如2008年"家庭价值观变迁研究"结果(表3-7)②显示,由"长辈做主,本人满意"或"长辈做主、本人勉强/不满/反对"的比例随被试年龄的增大而增大,由20—29岁年龄段的24.4%逐渐上升为60—64岁年龄段的56.5%。相反,由"本人作主,父母满意"比例随被试年龄增大而减少,20—29岁年龄段的60%逐步下降为60—64岁年龄段的23.9%。换句话说,传统社会更倾向于父母做主、本人听从,而现代社会倾向于子女做主、父母参与。但无论任何历史时期,父辈与子辈共同参与婚姻总是占最高的比例。

至此,我们可以认为农村婚姻择偶的发展在一定程度上验证了家庭现代化理论关于婚姻自主程度随经济发展逐步提高的相关论断。虽然父母从未"退场",但农村地区青年婚姻自主程度的提高不容置疑。当然也要注意到,以上分析是针对农村总体发展趋势而言,缺少根据农村经济发展程度划分的对比数据,可能会导致我们高估婚姻自主程度而低估父辈影响程度,受数据不足影响,目前无法对这一问题进行更深层剖析,仅限于在现有数据基础上的描述概括。

表3-6 不同年代农村地区父辈对子辈婚姻的影响

被调查者结婚年份	户籍(地区)	父辈对子辈择偶的影响程度	频率	百分比
1978年及以前	农村户口	不大有影响、一点也没有影响或父母去世	115	50.66
		有些影响	78	34.36
		非常有影响	34	14.98
		合计	227	100
1978年以后	农村户口	不大有影响、一点也没有影响或父母去世	339	61.3
		有些影响	165	29.84
		非常有影响	49	8.86
		合计	553	100

数据来源:CGSS2006。

① 徐安琪,叶列谢耶夫娜.现代化进程中的家庭:中国和俄罗斯[M].上海:上海社会科学院出版社,2016:114.

② 徐安琪,叶列谢耶夫娜.现代化进程中的家庭:中国和俄罗斯[M].上海:上海社会科学院出版社,2016:114.

表 3－7　农村择偶自主程度变迁概况

农村	年龄(岁)					合计
	20—29	30—39	40—49	50—59	60—64	
完全由长辈做主/婚前不认识	0.0	0.0	0.9	1.1	6.5	1.0
长辈做主，本人勉强/不满/反对	1.1	5.2	6.4	6.8	8.7	5.7
长辈做主，本人满意	24.4	26.6	39.5	46.0	56.5	36.9
本人做主，父母满意	60.0	62.0	50.9	43.8	23.9	51.5
本人做主，父母勉强/不满/反对	10.0	2.1	0.9	1.1	0.0	2.3
本人做主，父母不管/双亡	2.2	4.2	0.9	1.1	4.3	2.2
其他	2.2	0.0	0.5	0.0	0.0	0.4
小计	100.0	100.0	100.0	100.0	100.0	100.0
人数	90	192	220	176	46	224

3.1.3　当代中国婚姻代际干预城乡对比分析

家庭现代化理论认为实现婚姻的独立自主是传统家庭向现代家庭转变的重要体现。上文依据各时期城市与农村调查数据对其择偶形式、婚姻自主程度分别做论述，为整体把握中国各时期城乡婚姻代际干预状况，笔者整理了 CGSS2006 年的相关设问，具体如表 3－8 所示。

表 3－8　各时期城乡地区父辈对子辈择偶的影响分布

(家庭卷 G3：您父母对您选择结婚对象有多大影响?)					
被访者结婚年代	地区	不大有影响、一点也没有影响、结婚时父母已去世	有些影响	非常有影响	合计
1949—1978	农村	115/50.66%	78/34.36%	34/14.98%	227/100%
	城乡接合部	24/55.81%	11/25.58%	8/18.6%	43/100%
	城市	42/56.76%	24/32.43%	8/10.81%	74/100%
	合计	181/52.62%	113/32.85%	50/14.53%	344/100%
1979—2006	农村	339/61.3%	165/29.84%	49/8.86%	553/100%
	城乡接合部	109/65.27%	45/26.95%	13/7.78%	167/100%
	城市	220/59.95%	133/36.24%	14/3.81%	367/100%
	合计	668/61.45%	343/31.55%	76/6.99%	1087/100%

数据来源：CGSS2006。

如果将“非常有影响”看作是父辈对子辈婚姻择偶干预的最高程度，将“不大有影响、一点也没有影响、结婚时父母已去世”看作是父代对子代择偶干预的最低程度。那么，在改革开放后，无论城市、村镇“非常有影响”的比例均明显降低，农村地区由1978年以前14.98％降为改革开放后的8.86％，城乡接合部由18.6％降为7.78％，城市地区由10.81％降为3.81％。相应的，“不大有影响、一点也没有影响”的比例均有所上升，农村地区由改革开放前的50.66％上升为改革开放后的61.3％，城乡接合部由55.81％上升为65.27％，城市地区由56.76％上升为59.95％。换句话说，纵向对比来看，无论是农村社会、城乡接合部还是城市社会，改革开放后的婚姻自主性都得到一定程度的提升(50.66％—61.3％、55.81％—65.27％、56.76％—59.95％)，父母对子女择偶的影响或干预程度都有一定比例下降(14.98％—8.86％、18.6％—7.78％、10.81％—3.81％)，这与以往研究认为的中国青年群体婚姻自主性在不断增强的态势基本一致。而处于中间状态的“有些影响”除农村地区比例有所下降外(34.36％—29.84％)，改革开放后城镇地区比例均有小幅度上升(25.58％—26.95％、32.43％—36.24％)，可见，父母对子女婚姻择偶的干预现象始终存在，虽不再像传统社会那样对子女婚姻择偶进行强制干涉与包办，但关心程度不减。特别是在现代化发展程度相对较高的城镇社会，父母对子女婚姻择偶的影响和关心更加突出，这与经典家庭现代化理论观点不符。

3.2 当代中国婚姻代际干预影响因素实证分析

3.2.1 理论假设

为进一步了解不同时代、不同地区、不同阶层与父辈文化程度对婚姻代际干预的影响特征，笔者以经典家庭现代化理论为依托，该理论认为，现代社会较传统社会而言物质资源更加丰富，思想也愈加开放多元。据此笔者提出以下三个假设：

假设一：父辈年龄越大对子辈婚姻择偶的干预(影响)程度越高，反之，父辈年龄越小，对子辈婚姻的干预(影响)程度越低。时代更替是能够纵向体现现代化发展水平和个体独立意识差异的最重要指标，而被访者结婚时父辈年龄是现代化程度差异的重要代替指标。

假设二：现代化发展程度相对较高的城镇地区，父辈对其子辈婚姻择偶的干预(影响)程度较小，而现代化发展程度较低、相对落后的农村地区，父辈对子辈婚姻择偶的干预(影响)程度就越大。地区差异能够横向反映现代化发展程度差异，家庭现代化理论认为现代工业文明发展程度越高的地区，青年择偶的自由程度越高。

假设三：父辈受教育程度越高、管理职能或地位越高的人对子辈婚姻择偶的干预(影响)程度就越小，反之则越大。

为进一步探寻“以经济快速发展为突出特征的现代文明是否必然促进婚姻择

偶自主自由的形成"这一理论困惑,笔者以与家庭现代化理论相左的个体理性选择理论(交换理论、资源互补理论)和稳定性偏好理论为依据认为父辈对子辈婚姻的资助情况一定程度上反映了其对子女择偶干预能力的强弱,经济上的帮助或制裁可以促使代际权力结构发生转变,由此推生出假设四。

假设四:父辈对子辈婚姻资助越少,其对子代婚姻择偶的干预(影响)程度越小,反之则越大。

许多研究指出在工业社会中核心家庭并不是孤立的,代际互助或亲属间的相互援助给核心家庭提供了心理上或工具上的支持,亲子轴并没有被夫妻轴所取代或超越,对于年轻人来说亲子轴的重要性甚至超过夫妻轴(康岚,2009;沈奕斐,2010;贺雪峰,2009;马春华,2011)。还有学者从理性的角度出发,运用互惠与家庭策略理论对中国家庭的代际关系状况进行分析(陈皆明,2010)。需要注意到的是,这一理论虽然体现出个体理性选择(交换理论、资源互补理论)和稳定性偏好这一主体能动性,但也反映出因先赋性与自致性条件的差异或社会环境变迁而产生的结构性制约这一被动层面。

3.2.2 变量与方法

1.变量设置

表 3-9 变量赋值

变量	变量意义	性质	赋值
因变量	父母对子辈择偶的影响程度	定序	非常有影响=4;有些影响=3;不大有影响=2;一点也没有影响=1
自变量	父亲年龄	定距	2006-出生年月+1
	父亲户口类型	定序	农村户口=0;乡、镇、县非农=1;市、省、直辖市非农=2
	父亲受教育程度(教育年限)	定序	不识字=0,小学=6,初中=9,普通高中、职业高中、中专、技校=12,成教、正规大学专科=15,成教、正规大学本科=16,研究生=19
	母亲受教育程度(教育年限)	定序	不识字=0,小学=6,初中=9,普通高中、职业高中、中专、技校=12,成教、正规大学专科=15,成教、正规大学本科=16,研究生=19
	父亲管理职能	定序	0=不担任任何职务;1=基层干部和村级干部;2=中层领导和乡级干部;3=高级干部
	父母对婚姻的资助程度	定序	没有=0;是的,有一些=1;是的,非常多=2
控制变量	子辈受教育程度	定距	按照被问回答,数据直接纳入模型
	子辈性别	定类	男=1,女=0

2. 方法

此处适用次序 Logistic 回归模型(简称 OLM)。在对因变量为定序变量问题的分析中,一般采用次序 Logistic 回归模型来研究不同自变量对因变量所实际具有的影响力大小。现实中,一种现象常常由多种因素共同作用而生,因此在研究中我们往往在理论分析的指导下筛选多个自变量的最优组合来共同预测或解释因变量。本研究采用 Ordinal Logistic 回归分析模型,即次序 Logistic 模型。模型回归方的线性方程形式如下:

$$\text{In}\left[\frac{P(Y\leqslant i)}{1-P(Y\leqslant i)}\right]=a_i+b_1X_1+b_2X_2+\cdots+b_nX_n$$

借助 STATA13.0 进行数据处理,模型输出结果 OR(odds ratio)即发生比率。在控制其他变量的情况下,当发生比率大于 1 时,自变量每增加一个单位,因变量进入高级组的比率增长一个单位,反之则减小。

3.2.3 结果分析

表 3-10 模型回归结果表

变量	模型(1)	模型(2)	模型(3)
子辈受教育程度 (控制变量)	−0.0306* (0.0183)	−0.0277 (0.0178)	−0.0196 (0.0191)
子辈性别 (控制变量)	−0.2271** (0.1090)	−0.2044* (0.1081)	−0.2155* (0.1130)
户口类型	−0.0185 (0.0650)	−0.0185 (0.0656)	0.0468 (0.0709)
父亲年龄	0.0158*** (0.0044)	0.0161*** (0.0045)	0.0160*** (0.0048)
父亲受教育程度		−0.0413** (0.0177)	−0.0405** (0.0183)
母亲受教育程度		−0.0110 (0.0190)	−0.0035 (0.0195)
父亲管理职能		0.1279 (0.0864)	0.0750 (0.0884)
父母对子女婚姻 资助程度			0.3763*** (0.0961)
观测值	1431	1431	1431

注:*、**、*** 分别代表在 10%、5%、1%的显著性水平上显著,括号内为标准误差。

从模型1的结果来看，父亲年龄的p值小于0.01，表明在1%水平显著，回归系数为0.0158，表明父亲年龄（时代变化）与父辈对子辈择偶的影响程度为正相关，父亲年龄越大，对子女择偶干预越大，假设一得到验证。而户口类型也即地区差对父辈对子辈择偶的干预（影响）程度无显著影响，假设二没有得到验证。子辈性别的p值小于0.05，表明在5%水平显著，回归系数为－0.2271，表明子辈性别与父辈对子辈择偶的影响程度是负相关，即女性相对于男性而言更容易受到父辈对其择偶的影响，子辈受教育程度影响不显著。

从模型2的结果看，父亲教育程度的p值小于0.05，表明在5%水平显著，回归系数为－0.0413，表明父亲教育程度对父辈对子辈择偶的干预（影响）是负相关，即父亲教育程度越低对子女择偶干预越大，反之则越小，父辈年龄同样显著，假设三得到部分验证，反映其工作能力的管理职能对子女婚姻择偶自由起不到明显促进作用。此外，统计结果还表明母亲的受教育程度与父辈对子女择偶的影响程度不相关，这从侧面反映出男性在家庭中的家长地位并没有动摇，在关乎子女婚姻大事的处理上男性家长更具有发言权。

模型3中，父辈对婚姻资助程度的p值小于0.01，表明在1%水平显著，回归系数为0.3763，表明父辈对子辈婚姻资助的程度与父辈对子辈择偶的影响程度是正相关，即父辈对婚姻资助程度越大其对子辈择偶的干预（影响）程度越大，假设四得到验证。但究竟是父辈为延续家庭财富单方面对子辈婚姻进行干预，还是事先与子辈达成共识，子辈自愿让渡择偶权利以缓解独立成婚的经济压力，这些背后驱使因素单从回归分析结果无法体现，需要通过质性分析深入挖掘。

从总体回归结果来看，父亲受教育程度、父亲年龄、父母对婚姻资助程度这3个变量始终显著。因此我们可以初步认为，经典家庭现代化理论并不能完全解释我国婚姻代际干预的发展态势，也即表明现代文明并不一定促进婚姻择偶自主自由的形成，地区差异影响不显著也反映出，并非现代化发展程度越高的地区其距离婚姻自主的理想就更进一步，这与前文分地区研究的结果一致。

新中国成立至今我国婚姻代际干预总体表现出以下特征：第一，时代变化（父辈年龄）与父辈对子辈择偶的干预程度为正相关，父辈年龄越大其对子辈择偶的干预（影响）程度越大，反之就越小；而地区差异（户口类型）与父辈对子辈择偶的干预（影响）程度无显著相关；第二，父辈受教育程度越高，其对子辈婚姻择偶的干预（影响）程度越小，反之则越大，反映其工作能力的管理职能对子辈婚姻择偶自由起不到显著促进作用；第三，父辈家庭对子辈婚姻资助程度与父辈对子辈择偶的干预（影响）程度为正相关，即父辈对子辈婚姻资助程度越大，其对子辈择偶的干预（影响）程度越大，反之则越小。

4　当代中国婚姻代际干预的沿革机理

上文通过对婚姻代际干预影响因素的分析得出婚姻代际干预变迁发展过程中的几个特征，同时，我们也从数据分析中发现了与现代化观念相矛盾的问题，即现代化发展并不一定促进婚姻择偶自主自由的形成，地区差异的不显著影响从侧面反映出并非现代化发展程度越高的地区其距离婚姻自主的理想就更进一步。虽然地区差异的回归分析结果并不显著，但统计描述分析表 3－8 中反映出的问题同样值得我们关注：改革开放后较改革开放前，在现代文明发展程度较高的乡镇、城市地区，父辈对子辈择偶的干预（影响）虽在强度上（“非常有影响”的比例）有所降低（18.6％—7.78％、10.81％—3.81％），但其对子代择偶时的适度参与（“有些影响”的比例）非减反增（25.58％—26.95％、32.43％—36.24％），这表明在城镇社会中父辈对子辈择偶的干预热情犹在，只是在参与方式和程度上有所转变。反观现代文明发展相对落后的农村社会，父辈对子辈婚姻择偶的影响强度与参与热情都有明显降低，究竟是权利的主动让渡还是经济条件制约下的被动妥协，其转变机理值得进一步探讨。

中国婚姻代际干预的演变特征呈现出多样性与复杂性，这显然不是经典家庭现代化理论能够独自诠释的。因此在进一步探索婚姻代际干预沿革机理时不能简单以经济发展程度来评估某一时期或地区的婚姻自主情况，而要综合考量现代化发展过程中伴随的政策变革、阶层分化、代际变迁、文化碰撞及个体化进程差异等一系列因素的影响，同时，要重视个体与家庭在现代化转型过程中的主体能动性与理性抉择，这将是探索“为何婚姻代际干预在长期社会变革与经济发展过程中始终存在？”这一历史与现实问题的切入点。

4.1　1949—1978 年婚姻代际干预的沿革机理

4.1.1　旧文化残存背景下的惯性选择

“惯习”这一概念最早由法国社会学家布迪厄提出，他认为惯习就是指导人们行为倾向的一种潜在系统。遵循着惯习，人们可以在所处社会中抬头挺胸地生产生活，由于惯习多依附、产生于前人的经验轨迹，以惯习行事是最易获得资源与降低失败风险的方式。从获得方式上来讲，惯习潜移默化地植入到个人社会化过程中，当个体将这种行为倾向内化到自己的意识、表现到自己的行为上时，所谓的惯习就产生了。个体一旦拥有惯习，在面对相似情境与选择时更倾向于遵循自己熟悉的做法去解除环境压力。

同样的道理，在婚姻缔结方式这一问题上，尽管新中国成立后，国家很快颁布婚姻法并明文规定废除包办强制婚姻，实行男女婚姻自由；男女双方缔结婚姻以完全自愿为前提[①]。但古已有之的宗法传统难以更改，婚姻特有的继祖延嗣与契约联合功能迫使缔结婚姻之事非儿女情长之小事，需经双方父母同意认可，共同主持操办。孟子曰："不待父母之命，媒妁之言，钻空隙相窥，逾墙相从，则父母国人皆贱之"。可见，自古以来为社会文化所认可的正当合法婚姻都是以"父母之命，媒妁之言"为主要标志，否则将被家族成员与大众所耻，被冠以不孝之名。这早已成为一种思想、行动惯习深深的融入人们的生活。即便是新中国成立后，青年群体开始接触或了解婚姻自主文化，但在父辈文化惯习与现实道德伦理的双重压力下只得继续墨守成规，为婚事背离家庭违抗父母者毕竟少数。

【案例 1】 LN[②] 回忆道："我是娃娃亲，没谈过恋爱……父母说了算，谁也不敢胡拧！那阵儿是准法子，老人说啥就是啥！那就叫包办买卖！"

【案例 2】 LQS[③]："别看我是军人出身，我结婚的事儿也都是父母定的，那时候我高中毕业入伍当了兵，去了新疆，两年后，我大概就刚 20 出头，父母就着急让我回来结婚，他们早就给我定好了。我开始不同意，后来我父亲骂我不孝，搞得我不得不回来结婚，呵呵！一旦冠上不孝的名义你还能不听！后来我媳妇儿随我从军 20 年，如今女儿也都结了婚，过得挺好！"

【案例 3】 XX[④]："其实当时我真没看上他（丈夫），我妈不爱我，爱我弟弟，我爸从小爱我，说看不上就算了，我妈不行，非说他（丈夫）家街道宽敞，人也长得悉样（漂亮），这边老人年轻，还白白胖胖，以后能帮我看孩子，结果呢，我可真是什么都没指上……我妈还说，要是我不同意这亲事，就别认她这个妈！我还能有啥办法？当时家里她说了算，我只能听她的。一说起这我就忍不住（哭）……嫁过来真是把罪受扎（够）了！他人懒，还爱喝酒！整天惹我生气，要不是有了孩子，早就不跟他过了！"

---

① 法律图书馆[EB/OL]. http://www.law-lib.com/law/law_view.asp?id=43205.

② 被试 LN：女，汉族，1948 年生，陕西省周至县人。访谈地点：陕西省周至县裕盛村一队 L 家中。

③ 被试 LQS：男，汉族，1960 年生，陕西西安人。访谈地点：陕西省周至县裕盛村其母亲家。

④ 被试 XX：女，汉族，1963 年生，陕西周至县人，访谈地点：陕西省周至县裕盛村 X 家中。

以上三位被试，有出生于旧社会的老人LN，也有出生于新中国婚姻法颁布之后的中老年人LQS、XX、CXP，但他们的择偶方式确是非常一致，均是父母包办，究其原因都是父母之命不得违抗。可见，新中国成立之后的很长一段时间内，传统家长制择偶观念的主导地位始终不变。尽管婚姻法的确给婚姻自由带来制度支撑，但习俗给人们造成的文化观念束缚难以一朝改变。父辈们仍将子辈婚姻视为自己人生必须承担的使命，除子辈婚姻关乎家族子嗣延续的大事之外，还因为子辈婚姻幸福关乎整个家族的荣誉与面子（案例4、5），在集体生活、群体共事仍是主要生活形式的年代，没有什么比群体舆论给一个人或一个家庭造成的负面影响更大，无论是农村还是城市，一桩失败的婚姻会成为邻里周遭的谈资，会使家族蒙羞（案例5）。就这样，婚姻破裂可能造成的舆论后果与家庭压力迫使青年人对待婚姻的态度唯唯诺诺，遵父母之命是他们认为的孝道表现，也是规避舆论风险的惯常选择，即便有些干预婚姻注定不幸（案例6）。

【案例4】 CXP[①]强调说："即便日子过得再苦，在结婚大事上，我都会倾力给娃举办一个像样的婚礼！这样才能被人看得起，娃才能抬得起头，所以我那个时候就拼命干活，一定得把房子盖起来。"

从案例4可以看出，CXP拼命干活的动力就是盖好房子，给孩子举办一个风光的婚礼，好在村里乡亲面前保持面子，孩子也能被村里人刮目相看。

【案例5】 LN[②]："咱这可不比城里，领个离婚证就完事了，抬头不见低头见的，要是离了婚被人家说三道四，孩子也供不起！所以那阵子，老爷子说什么都不让三小姑离婚，说'再胡拧把你腿打断！看你敢不敢！'老爷子王法大得很！最后这不过得也挺好。"

从以上LN的叙述可知，离婚更是传统社会的大忌，一旦离婚，女方不仅自己生活艰辛、成为邻里乡亲的饭后谈资，还会连带整个父辈家庭被人看不起，所以传统家长绝不允许子女做出有损家族荣誉的事情。

【案例6】 LD[③]："我们那个年代，特别是在（内蒙古）东部地区（通辽），都是父母说了算……我前妻是我父母安排认识的，那个时候我还在呼和浩特市读书，父母在家操办好了一切，我不想让父母认为读了书就不认祖，所以勉强回去结了婚，婚后还有了三个孩子，起初我以为会这么过一辈子，但是后来，前妻得病（精神病），我实在无法忍受，离了婚，老大跟我，老二和小女儿跟她……直到现在他们（老二和小女儿）还是不原谅我，即便是他们兄弟也很少来往！我在想，如果我当初再坚持一点，不向父母妥协，不结那婚，也就不会给孩子造成什么伤害……"

---

① 被试CXP：女，汉族，1966年生，陕西省周至县人。访谈地点：陕西省周至县裕盛村一队C家。

② 被试LN：女，汉族，1948年生，陕西省周至县人。访谈地点：陕西省周至县裕盛村一队L家。

③ 被试LD：男，汉族，1950年生，内蒙古通辽人。访谈地点：呼和浩特市LD家。

从案例6可以看出，传统包办婚姻不仅给婚姻当事人造成无法弥补的伤害，还极有可能将婚姻的家庭悲剧传递给下一代，给子女带去无法抹去的情感创伤。由此可见，不管是出于面子还是责任，父辈都将子辈婚姻视为己任。同样，不论出于孝道自愿，还是被迫妥协，改革开放前的婚姻干预总是带有些许惯性盲从与悲壮的色彩。

4.1.2 物资匮乏时代背景下的功能性选择

新中国成立初期，国家积贫积弱，长期的战乱与自然灾害导致国民经济基础薄弱、发展缓慢，人民生活水平长期处在温饱线边缘，特别是在广大农村地区，农民生活贫困落后，人作为主要的生产力（劳动力）只有充分与生产资料（土地）结合才能换得温饱。此外，中国小农经济与家庭财产传男不传女的传统致使家庭资本的原始积累十分缓慢，这些物质条件特征表明婚姻目的与其说是为传宗接代、合两姓之好，不如说是为了家族的延续和发展。缔结婚姻是男女双方组建新家庭的最重要表现，预示着自结婚之日起（有些农村地区自订婚之日起）两个家庭便达成婚约共同体，至此，两家生产资料、社会关系互惠共享，这导致婚姻不再是简单的两位青年的结合，更是两个家庭的联合与结盟。基于此，父母在为年轻子女做出婚姻决策时不仅仅考量对方的人品外表，对方的家庭声望与经济状况才是更重要的选择因素（案例7、8、9、10），被试CXP就抱怨自己的婚姻是“鱼米交易”。

【案例7】 CXP[①]说道：“上学的时候也有同学（谈恋爱），但我妈不愿意，嫌他家里穷！不准我跟他谈！后来家里托人介绍了三个，你叔叔（C丈夫）是第四个，前三个我妈都嫌人家穷！那时候我们家的光景还算好，我爸还上班，我妈就觉得怎么着也得找个差不多的，说你叔叔家弟兄少，能好一点，其实最主要是因为当时河滩这边产米，我妈是四川人，爱吃米！觉得我嫁到这边起码以后吃米不愁！”

案例7中被试CXP认为自己的婚姻完全被母亲当作利益交换条件，母亲替她选择配偶的最重要考虑就是男方家庭经济和生产条件的好坏，能够换得今后粮食供给的充盈成为嫁女儿的动因。

【案例8】 CWF[②]：“我们那时候男女授受不亲是死理儿！到了结婚年龄，基本都是放出话去，媒人牵线。我和你姨（C妻子）就是这样，我们C家在这里算大姓，几代人都在这里，家族大，你姨娘家属于外迁户，她家老房子原来都是在地里单独一户，很少和村里人来往。后来她才跟我说，我丈人当时同意我们，也是为了在这里有个依靠，扎住脚。开始你姨不愿意，但是我们那个年代基本都是父母说了算，加上我自己也会来事！呵呵！经常帮她家干活，她后来也算是被我感动了！也不算是被迫！”

---

① 被试CXP：女，汉族，1966年生，陕西省周至县人。访谈地点：陕西省周至县裕盛村一队L家中。

② 被试CWF：男，汉族，1955年生，陕西省周至县人。访谈地点：陕西省周至县裕盛村一队C家中。

案例8中被试CWF与爱人结婚主要是由于丈人考虑到他家是村里大姓，女儿嫁给他之后整个娘家人也就有了依靠，更有利于女方家庭融入族姓村落。

【案例9】 LXL[①] 回忆："我和老公S是在我爸工作的单位认识的，当时他是XX单位负责运输材料的车队主管，我爸有意安排我们见面，虽然我生在城市里，可那个时候城市家庭也都生活拮据，我又是家里的老大，虽然喜欢读书，也只能是高中毕业赶快工作嫁人，我爸觉得S这人身材高大，机灵能干，觉得我跟着他至少能保证衣食无忧吧！呵呵……其实他们（父母）也还是有私心的，我下面有两个弟弟，希望我和S结婚后，S能帮拽一下我的弟弟们。"

案例9说明：计划经济时期的城镇家庭生活也很拮据，多子女家庭常常希望家中长女出嫁后帮忙照顾自家弟妹，女方家长非常注重男方是否有稳定工作，是否有条件对娘家人给予必要的帮助。被试LXL的父母撮合她与车队主管恋爱成婚，最重要的原因是看重其工作条件。

【案例10】 MLZ[②]："我们是上艺校时认识的，戏剧班的同班同学。有一次我们团到我们乡演出，我带几个关系好的同学到我家里串个门，那个时候我父亲就开始为我的婚事考虑了，得知你阿姨家在当时算是很不错！我丈人虽然是农民，但有固定工作，我父亲就让我好好把握！经过相处，我们也确实合得来，就走到一起了。毕业后我们就顺理成章的结了婚。（停顿）其实，我们艺校的同学大多数都是找了同行，一来我们这个工作特殊，不是同行理解不了，其实最主要当时大家都想着，怎么着也得找个有工作的吧，不然在城里生活压力确实大！"

可见改革开放前夕的中国，贫富差距并不显著，即便是生活在城市也都是依托工作单位生活。青年人除一些在上学期间认识的自由恋爱对象之外，大多数婚姻择偶要么是单位领导热心牵线，要么是父辈亲友帮忙介绍，无论是哪种介绍形式，对方家庭的经济条件、个人的工作状况都是婚配参考的必要条件。每个家庭都希望最大限度地增加婚姻效益，父母们会综合各方利弊替子女选择理想的青年进行婚姻匹配，尽管标准不尽相同，但多数家长干预子女婚姻择偶的目的是希望子女婚后获得物质生活保障，这种功能性婚姻干预既是传统婚姻的历史延续也是物资匮乏时代背景下的必然产物。

4.1.3 特殊时代背景下的政治性选择

在新中国成立至改革开放前的相当一段历史时期中，"出身"和"身份"成为当时社会最敏感的词汇。这一时期无论是城市居民还是贫下中农均对所谓的"走资派""地主富农"避之不及，各行各业、各阶层、各地区人民惶惶终日，生怕没有与他

① 被试LXL：女，汉族，1950年生，内蒙古呼和浩特市人，美籍华人。访谈地点：L呼市父母家。

② 被试MLZ：男，汉族，1955年生，山西平遥人。访谈地点：呼和浩特市MLZ家。

们“划清界限”“站错队伍”，自然而然，阶级成分成为当时青年择偶的首要考虑因素，其重要性甚至可以超越个人的健康与品行。美国著名学者费正清曾指出：“一个人的阶级成分，一经初期划定之后，世世代代就承袭下去，直到现在差不多变成一种种姓制度”[①]。还有许多研究这一时期婚姻问题的学者也曾强调，新中国成立后的几十年间特别是“文革”时期择偶条件中最关键的莫过于本人的出身成分与政治面貌，同质婚性质明显(案例 11、12)，个人先赋因素占主导地位(徐安琪，2000；张冀，2003；李煜，2011)。在这样紧张的政治环境下，适婚青年家长根本无暇顾及曾被宣扬一时的“自由恋爱”“婚姻自由”，青年本身也都对所谓的“跨阶层”“跨界限”真爱望而却步，大多数服从父母或组织“安排”，保守本分的嫁娶婚丧。这样看来，当家庭遇到国家、爱情遇到时势，剩下的只有避让与妥协(案例 13)。

【案例 11】 LY[②]：“那阵子我爸成分不好，被国民党抓去当过兵，老大(大哥)在村里找不到媳妇儿，我爸就发熬煎(发愁)！到处给人说，‘给我儿说个媳妇，只要人家不嫌咱就对了，咱也没条件！’可一直也问不到，后来第一个媳妇儿还是四川逃荒过来的，但也没长久！没过几年丢下三岁的孩子跑了！一直到 20 世纪 80 年代不讲究这个了，我大哥、二哥才又结婚，嫂子们都是邻村的贫农家庭，我爸心有余悸了！”

【案例 12】 WM[③]：“我爸当时在国民政府当过兵，从战场一路逃回了老家，回来后连夜带着我奶奶、我妈，往后山逃，就这么走了快一个月，走到了这儿……我爸还是在“文革”期间死了，即便本本分分的几十年，也一样没逃过那一劫，我大哥也因为我家这种情况没娶上媳妇，去了外地，至今没了消息……我比较幸运，起码成了家，我老婆子她家当时也是外迁户，情况也跟我家差不多，有点问题，我经常替她家干活，他爸才同意了我这亲事。现在时代好了！我的那些儿女我都是让他们看人品，家庭什么的咱不看。”

从案例 11、案例 12 可以看出，特殊政治时期男女缔结婚姻的前提是家庭成分，家庭成分不好的青年人极有可能终身无婚，被试 LY 的哥哥一度等到改革开放后才与贫农出身女子组建家庭，而 WM 的家人就不那么幸运，因家庭成分原因失去了婚姻资格，远走他乡，下落不明。

【案例 13】 KHY[④]：“1964 年我母亲从天津插队到我父亲老家，也就是咱们(内蒙古)巴盟(巴彦淖尔)五原县刘昭村，1966 年和我父亲结了婚，1968 年有了我。听我父亲说，他早有心理准备，我母亲不可能甘心留在农村，嫁给他可能也是不得

---

① 费正清. 伟大的中国革命 1800—1985[M]. 北京：国际文化出版公司，1989：292－293.

② 被试 LY：男，汉族，1963 年生，内蒙古呼和浩特市土默特左旗人。访谈地点：呼和浩特市 LY 家。

③ 被试 WM：男，汉族，1945 年生，内蒙古乌兰察布察哈尔右翼中旗人。访谈地点：乌兰察布中旗西凉村 WM 家中。

④ 被试 KHY：男，汉族，1968 年生，内蒙古巴彦淖尔五原县人。访谈地点：呼和浩特市其工作单位。

已的选择……这些我父亲心里都知道！所以后来国家有了返城政策，我母亲要返程，我父亲很平静地和母亲离了婚。我自然而然地跟了我爸……都能理解！那个时代很多选择都是跟着国家政策走的。我能理解她（母亲）！”

案例13反映出知识青年下乡、返城浪潮均是特殊政治时代背景下的应时性选择，而在这种时代背景下产生婚姻抉择遗憾与代际情感缺失无疑令人惋惜，却又无法挽回。被试KHY的母亲是天津知青，父亲是内蒙古普通农民，幼年时期的他就经历了父母离异、母亲返城等一系列家庭变故，虽然成年后的K先生口口声声“理解”母亲的抉择，但从小缺失的母爱永远无法弥补。

以上案例或是亲身经历或是回忆转述，但无不是那个充满政治色彩年代婚姻家庭的真实写照。虽然“文革”初衷不是针对家庭制度的改造，但由于家庭是个体最直接的承载和归属地，乱象面前人人自危，似乎唯有稳定家庭才能聊以慰藉。由此，原本始于思想的改造运动给千万家庭烙上无法抹去的时代印记。就如詹姆斯·R.汤森与布兰特利·沃马克在《中国政治》一书中指出，“文革”前，中国政府已经完成了对于新型家庭法规、伦理、关系、组织形式的改造，到了“文革”时期，虽然家庭遭受种种冲击，但是已经不再是“革命”的中心了，在与家庭相关的国家政策上也没有什么变化。那些冲击，从新文化运动以来的家庭发展历史来看，最后的结果却是使人们更人人自危地蜷缩在家庭内部，而且非常矛盾地导致了传统行为的复燃[①]。就这样，“文化大革命”似乎变相地促成了婚姻家庭向传统的回归。

4.1.4 城乡二元结构背景下的区域性选择

新中国成立后以户籍制度为基础的城乡二元结构体系导致城乡经济、文化各领域产生长期分化与疏离，排除少数通过教育或职业调动转变人生轨迹的个体，出身决定了大多数人将在怎样的制度文化环境中成长与生活，特别是在严格控制社会流动与个性化发展的年代（1949—1978年），这种二元特质在婚姻领域表现的尤为明显，城乡不同群体在面对思想文化、政治法律等领域出现的新观念、新主张存在接受时间与程度上的差异，当1950年国家以《婚姻法》形式推进婚姻制度革新，提倡婚恋自由、婚姻民主这类新兴观念时，城乡地区自然表现出推行力度与效果上的差异。城市青年最早接触也最迫切推进婚姻制度革新，他们依法说事，热情饱满，憧憬美好爱情的到来，父辈们虽然出于经济或政策考虑继续关心参与子辈婚姻，但在城市法规制度环境下，参与的形式自然缓和很多（参见案例14）。

【案例14】 RGY[②]：“我和我老公是自由恋爱，我们都是阿坝人，他比我大几岁，我们算从小一起长大。他父母去世早跟爷爷长大，家境虽然不好但是一直对我

---

① 汤森，沃马克.中国政治[M].顾速，董方，译.南京：江苏人民出版社，2004：145.

② 被试RGY：女，回族，1958年生，四川省阿坝自治州人。访谈方式：电话访谈。

很好，我父母开始也觉得他家穷，只有他爷爷留下的一套老房子，但是当时兴自由恋爱，加上我父母看他勤恳，也没再多说什么，让我自己决定，后来还是同意我嫁给他。"

而在广大农村地区，生活环境长期闭塞保守，即便是负责进行婚姻法宣传的乡村干部都对婚姻法精神理解不透彻，宣传有误、处理失当的现象时有发生，普通群众和青年们普遍缺少直面感情的勇气，加之农村家长十分注重礼教传统，认为新式恋爱伤风败俗、有失体统，极力反对甚至阻挠子辈效仿新规(案例 15)，婚恋自由观念在农村社会推行缓慢。国家在面对城乡二元结构制约导致的婚恋态度差异时也只能选择循序渐进、加强宣传。在农村人口占全国人口总数 80%以上的年代里[①]，这一时期国内总体婚姻代际干预比例自然居高不下(具体参见表 4-1[②]、表 4-2[③])。

表 4-1 改革开放前不同年代城市夫妻婚姻自主权

夫妻结识途径	1949—1965 年	1966—1976 年	1977—80 年代
父母包办	20%左右	—	10%
自己结识	19%	35%	33%
其他方式	61%	—	57%

表 4-2 改革开放前不同年代农村夫妻婚姻自主权

夫妻结识途径	1949—1965 年	1966—1976 年	1977—80 年代
父母包办	67.2%	62.1%	52%
自己结识	32.8%	38%	48%

【案例 15】 YM[④]："我十三四岁就上沈阳给老舅看孩子，老舅、老妗对我挺好，十七岁那年老舅打算给我介绍他们厂同事的弟弟，说我看孩子有功！我爸知道以后坚决不同意！让我赶紧回村！回去就骂我给他丢了人，说村里的人流传我在城里瞎乱搞，还说进了城的人就是时髦……其实在老舅眼皮子底下哪能瞎整！我爸心里明白，我老舅也是好意，他就是敌不过村里人闲言碎语，找个理由让我回来而已。回来以后没多久，你大爷他们家就让人来提亲，也算我们村的大姓，我爸可乐意了！给我做了半天思想工作，说'咱是村里人，得本本分分，不能进城几年就有胡想法，让人家说闲话'，我看你大爷人也算老实就同意了。"

---

① SOSHOO 搜数网站[EB/OL]. http://www.soshoo.com.

② 徐安琪. 我国城市婚姻的现状及其趋势[J]. 社会学研究，1991(03)：41-47.

③ 徐安琪. 世纪之交中国人的爱情和婚姻[M]. 北京：中国社会科学出版社，1997：133.

④ 被试 YM：女，汉族，1958 年生，辽宁省海城市孤山镇人。访谈地点：辽宁海城市其子家中。

以上案例分析可得，在新中国成立初期至改革开放前这段历史时期内，导致婚姻代际干预存在的主要原因是人们对婚恋自由观念的认识不足，传统婚姻惯习一朝难改。与此同时，政治运动、落后的物质水平、严格的户籍制度背景都为婚姻代际干预存在和延续提供了存在的土壤和可能性。

4.2 1979年至今婚姻代际干预的沿革机理

4.2.1 开放时代背景下的规避风险选择

改革开放促使人们的思想观念得到空前解放和发展，开放、多元、另类文化体现在社会生活的方方面面，加之世界范围内信息科技的普及与发展大大缩短了人们互动交流的时空距离，西方世界的文化宣传与渗透以迅雷之势快速传播到世界各个角落，特别是对青年一代的影响立竿见影。以QQ、微信、微博、博客为代表的新媒体平台帮助人们更快更多地获得他人信息、传递主我思想。在这样的文化环境中，青年群体的择偶观与择偶方式自然紧跟时代发展步伐。原本私密隐晦的择偶问题被大方请上台面，并以相亲节目或约会游戏的形式娱乐化、快餐化呈现。青年群体对待婚姻与爱情的态度日趋简单直接，婚前同居、网上恋爱、合约爱情随处可见，性与婚姻分离，爱与责任脱节，此类种种导致当代青年对待婚恋择偶问题普遍态度轻率(案例16)。即便是已婚夫妇，若环境诱导增多，加之本人立场不坚，感情破裂、婚姻失败的风险不言自明(案例17)。如此现实，作为适婚青年的父母自然不会坐视不管，从小接受传统文化熏陶的父母怀揣着对子女婚姻幸福、家庭稳定的美好愿望担负起为子辈择偶的重任。

【案例16】 LZ[①]："其实我知道子女的事儿我不该管也管不了，可有些时候逼着你不管都不行！我打也打了，骂也骂了，你说还能有什么办法？就拿我闺女的事儿说吧，这一直是我们全家人的心病，也让我到现在在亲友面前抬不起头！她初中毕业以后学了美容美发，本来自己有点技术，我又拼凑着帮她开了个店，嫁个差不多点的人肯定是没问题，又是市民户口，我弟弟他们都能帮忙介绍，可她偏偏不学好！每天描眉画眼，最后干脆跟一个来她店里理发的南方打工仔跑了，扔下我和她妈还有一个未成年的弟弟，一跑就是好几年没音讯，再回来孩子都有了，你说我们能不认吗？哎！过去了算了，他弟弟眼看念大学，面临找对象，我说什么都不能让他走她姐的老路！现在这时代更乱！"

从案例16被试LZ表述来看，女儿对性与婚姻的轻率态度和极端行为方式给整个家庭造成深深伤害，也让作为父亲的LZ引以为戒，对待儿子婚姻态度更加谨

① 被试LZ：男，汉族，1950年生，内蒙古土默特左旗人。访谈地点：呼和浩特市LZ家中。

慎，他认为纷繁复杂的现代社会，更容易诱使青年人产生婚姻情感的乱象。

【案例 17】 LXL[①]："我大女儿 XX 可以说哪儿都好，但就是婚姻不顺！两次婚姻都是离婚收场，可能就因为从小被我们保护的太好了，不太会看人！当初人家(第一任丈夫)几句甜言蜜语就把她给骗了，结婚没一年，就在外面拈花惹草，XX 察觉后和他离了婚。开始我们还焦心，后来想着，离婚也好，反正没有孩子，她还年轻，以后再找一个好男人不成问题。谁想到她第二次婚姻也是失败的！还给她造成更大的创伤……后来这么多年，不管谁再怎么劝 XX 也执意不想再婚……有了 XX 的教训，二女儿 30 多才结婚，这回真是托亲友介绍，再三观察，谈了三年才敢让她们结婚！真是怕了！"

可见开放自由的婚恋方式并不都是美好结局，青年人涉世未深，一时感情用事就会缺少必要的理智与判断力，盲目扎进所谓的美好爱情不能自拔，面对物质与精神的种种诱惑，冲动行事的后果代价惨重，婚姻破裂、身心损伤自然非父母乐见。自由恋爱带来的风险迫使父母充当起保卫子女婚姻的"侦查官"。

4.2.2 网络结构变迁背景下的维稳性选择

美国社会学家格兰诺维特在对美国社会求职网的研究中最早提出了"弱关系"理论假设，他认为个体拥有弱关系交际圈能够获得更多更有效的信息，这种由弱关系维持下的广泛社交网络能够跨越阶层与组织壁垒，有助于获得上级组织的直接信息，从而加大求职成功的概率。以奥格本、帕森斯、古德为代表的经典家庭现代化理论支持者也持类似观点，他们认为核心家庭的独立化是现代社会发展的必然产物，工业化与城市化发展创造了日益丰富的就业机会，这为人们的职业与居住地的流动创造了可能性，成年子女为了获得更多更好的工作机会必须适应这种流动性，这就导致他们同父母家庭在居住地和社会地位上的距离不断被拉大，墨守成规的人被现代社会认为是缺少进取精神的反面教材。从这层的意义上讲，坚守亲属关系并不能很好地适应现代工业社会发展，亲属关系的弱化、核心家庭的独立化被看作是人们对现代社会功能性适应的结果(石金群，2015；帕森斯，1943；古德，1982)。但"家庭衰落论"同样受到国内外许多学者的质疑，费孝通先生就在他的《乡土中国·生育制度》一书中指出，在西洋社会里争的是权利，而在我们这里却是攀关系、讲交情[②]。当代社会学家边燕杰教授通过对中国社会的调查考究提出了"强关系"假设，该假设认为，中国是典型的人情社会，在人际关系网络中起关键核心作用的是人情，而非简单的物质与信息交换(边燕杰，1997)。

---

① 被试 LXL：女，汉族，1953 年生，内蒙古呼和浩特市生人，美籍华人。访谈地点：LXL 呼市父母家。

② 费孝通.乡土中国·生育制度[M].北京：北京大学出版社，1998：27.

本研究认为，自改革开放以来，户籍限制减弱、社会流动频繁，虽然强关系在今天的中国社交网络中仍占主导地位，但我们不得不承认弱关系网络正在逐步占领青年社交市场。人们生活在以信息交换为主导的城市里，快节奏、凡事讲效率的生活与工作环境致使个体忙于工作、学习事务而缺少足够的时间和耐心去与人交往、用心交流。这种状态体现在婚姻择偶方面便是由于青年人之间缺少必要的接触与交流机会而产生“择偶难”困境，这也是“剩男”“剩女”现象产生的重要原因，学者朱磊(2015)[①]、张冀(2013)[②]、王彬(2012)等都曾就这一问题进行研究。

弱关系网络带来的另一个影响是社交群体间信任程度降低。职业、居住地的社会流动致使个体社交关系结构变化加快，关系网络的稳定性与可靠性日渐减少。婚姻关系中缺少信任作前提，人们自然会对婚姻的持久度与稳定性表示担心。社会大众特别是父辈们普遍认为“知根知底”的婚姻才能长久稳定，而青年适婚群体又恰好缺少这种稳定网络。基于此，由弱关系网络主导的青年群体开始向拥有更稳定强关系网络的父辈群体让渡权利、寻求婚姻帮助(案例18、案例19)。就这样，代际婚姻干预存在于当今社会之中，且有愈演愈烈之势。

【案例18】 HRZ[③]：“我现在最郁闷的事儿就是逢年过节家里人催婚！我常年在外打工，又是在饭店后厨干事，周围都是大男人，平时打交道的就那么几个人，认识几个女服务员也都是三天两头不干了，又换一茬，根本不靠谱！最后干脆打消这念头了，我都打好调了(打好注意)，今年年底回去就让家里人介绍一个，腊月就把婚订了，这样倒也省事儿！村里乡亲谁都了解谁，也不用担心能不能过日子！”

【案例19】 LXB[④]：“我两年前认识一个不错的女孩儿，是老师介绍的，可相互了解一段时间以后我还是决定趁早放弃，我们两家差距太大，我家农村的，爸妈身体都不好，都指望我赶快毕业工作能减轻点儿家里的负担。我现在工作稳定了，工资也算丰厚，可我这工作经常需要加班，单位女同事又少，根本没什么机会交朋友，主要也没那个时间！还是等等再说吧……或者干脆等着家里人介绍。反正我家就我一个男孩儿，我以后肯定得回去。”

从案例18和案例19反映的情况来看，被试HRZ与LXB都存在没有机会认识异性的苦恼。HRZ因为常年在饭店后厨干活，接触人都是男性，饭店女服务员又总是来去不稳定，因而迟迟没有机会恋爱，遭到家里人催婚，异常苦恼，最后决定让家里人介绍；LXB虽然拥有高学历、高薪工作，但错过了校园恋爱机会，工作后少有机会和时间精力认识异性，同样等待着家人介绍。由此可见，无

---

① 朱磊.当代社会“剩男剩女”现象形成的原因探析[J].青年探索，2014(04)：74-78.

② 张冀.单身未婚：“剩女”和“剩男”问题分析报告基于第六次人口普查数据的分析[J].甘肃社会科学，2013(04)：50-53.

③ 被试HRZ：男，汉族，1989年生，内蒙古土默特左旗人。访谈地点：呼和浩特市某四星酒店。

④ 被试LXB：男，汉族，1989年生，山东菏泽人。访谈地点：西安交通大学。

论是进城打工的农民工还是拥有稳定工作的高学历人才，都可能因社交环境同质性强、稳定性不足而缺少认识异性的机会，最终不得不求助原生家庭网络的帮助。

4.2.3 计划生育政策背景下的庇护性选择

1980 年我国将"实行计划生育"写入婚姻法案，1982 年 9 月计划生育政策被确定为基本国策，同年 12 月写入宪法。该政策的主要目的是有计划地控制人口，政策要求每对夫妻限生一胎。一时间"晚婚、晚育、少生、优生""生男生女都一样"等政策口号深入人心。违背国策将付出沉重的经济惩罚代价，若是机关、事业单位的工作人员甚至会因此丢掉工作，在刚性政策的要求下，改革开放后绝大多数城市家庭都只能生育一个孩子。农村地区和少数民族地区因具体情况不同相对城市而言政策执行力有所减弱，可多生一两胎，但就城乡总体生育率来看，政策实施后较新中国成立初期的子女成群状态自然节制很多。可以说，当今活跃于社会生活各领域的"80 后""90 后"一代即是实施计划生育政策后最具代表性的一代，他们中多数是独生子女，父母长辈将全部的精力和心思都花在这颗"独苗"身上，子女在家中的地位不言而喻，处处对其小心庇护的特质在对待婚姻择偶问题上表现得淋漓尽致。父母们有钱出钱，有力出力，从结婚对象的挑选，到结婚事宜的张罗，再到婚后生活的规划，可谓倾力奉献，全权负责。有能力的父母甚至会替子女购置新房、陪嫁车辆(参见案例 20、案例 21)。

【案例 20】 WYF：[①]："我现在最大的心愿就是希望我女儿能嫁个好男孩，只要他人好，对我女儿好就行！别的我们什么都不要求，我们主要是找人不是找钱，车呀房呀她结婚不用愁，我们就她这么一个姑娘，其实挣再多也都是给她。再过几年他爸爸也退休了，我们有退休金，根本用不着她替我们操心，只要她过得好就行了！等她结婚工作了，我还能帮她带孩子，反正我还不服老！呵呵！"

以上叙述反映出，被试 WYF 是比较开明的家长，对女儿另一半的唯一要求就是对女儿好，愿意为女儿的婚姻幸福出钱出力，字里行间流露出对生命中唯一女儿的爱与奉献。

【案例 21】 CY[②]："我老公是同学介绍，本来结婚这事儿我是不着急的，我自己肯定是希望毕业以后工作稳定了再说，但是父母着急，我家就我一个孩子，他们总是怕我毕业后远嫁……特别是我爸！说是找对象的事儿他不管，我自己决定，可最后还是定了好多条件！本地人、有文化，这是他给我定的两个硬性条件。我知道，他就想着把我留在身边儿，最好还能住一块儿！没办法，他们就我一个孩子，我

① 被试 WYF 女，汉族，1963 年生，内蒙古乌兰察布市科布尔中旗人，访谈地点：呼市 W 家中。

② 被试 CY：女，汉族，1990 年生，辽宁省大连人，访谈地点：大连市 C 家中。

无论如何不想在结婚的事儿上逆爸妈的意……这不，因为我老公毕业后留在这儿发展，我爸一高兴在我们结婚的时候多资助了10万块钱用来买车。”

从案例21可以看出，被试CF的父亲为了把唯一女儿留在身边煞费苦心，并愿意为此给予经济性帮助和奖励。虽然这种经济付出很大原因是出于父母对子女的爱，但从另一个角度讲，父母们这样做也是因为他们懂得在子辈婚姻起始阶段他们给予较多，但从长远来看这并不会使他们失去什么，因为受惠者(子辈)迟早会在某些方面给予回报(愿意采纳父辈意见、更加孝敬父母)或提供某种帮助(提供养老支持等)[1]。只有现在的付出与参与才可能更大程度换来以后的共享。毕竟，再无其他子女可以投资与依托已是不争的事实(如案例22)。

【案例22】 ZM[2]："我找媳妇的唯一要求就是朴素踏实！说实话，也是为了我往后的日子能好过一点！如果是那种朝三暮四、爱慕虚荣、狠心的人，拿上彩礼就跑了！即便是有孩子人家也无所谓，把孩子给你往下一撂，找个有钱的再嫁！以后这孩子肯定是我的事儿！毕竟是独子独孙！咋能不管！前两年ZZ给我说带一个南方打工认识的姑娘回来，人家啥都不要，问我要不要，我说：'不要！你趁早别给我往回领！想想人家凭啥白跟你?!'我和ZZ早就说了，你在外边打工可以，但是找媳妇肯定得回来找本地的！虽然咱不是多富有，但是骨气还是有，找不好对象，丈母娘都让你有受不完的气！我就是宁愿辛苦点年年出去拾棉花，给他攒娶媳妇的钱，也不能让他自己在外边瞎胡闹，他过不好不说，也是给我找罪受！"

案例22反映出，被试ZM只有一个儿子ZZ常年在外打工，她十分担心儿子的择偶问题，ZZ是独子独孙，也是他们唯一的依靠，儿子婚姻不幸福就意味着整个家庭的不幸，所以ZM多次告诫儿子，必须回老家找知根知底的本地姑娘结婚。

虽然"80后""90后"也会想要脱离父母干涉，自主婚姻，独立生活，但过惯养尊处优、物质充沛生活的他们，在初出茅庐了解婚姻市场规则及严峻的经济现实后，自由独立的决心便大大减弱，争取获得父母对自己婚姻起始阶段的物资帮助成为他们在择偶时考虑父母感受，参考、听取甚至全权委托父母代劳的重要原因(参见案例23)，这也是对前文假设四的有力回应。

【案例23】 WLG[3]："说实话，我谈恋爱和结婚肯定不会是一个人，因为我喜欢的人跟我妈喜欢的人肯定不是一个类型！上大学那会儿我妈都说了，我玩玩儿行，她不管，但是要动真格，肯定得她满意！否则，就别认她这个妈！也别想从家里得到一毛钱！你话都说这份儿上了，我还能怎么办？你知道的，为了考上戏，我高三就补了三年！毕业来了北京，我们学表演的回呼市肯定是没发展前景，只能在这

① 古德.家庭[M].魏章玲，译.北京：社会科学文献出版社，1987：15.

② 被试ZM：女，汉族，1966年生，陕西省西安市周至县裕盛村二队，访谈地点：其家中。

③ 被试WLG：男，汉族，1990年生，内蒙古呼和浩特人，访谈地点：北京茶餐厅。

儿半研习半等机会。北京生活压力又大！我肯定不能因为这事儿跟家里闹掰！自从和上一个(女朋友)断了之后，我都懒得再找了！想找一个我妈满意我也满意的人太不容易！所以，干脆单身！挺好！指不定后来谁更急！"

案例23反映出被试WLG曾尝试过自由恋爱，但因无力承担北京的生活压力，选择回归家庭，等待父母婚姻安排以获取父母的家庭经济性帮助。

通过以上案例分析可得，庇护性婚姻干预与其说是父母爱子心切、全权包揽的惯性选择，倒不如理解为父母以对其子女婚姻的经济资助作为协调代际婚姻矛盾、重获子女择偶参与权的一种策略行径。同时这也体现出青年群体既希望独立又无奈于现实环境制约的矛盾心理与境遇。

4.2.4 社会化过程延长背景下的倒逼性选择

现行婚姻法规定男性22周岁，女性20周岁达到法定结婚年龄。自九年义务教育普及、高等教育扩招以来，大学生比例迅猛增长，2016年4月中国首次发布《中国高等教育质量报告》，该《报告》数据统计结果显示：以高等教育在学总规模为例，1949年新中国成立时，全国有大学生11.7万；1978年决定改革开放时，全国有86.7万大学生；2015年，中国大学生在校人数达到3700万，与新中国成立时相比，规模增长超过310倍①。按国家规定一个孩童7岁入学算起，正常走完九年义务教育，读完高中，进入大学，毕业时该青年23周岁。面对竞争日益激烈的工作岗位及大学生泛滥(图4-1)②、学历贬值等客观社会现实，许多青年选择继续攻读硕士(图4-2)③甚至是博士学位，他们期许通过更高的学历提升职场竞争优势、获得更高薪水回报(图4-3)④。这样算来，当一位硕士研究生顺利毕业时已达26周岁，此时这位年轻人才正式步入社会，找工作、进行资本的最初积累，至于能否在短期内经济独立也是因人而异。即便是大学毕业即进入社会投入工作，几年拼搏后能够真正做到经济独立、兼顾事业与爱情者毕竟是少数。基于此，接受高等教育培养、致力于摆脱传统小农社会派生出的包办婚姻并一度以真挚爱情为婚姻理想的当代青年，在面对个人受教育年限延长、经济独立推迟与生理年龄紧逼的现状时也只能顾及一头，默许甚至寻求父母对其婚姻的介入和帮助(案例24、25)。

---

① 魏海洋.我国在校大学生人数世界第一 高校数量世界第二[N/OL].半岛都市报，2016-04-08 07:45:00 [EB/OL]http://www.dzwww.com/shandong/sdnews/201604/t20160408_14114359.html.

② 报告大厅[EB/OL][2017-10-17].http://www.chinabgao.com/k/biyesheng/29695.html.

③ 2016年全国研究生招生调查报告.中国教育在线[EB/OL].http://www.eol.cn/html/ky/report2016/a1.shtml#a11.

④ 2016年全国研究生招生调查报告.中国教育在线[EB/OL]http://www.eol.cn/html/ky/report2016/a1.shtml#a11.

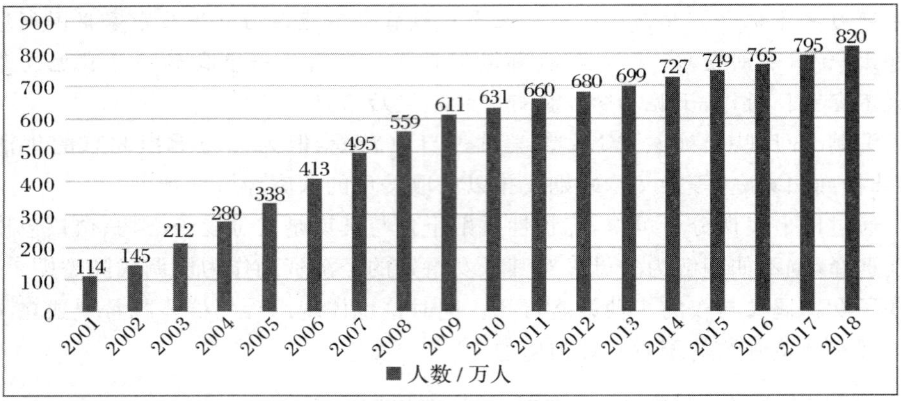

图 4-1　2001—2018 全国高校毕业人数

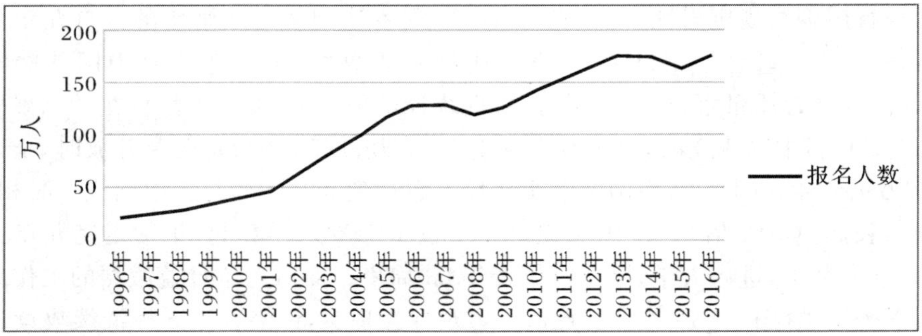

图 4-2　1996—2016 硕士研究生报名趋势

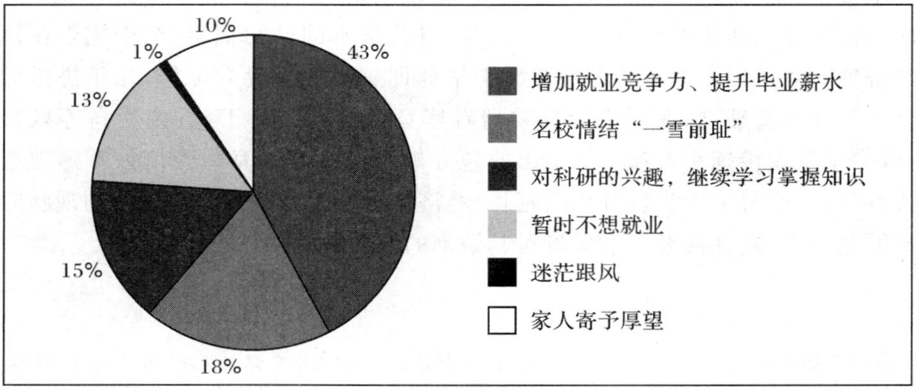

图 4-3　硕士研究生报考初衷

【案例 24】 WYF[①]:“我这姑娘从小就爱学习,上了大学也就顾着学习根本没见她动这(找对象)心思,上了研究生更是如此,没办法了,我只能自己私下帮她物色物色合适的对象,让同事朋友帮忙介绍着,反正让她去见她也不排斥,每次都去,只是到目前为止也没和我们说喜欢哪个。哎!其实我也能理解,学习压力重,平时光忙着上课也确实是没时间!我和她爸现在不担心她学习,就是愁她这个人问题,眼看都二十六七岁的人了!”

【案例 25】 WYS[②]:“我是 36 岁才结的婚,孩子今年刚两岁,以前把这事儿耽搁了……读研究生的时候家里着急了,我也有了紧迫感,觉得这事儿(婚姻之事)不能再耽搁了,那阵子我光相亲见面的对象都不下五十个!呵呵!后来看到谁都觉得差不多,加上那时候刚进单位,各科室轮岗,我被分配到急诊科大半年,实在也是没时间,后来没办法了,我就把这事儿全权交给我的父母和姐姐们,他们觉得合适我再去见……后来父母介绍认识了我爱人,我们相处得来,认识三个月我们就领了证!”

案例 24 与案例 25 均反映出当代青年人因受教育年限不断延长,难以同时兼顾学业和择偶问题,最后父母不得不介入的困境。被试 WYF 的女儿每天忙着上课学习,全然忘记自己已经到了谈婚论嫁的年纪,作为母亲 W 某只能暗自张罗,替女儿择偶之事忧心。而被试 WYS 则由于年轻时求学忙碌错过了最佳结婚年龄,最后不得不求助家人介绍,迅速结婚。

如此看来,社会现实是当人们在享受现代化发展带来的经济效益与便捷科技的同时,也需要面对社会快速发展给个体生活造成的巨大现实压力,特别是青年一代,他们在改革开放的锣鼓声中成长,为在多元竞争发展的社会中站稳脚跟,需要尽可能地充实自己,接受更长时间的现代化教育、学习更加专业的知识技能,在学习、生活、就业等多重压力下,个人婚姻问题被耽搁变得十分常见,而作为成年子女的家长,自然无法坐视不管,对子女婚姻的介入在所难免。

4.2.5 婚姻成本激增背景下的理性选择

经典家庭现代化理论认为,年轻人越来越具有婚姻自主性是家庭现代化的重要特征之一。父辈亲属逐步丧失对年轻人择偶的掌控权,婚姻不再是某种利益交换,两情相悦的爱情才是婚姻的真正基石,嫁妆或聘金的流行程度也会下降(古德,1987)。但现实情况却与之相反,各类调查结果均显示,无论在城市还是农村,聘金和嫁妆仍普遍流行,婚姻成本不断上升,婚姻双方父母给予的经济资助不断增加[③]。CGSS2006 数据(表 4-3)显示,改革开放后父辈对子辈婚姻的资助程度明显增加(“是的,有一些”由改革开放前 32%上升到改革开放后的 46%;“是的,非常

① 被试 WYF:女,汉族,1963 年生,内蒙古乌兰察布察哈尔右翼中旗人,访谈地点:呼市 W 家中.

② 被试 WYS:男,汉族,1978 年生,内蒙古乌兰察市察哈尔右翼中旗人,访谈地点:呼市 W 家中.

③ 马春华,李银河,唐灿,王震宇,石金群.转型期中国城市家庭变迁:基于五城市的调查[M].北京:社会科学文献出版社,2013:14.

多”由 1.7%上升到 4.2%)。针对城市地区的权威调查报告(表 4-4)①同样显示,随着时间的推移男女双方父母对子女婚姻的资助额度不断增加,且男方父母的资助额度较女方父母增幅更加明显,这似乎预示着,我国家庭现代化发展并没有实现西方社会的礼物交换,而与古德的预言相反,正在回归男婚女嫁的传统嫁娶模式②。理性假设认为,人们总是追求效益最大化,即投入最小收益最大,对任何事情的投入成本一旦加大,谨慎程度也会明显增加,个人选择伴侣亦是如此。特别是在婚姻成本不断增加的现代社会,在协商婚姻大事时,经常出现讨价还价的市场模式,因为人们总会衡量付出如此多的代价去换取对方为终身伴侣到底值不值得。现实择偶中究竟会达成什么协议,由谁来做出决定,各历史时期、各个社会都有所不同……在日本和中国,这类交易是在长辈之间进行的,法律和社会都公认要由年龄最大的一家之主(往往是男子)来决定,尽管年长的妇女往往是实际决策者③。而在现代社会,子辈婚姻家长决定制逐步发展为父子双方讨价还价、协商决定,且经济能力较强的父辈家长明显在子辈婚姻择偶问题上有较高的发言权。面对激增的婚姻成本,许多适婚青年无法独自承担婚姻费用,在彻底违背父母意愿、失去父辈婚姻资助和与父母协商共议、得到父辈婚姻资助之间权衡,更多青年选择后者(如案例 26、27)。

表 4-3　各时期父辈对子辈婚姻资助状况

结婚年份	没有		是的,有一些		是的,非常多		合计	
1978 年以前	228	66.3%	110	32%	6	1.7%	344	100%
1978 年及以后	542	49.9%	499	46%	46	4.2%	1087	100%
合计	770	53.8%	609	42.6%	52	3.6%	1431	100%

数据来源:CGSS2006。

表 4-4　不同年代城市双方父母对子女结婚给予的经济资助④

结婚年份	男性被访者			女性被访者		
	父母	岳父母	父母:岳父母	公婆	父母	公婆:父母
2000 年及以后	33724	15779	2.14	28515	16871	1.69
1990—1999 年	11002	6632	1.66	10586	7830	1.35

① 马春华,李银河,唐灿,王震宇,石金群.转型期中国城市家庭变迁:基于五城市的调查[M].北京:社会科学文献出版社,2013:14-15.

② 马春华,李银河,唐灿,王震宇,石金群.转型期中国城市家庭变迁:基于五城市的调查[M].北京:社会科学文献出版社,2013:14.

③ 古德.家庭[M].魏章玲,译.北京:社会科学文献出版社,1987:74-75.

④ 马春华,李银河,唐灿,王震宇,石金群.转型期中国城市家庭变迁:基于五城市的调查[M].北京:社会科学文献出版社,2013:14。

续表 4－4

结婚年份	男性被访者			女性被访者		
	父母	岳父母	父母：岳父母	公婆	父母	公婆：父母
1980—1989 年	2861	1936	1.48	2508	1982	1.26
1979 年以前	384	235	1.63	249	251	1.16
总体	11032	5670	1.95	8723	5782	1.51

【案例 26】 WJB①:“上大学期间我也认真谈了一个,家是包头的,我爸妈知道以后只说先处着,也没明确表态,她(前女友)老是因为我爸妈的事儿跟我吵,怪我没把她放第一,没跟她说结婚的事儿……结婚可不是闹着玩儿的!买房子、买车,哪一件事是不需要家里帮忙的?我刚工作两年,单靠我一个根本没那个实力……后来真是三天两头吵架,实在是受不了了,干脆分了!大概分了有大半年,我妈主动和我提及 RL,也就是现女友,她性格比较内向,工作也稳定,属于家长们都喜欢的类型。我爸妈真是特满意!认识也就半年,我爸妈就主动催我们去看房子。这用意相当明显了!”

【案例 27】 LM②:“我干到今年年底就回去了,回去娶媳妇!我妈说了,媳妇得找本地的,知根知底才能过得久!说得明白点儿,现在的姑娘都很现实!我在外边找也找不到……毕竟家里得盖房,结婚彩礼也是家里出,结婚的事儿肯定还得家里做主。(停顿)这几年我们那边光彩礼就得十万!我自己肯定拿不出来,这一年能攒个两三万买车首付就算不错了,现在找对象家里没有十万以上的车,人家都不跟你谈!而且以后结了婚还得住一起,找得不合适,婆媳搁不到一起,我也难做!所以,还是得我妈同意!”

案例 26、案例 27 体现出,当代青年越来越体会到缔结婚姻面临的经济压力是其无法独立承担的,需要获得父辈家庭的鼎力相助方可成事。被试 WJB 心中明了,结婚不是儿戏,买房、买车都需要父母帮助,所以更愿意选择父母喜欢的类型作为结婚对象。外出打工青年 LM 也认为,在外打工所得收入只是皮毛,村里高昂的彩礼费要举父母全家之力才能应对,单靠自己根本无力承担,所以在婚配对象的选择上,更愿意采纳家里人意见。

由此看来,无论统计学意义上的数据结果显示,还是深入的个案访谈表述,城乡青年婚姻成本居高不下、逐年递增已是不争的事实。许多青年主动让渡择偶权利给父母长辈,一是认识到自身经验不足,二是由于结婚成本之高已是其无法独立承

① 被试 WJB:男,汉族,1990 年生,内蒙古呼和浩特人,访谈地点:呼和浩特市意林茶餐厅。

② 被试 LM:男,汉族,1993 年生,25 岁,陕西省周至县人,访谈方式:电话访谈。

受之重。以父母之心愿换得更多的婚姻资助是城乡青年的理性决策也是无奈妥协。

总体来讲，改革开放至今，婚姻代际干预的存在机理主要是受独生子女政策、不断延长的教育年限、复杂变化的社交网络结构及高昂激增的婚姻成本等现实因素共同作用使然。

4.3 婚姻代际干预机理变迁分析

以上分时期对婚姻代际干预存在机理的分析正是依据传统现代性边界概念展开。但要对婚姻代际干预演变机理进行实质性把握，必须明确这一问题与现代性变迁实质相依随。就如贝克夫妇指出的，早在21世纪初期，那个具有明确秩序和行动逻辑边界的社会——第一现代性社会已经抵达其发展极限，"个体化"和"普世化"价值代表着现代化发展的极端形态，社会风险激增，于是社会进入了新的发展阶段，贝克夫妇称其为"第二现代性"，在这一时期，人们对现代化过程带来的各种始料未及的后果和副作用进行反思和自觉回应[①]。也就是说，在新的现代性社会中人们正在挑战而不是理所当然顺应现代化增长带来的现实生活的改变，新的现代生活正在被某些模糊的、不确定的事件所破坏，人们似乎正在寻找应对这个不确定的社会生活的各类形式。而向所谓"传统"的回归，并不是倒退，只是在应对新的不确定生活时对一种熟悉方式的选择。正因如此，我们理解婚姻代际干预问题时，不能将其简单划归为传统或现代模式，而需要视其存在动机而定，它的变化逻辑也非传统第一现代性（结构现代性）帕森斯式的线性系统逻辑，即认为系统变迁不仅是由外部力量导致，而是新的现代性（第二现代性）特征驱使下个体自反式的非线性逻辑，即系统（社会生活）变迁是通过"反馈环路"（Feedback Loops）（贝克夫妇，2011）内在作用于个体，由于每个个体或家庭在应对环境变化时采取方式的不稳定性，最终导致了整个系统（社会生活）的不稳定性。也就是说，由于人们在面对自身或子辈婚姻问题时处理方式的不稳定性，最终导致了婚姻代际干预的非线性发展现实，但这并不是向封建传统的回归，而是个体在面对现代性风险（问题）时在婚姻家庭领域的真实选择。虽然婚姻代际干预存在机理是非线性的、曲折的，但从其外显形式来看，可以概括出以下几点趋势。

4.3.1 婚姻代际干预动机的转变

所有持续存在的关系，特别是像家庭关系这类持久稳定的关系区别于其他临时性关系的一个重要特征是成员间在处理家庭事务时至少包括最低程度的共同意

① 贝克．个体化[M]．李荣山，等译．北京：北京大学出版社，2011：5．

义①。如前文所述，子辈婚姻择偶问题作为连接父辈与子辈发展的重要家庭事件，在每个历史时期表现出不同的干预动机。以经济发展为依据的现代性划分标准来看，改革开放后较改革开放前婚姻代际干预动机主要表现出以下三方面变化趋势。

(1)由家庭生产生存的优先考虑向子辈发展关怀考虑的转变。马克思理论强调经济基础决定上层建筑，该理论在婚姻择偶领域的应用是指出落后贫困的家庭生存状态决定了父辈一切以生产生存为出发点，在子辈婚姻择偶时优先考虑其对家庭生产生存的功能性帮助而忽视个体情感需求，案例 7 至案例 10 真实反映了这一历史特征。伴随着改革开放以来经济的快速发展，人民物质生活水平得到极大提高，城乡家庭不再作为生产单位而存在，而转变为以情感需求与抚育培养为核心功能的情感共同体，父辈对子辈婚姻的关心和干预更多源于情感呵护和责任牵绊。可以认为，虽然婚姻择偶问题因关乎家庭稳定与子辈发展而被不同时期家庭同等重视，但其干预动机明显不同。

(2)由群体规范向家庭责任的转变。有学者指出，各种社会世界都是通过与他人进行协商并采用有意的关系来建构；虽然不同关系中的权利、义务、意义会存在明显的差别，人们总是尽力地适应、融入社会潮流②。新中国成立后很长一段时间内，乡土人情是人们面对的主要社会现实，伦理风俗甚至一度超越法律成为人们遵守的首要规范，否则，就会成为群体异类，为舆论所指，为家族所耻。父辈决定子辈婚姻在传统社会中是法理所向，是权利也是义务，违背父母之命意味着离群离义。案例 1 至案例 6 都说明，面对社会舆论压力敢于摆脱传统束缚争先尝新者毕竟是少数，大多数青年惯性沿袭父母之命的婚姻传统。也许有人会问，待社会的开放程度足够将人们的注意力从别家之事吸引到追求自身之变时，待人们的关注点从重视群体意义转变为更加重视个体意义之时，婚姻代际干预会消失么？从中国目前的家庭责任关系来看，答案是否定的。现代社会中，父辈关心子辈婚姻不再是伦理传统，而是个体需要。面对日趋增长的学业、工作压力，面对激增、高昂的婚姻成本，协助子辈完成婚姻不再是对上负责，而是对下责任。

(3)由集体文化向个性选择转变。如表 4-1，表 4-2 显示，新中国成立至改革开放前我国城乡婚姻父母包办比例居高不下，特别是在广大农村地区，父母包办已是不争的事实，在新中国成立后的前三十年间婚姻发展历程中包办婚姻始终占据多数，亲友介绍、媒人牵线、订婚聘礼、结婚礼成等一系列婚姻程序呈现趋同性与一致性，很少有人挑战传统。当然，这与落后的物质生活水平有关，与农村社会父系文化传统及主干家庭居住形式有关，也与时代特征与法规普及程度有关，是多种因

① 泽利泽.亲密关系的购买[M].姚伟，刘永强，译.上海：上海人民出版社，2009：23.

② 泽利泽.亲密关系的购买[M].姚伟，刘永强，译.上海：上海人民出版社，2009：22.

素相互作用使然(前文已做具体的分析论证,此处不再重述)。改革开放四十余年来,我们逐步实现了经济、文化、信息各领域成果的开放与共享,面对婚姻择偶,青年人拥有更多机会和权利去独立选择,父辈也拥有更加正当的理由对子辈婚姻放手,但出于环境压力与风险分担,更多年轻人在拥有自主择偶权利之时选择回归父母家庭,更多父母在拥有拒绝为子女提供婚姻服务之时选择干预。这充分说明了婚姻代际干预并非经济决定论,主体能动选择更是其中要义。因此我们可以认为,婚姻代际干预发展至今,无论干预主体为何种因素考虑,都体现了家庭成员的能动抉择。

4.3.2 婚姻代际干预方式的转变

整体上看,家庭现代化发展及婚姻制度变革并没有减少子辈婚姻在父辈家庭中的重要地位以及由此而生的婚姻代际干预现象,相反,历经时代变革洗礼,现代家庭在实践发展中重新定义了婚姻代际干预的边界与特征。相同的是,曾经的公私领域被重新划分,传统的强制婚姻包办方式被逐步剔除,不同的是,每个时代法律对婚姻关系与家庭代际关系具有不同的解释性和包容性,且每个家庭都有各自的处事原则以区别于其他家庭和其他关系。但总体来讲,婚姻代际干预经历了由传统社会父权制强制直接干预到改革开放初期的主动间接干预,再到现如今被动干预的转变。

(1)直接干预向间接干预的文化转变。传统观念认为,家庭亲密关系的特征就在于关系双方相互照顾、信息透明、具有排他性和区别于其他关系的从属性。具体来讲,家庭关系应包括一系列亲密的实践:个人关心和看护、性、情感、家务、健康护理、建议、陪护等①。对子辈婚姻的包揽除考虑家族发展之外,被认为是体现亲子间亲密关系与特殊性的重要表现。在家文化理念深厚的中国传统家庭中,父辈对子辈婚姻的关心和参与程度非同一般,基于此,新中国成立后伴随着立法界、学界、政界的不懈努力与宣传教育以及经济发展带来的文化革新与冲击,人们开始认识到个体拥有追求婚姻自由的权利,婚姻的私密性与独立性被更多人理解和向往,强制包办婚被更加柔和的介绍婚取代,父辈对子辈的婚姻干预由直接转为间接,看似简单的一次择偶形式变迁,背后却蕴含了青年权利意识觉醒及亲子文化的革新。

(2)主动干预向被动干预的主客体转变。法学理论认为任何规范性改革项目,如对婚姻自主的改革推进政策,涉及不仅仅一种法律意义上的正义偏好(如果婚姻自主应该会更好),还涉及事实性陈述(我们现在的婚姻自主情况如何),可能性陈述(如何能够实现婚姻自主),原因与影响陈述(这种政策会转变哪种政策,婚姻自

① 泽利泽.亲密关系的购买[M].姚伟,刘永强,译.上海:上海人民出版社,2009:42.

主之后会发生什么改变）。要理解事实、可能性和因果影响之间的关系，除了揭示各种形式和亲密关系、经济交易之间的既有关系之外，我们别无选择[①]。也就是说，想要全面理解婚姻代际干预的现实情况及相关领域对其产生的影响，绕不开对亲子关系间经济互动的讨论。同时，单线式的独生子女培养计划、过分延长的教育年限与时间成本投入、极具变迁的周遭环境、高昂的婚姻成本等现实因素共同迫使青年人放弃自由权利，回归父辈家庭以共同抵御环境压力，案例 18 至案例 27 从不同角度印证了以上现实。就在人们选择回归家庭，让渡婚姻自由权利之时，父辈家庭由曾经的婚姻干预缔造者转变为被动的接收者与经济性参与者。

4.3.3 婚姻代际干预程度的转变

子辈婚姻择偶问题作为家庭重要事件的主要表现是各家庭成员出于角色定位与情感责任对这一问题给予不同程度的关心。西方学者研究认为，人们会习惯性地参与到具有不同意义的家庭事务与家庭关系中，包括那些最亲密的关系过程[②]。换句话说，他们经常不同程度地参与原本属于家庭成员的个体事务之中，其中包括择偶、兴趣、交友、社交各个方面。在我国传统社会中，家庭是最基本最主要的生产生活单位，婚姻从满足人类繁衍与生存需要这一目的出发，因此在整个婚姻制度的运行过程中，受到来自家庭组织系统与传统文化惯习力量的强有力制约。家庭制裁要求家庭成员按照各种成文与不成文的规定行事，家族长辈拥有对家庭事务的绝对掌控权与分配权，对子辈婚姻大事更是强制干预，从订婚到结婚一系列流程全权掌控，很少考虑当事人意愿。可以说，婚姻行为的家庭控制构成了社会控制最严格的一部分。随着时代发展与经济运行方式的变迁，子辈逐步拥有了婚姻自主决定的经济与环境条件，父辈对子辈高强度的生活干预逐步丧失了物质文化基础，但由于家庭意义尚存，亲子责任关系并未发生明显变化，婚姻代际干预更多出于情感与经济支持考虑，不再是文化与道德权力捆绑，父辈对子辈婚姻的干预程度明显减弱。

总结前文，新中国成立至今，婚姻代际干预总体呈现出三方面变化趋势：其一，干预动机发生转变，主要包括：由重视家庭生产生存向重视个人发展关怀的转变、由群体规范向家庭责任的转变、由集体文化向个性选择的转变；其二，干预方式发生转变，主要表现为干预手段从强制直接干预到间接参与再到被动参与的过程。其三，干预程度由强向弱的转变。

---

① 泽利泽. 亲密关系的购买[M]. 姚伟，刘永强，译. 上海：上海人民出版社，2009：29.

② 泽利泽. 亲密关系的购买[M]. 姚伟，刘永强，译. 上海：上海人民出版社，2009：18.

5 当代中国婚姻代际干预产生的影响

本章在第3章、第4章对婚姻代际干预的演变特征与沿革机理研究的基础上，以亲密关系经济行为理论和代际矛盾理论为支撑，分别从个体、家庭、社会三个层面对婚姻代际干预可能产生的影响进行探索。本章从众多影响理论中选取当前社会比较关注的几个方面进行分析论证，希望实现与既有研究的对话，丰富婚姻代际干预研究的理论视角。

5.1 婚姻代际干预产生的个体影响

5.1.1 婚姻代际干预与个体婚姻满意度

1. 理论依据

婚姻满意度的概念是1929年美国学者汉密尔顿提出，他认为婚姻满意度主要是指已婚夫妇对其所处婚姻关系的主观评价，且婚姻满意度的高低对于婚姻的稳定性与婚姻质量有重要影响①。自20世纪80年代起，国内外学者对这一问题的概念、测量维度的相关讨论大量涌现，不同的是国外学者多数是基于数据分析的定量研究；而国内学者早期对这一问题的研究侧重于对婚姻质量的讨论，采用的方法多数是针对某些城市或村落的调查分析或基于访谈走访的定性分析（林南，1987；易松国，1997；卢淑华，1999；徐安琪，2002），进入21世纪后，开始有一些学者涉及小群体、特殊群体婚姻满意度研究（郭友宁，2002；王厚亮、曾秀珍，2004；张耀方，2011），但大都不涉及对婚姻满意度影响因素的整体讨论，也十分缺少全国数据基础上的分析讨论。2013年，学者王存同、余姣以CGSS2006数据为基础，依据西方测量指标，对中国婚姻满意度水平及影响因素进行了较为全面的论证分析，论证模型中并未涉及我国长久以来的特殊存在因素——代际干预对婚姻满意度的影响。

① 王存同，余姣. 中国婚姻满意度水平及影响因素的实证分析[J]. 妇女研究论丛，2013(01)：25-32.

新中国成立以来的几次婚姻法修订，婚姻自主自愿原则的地位从未改变，政府相关部门、学界、立法界对婚姻包办与强迫进行了艰苦的斗争与抵制，杨善华曾指出，在注重封建礼教、宗法制度的中国传统社会中，婚姻的出发点是两个家族的利益，而不是当事人的幸福。这与小生产的生产方式（即以家庭为组织生产的单位）是一致的①。这些事实与论断似乎都暗含了一种理念，即认为婚姻干预对个体婚姻幸福体验产生负面影响。为论证这一假设，本研究在王存同、余姣模型的基础上，加入“父辈对子辈择偶的影响程度”这一关键变量，以验真伪。

此外，马斯洛需求理论认为，个体需求有层次，物质需求是处在第一位的，个体只有在物质需求满足的情况下会进一步追求精神层面的体验。与马斯洛需求层次理论相对应，家庭现代化理论同样认为，个体婚姻与家庭幸福体验随工业化发展、物质世界的丰富及个体独立意识与婚姻自主水平的提升而增强。反对者则认为，即使贫困的人也有强烈的感情需求（陈红香，1999），婚姻满意度并不必然随物质生活水平的提高而提升。因模型中同时涉及城乡地区与家庭收入因素，本节将同时验证家庭现代化理论涉及经济发展对婚姻满意度体验的相关论断在中国当前社会的适用性。

2.统计结果

1）描述性统计分析

表 5－1 为全部变量的描述性统计结果表，虽然具体数值因样本选择方法上的差异与王存同、余姣的描述结果有些微偏差，但总体趋势相近。根据表中结果可知，大多数已婚夫妇对婚姻持积极态度，其中 69.31％对其婚姻表示“满意”，13.58％对其婚姻表示“非常满意”，合计占比超过 80％，只有 0.96％的样本对其婚姻表示“非常不满意”。在样本的性别分布方面较为均衡，女性被调查对象略多于男性，绝大多数夫妇在 1978 年之后结婚。样本城乡分布状况总体均衡，城市略多于乡镇。对于“婚前是否同居”的回答，否定回答的比例 86.63％明显高于肯定回答 13.37％，在家庭特征方面，平均一个家庭拥有的子女数量为 1.58 个，收入取自然对数后均值为 10.05，换算为收入约 23155.7 元，大多数家庭夫妻间有一定程度的互动交流。

表 5－1 描述性统计结果表

变量	频数	百分比(％)	变量	均值	标准差
婚姻满意度			婚龄	24.21	3.95
非常不满意(＝1)	22	0.96	子女数量	1.58	0.98

① 杨善华.家庭社会学[M].北京：高等教育出版社，2006：41.

续表 5-1

变量	频数	百分比(%)	变量	均值	标准差
不满意(=2)	58	2.53	受教育年限	8.98	3.34
无所谓满意不满意(=3)	313	13.63	收入(自然对数)	10.05	1.81
满意(=4)	1592	69.31			
非常满意(=5)	312	13.58			
性别					
男(=1)	1071	46.63			
女(=2)	1226	53.37			
结婚年代					
早于1978年(=0)	495	21.55			
1978年及以后(=1)	1802	78.45			
地区					
直辖市/省会城市	467	20.33			
地级市或县	805	35.05			
乡镇或集镇	295	12.84			
农村	730	31.78			
同居					
否	1990	86.63			
是	307	13.37			
配偶会听我烦恼					
非常不符合	12	0.52			
相当不符合	21	0.91			
有些不符合	100	4.35			
无所谓符合不符合	189	8.23			
有些符合	947	41.23			
相当符合	724	31.52			
非常符合	304	13.23			

数据来源:CGSS2006。

为对婚姻代际干预与婚姻满意度之间的关系有一个宏观把握，本文构建了上述两个变量的列联表进行分析（表 5－2）。根据表 5－2 结果发现：在对自己婚姻“非常满意”的 312 个样本中，父母对其婚姻“一点也没影响”的占 36.2%（113 人），而认为父母对其婚姻“非常有影响”的占 11.2%，仅有 35 人，“不大有影响”与“有些影响”两类模糊性回答比例居中，分别为 26.9%（84 人）、25.6%（80 人）；在对自己婚姻“满意”的全部样本中，代际干预影响分布比例与“非常满意”相似，“一点也没有影响”同样占到了最大比重 31.5%（501 人），“非常有影响”比例最小 7.9%，“不大有影响”与“有些影响”分别占 30%（477 人）、30.7%（488 人）处在中间位置；但同时我们也发现，“非常不满意”选项中，认为父母对自己婚姻“一点也没有影响”的竟占到了 45.5%（10 人）的最大比例。如此看来，单从列联表结果并不能完全反映代际干预与婚姻满意度之间的关系。需要进行下一步回归统计验证。

表 5－2　核心解释变量与被解释变量列联表

代际干涉	非常不满意	不满意	无所谓满意不满意	满意	非常满意
一点也没影响	10	11	80	501	113
不大有影响	5	18	104	477	84
有些影响	4	18	109	488	80
非常有影响	3	11	20	126	35

2）回归结果分析

为更进一步量化代际干预对婚姻满意度的影响情况，本文以“父母对子女择偶影响程度”，即婚姻代际干预程度为核心解释变量，以婚姻满意度为被解释变量，在王存同、余姣模型的基础上构建新的统计模型。考虑到被解释变量为有序分类，因此与王、余一样采用 Ordered Logit（Ologit）模型进行分析，结果如表 5－3 所示，根据表中回归结果，主要可以得出以下几点结论：

表 5－3　模型回归结果表

变量	模型(1)	模型(2)	模型(3)
父母对婚姻干涉程度	−0.122**	−0.122**	−0.129***
	(0.0480)	(0.0480)	(0.0479)
性别	−0.158*	−0.143	−0.158*
	(0.0955)	(0.0950)	(0.0948)
结婚年代	−0.138	−0.143	−0.112
	(0.126)	(0.126)	(0.125)

续表 5-3

变量	模型(1)	模型(2)	模型(3)
结婚年龄	−0.0621	−0.0580	−0.0376
	(0.0589)	(0.0586)	(0.0565)
结婚年龄平方	0.000533	0.000483	0.000168
	(0.00100)	(0.000996)	(0.000955)
子女数量	−0.117**	−0.125**	−0.149***
	(0.0583)	(0.0580)	(0.0571)
直辖市/省会城市	−0.662***	−0.599***	−0.510***
	(0.146)	(0.143)	(0.138)
地级市或县	−0.307***	−0.281**	−0.235**
	(0.115)	(0.114)	(0.113)
乡镇或集镇	0.113	0.142	0.170
	(0.151)	(0.150)	(0.150)
受教育水平	0.0274*	0.0365**	
	(0.0161)	(0.0155)	
家庭收入	0.509**		
	(0.229)		
家庭收入平方	−0.0202**		
	(0.00932)		
婚前同居行为	0.00661	0.0270	0.0357
	(0.133)	(0.133)	(0.133)
交流情况	0.627***	0.630***	0.636***
	(0.0446)	(0.0446)	(0.0445)
间距项(不满意)	−0.541	−3.334***	−3.331***
	(1.577)	(0.962)	(0.948)
间距项(无所谓)	0.795	−1.998**	−1.994**
	(1.566)	(0.945)	(0.931)
间距项(满意)	2.641*	−0.155	−0.152
	(1.565)	(0.941)	(0.927)
间距项(非常满意)	6.437***	3.634***	3.628***
	(1.572)	(0.945)	(0.930)
观测值	2297	2297	2297

注：*、**、*** 分别代表在10%、5%、1%的显著性水平上显著，括号内为标准误。

第一，核心解释变量父辈对子辈婚姻的干涉程度对婚姻满意度有负向影响，且在三个模型中均通过5%的显著性检验。根据模型回归结果可以发现，在选取了三组不同的控制变量之后，核心解释变量在符号上较为稳定，均显著小于0，说明父母的婚姻干涉对婚姻满意度有较强的负面影响，假设得到验证。

第二，相对于男性、女性的婚姻满意程度更低。性别变量在其中两个模型中均通过10%的显著性检验，且参数估计结果均小于0，这说明女性较男性而言，婚姻满意度更低(与王存同、余姣模型的结论一致)。

第三，子女的数量对婚姻满意度的影响较为显著，子女数量越多婚姻满意度越低。以模型1为例，参数估计结果为−0.117，并且通过1%的显著性检验，说明子女数量对婚姻满意度有较强的负向影响，子女数量每增加一个单位，导致婚姻满意度降低11.4%(与王存同、余姣模型的结论一致)。

第四，在地区差异方面，相对于农村地区，直辖市/省会城市、地级市或县的婚姻满意程度相对更低(与王存同、余姣模型的结论一致)。王、余对这一结论的解释是由我国特有的城乡二元结构与文化差异所致。本研究认为，这一结论也从侧面否定了家庭现代化理论中认为经济发展会带来更为积极的婚姻家庭体验的相关论断，这为婚姻家庭研究带来重要启示：婚姻家庭变革与发展并非经济一元论，而是多种因素共同作用的结果，现代性因素并非都是积极效果，传统因素也绝非全是负面影响。

第五，不同于王、余模型中的家庭收入水平对婚姻满意度影响不显著的结论，加入婚姻代际干预变量的新模型结论是家庭收入水平与婚姻满意度呈“倒U”型关系，即当家庭收入水平相对较低时，收入水平的提高能促进婚姻满意度的提升，但当家庭收入水平进入高水平阶段后，收入的进一步增加将使婚姻满意度降低。这同样验证了，经济水平的提升并非总对个体体验产生积极影响，需要考虑到不同阶段的优先需求。

第六，不同于王、余模型中受教育程度对婚姻满意度不显著的影响，本研究模型得出受教育年限能够显著提高婚姻满意度，受教育年限越长，即学历越高的群体婚姻满意度相对更高，反之则越低。

第七，夫妻双方交流情况显著影响婚姻满意度，即夫妻双方交流越积极婚姻满意度越高，反之则越低。在全部变量中，这一因素对婚姻满意度的影响程度最大(与王、余模型结论一致)。

第八，不同于王、余模型结论认为婚前性行为对婚姻满意度有正向影响，本研究模型结果得出是否有婚前性行对婚姻满意度不存在显著影响。结婚年代、婚龄同样对婚姻满意度影响不显著，此处与王、余研究结论一致。

总的来讲，本节初始假设得到验证，婚姻代际干预程度对个体婚姻满意度存在统计学意义上的显著负向影响。这一结论不仅丰富了婚姻满意度影响因素的相关研究，也为我国婚姻法始终坚守的婚姻自主自愿原则提供了理论与事实依据。但同时，我们也需要认识到，虽然本次分析得出婚姻代际干预对婚姻满意度存在显著影响，但该结论并不能推断到社会总体，只是针对样本数据有效。且本研究第五章对婚姻代际干预存在的原因、条件做出系统分析，认为在现实生活中，婚姻代际干预的存在具有相当程度的现实与文化基础，其是否一定对婚姻满意度产生负面影响还有待进一步以更新更全面的数据去论证，毕竟对婚姻干预程度的把握才是问题的关键。此外，不一样的环境会造就不一样的需求，且这种需求常常伴随着观念的改变，正如履行观念的方式也在发生改变一样。因此我们认为个体周边环境的改变直接导致了需求优先权的明显改变。帕森斯曾将美国家庭比作"洋葱"，这一理想模型的中心位置留给夫妇式家庭。虽然这一模型很好地说明了以美国为代表的西方社会十分重视个体情感、重视夫妇式家庭关系，但这一模型体现的是静态环境下的存在，没有考虑到环境变化导致的家庭变迁对个体需求产生的影响。因此我们认为，影响个体婚姻满意度体验的因素会随着个体所处时代环境的变迁而发生改变。也就是说，我们永远无法洞悉某一现象背后的全部影响因素和作用机制，研究工作只能与时俱进，在新的社会背景中，从日渐纷杂的环境中寻找一些更具时代特色的影响因素来丰富既往研究，以期增进对现实社会的认识和了解。

5.1.2 婚姻代际干预与个体独立化

经济发展产生的职业流动需求扩大了代际之间的空间距离，代际之间的互动方式随之发生改变，这在一定程度上印证了家庭变迁趋同理论的相关论断，即城际流动与城乡流动浪潮对父系式主干家庭居住格局产生显著影响。日本学者的研究认为这些已经成为移民的孩子们都希望离开自己的父母，而且，拥有更多可自由支配的收入使得年轻人和老年人在只要自己愿意的情况下都可以独立生活。许多人都从经济发展所提供的这种机会中获得了好处[①]。恩格斯的《家庭、私有制和国家的起源》中写过，劳动越不发展，劳动产品的数量越有限，从而社会的财富就会越受限制……在这种社会中，家庭制度完全受所有制的支配[②]。由此可见，主流观点普遍认为个体独立化与社会经济发展水平存在明显的正向关系。家庭现代化理论认为，随着经济发展，政府对公共生活领域的介入干预与保障会逐步降低个体对家庭的依赖。但现实并非完全如此，依据 CGSS2006 数据分析得出（表 5－5），城市地区较农村地区而言，父辈为子辈提供更多的经济支持，这一结果有力地推翻了家庭现代化理论的相关论断。

① 切尔. 家庭生活的社会学[M]. 彭铟旎，译. 北京：中华书局，2005：30.

② 恩格斯. 家庭、私有制和国家的起源. 马克思恩格斯选集（第四卷）[M]. 中央编译局，译. 北京：人民出版社，1995：2.

同样，婚姻代际干预作为代际紧密联系的现实表现，是否对个体独立情况产生影响，很多坚持家庭现代化观点的人会给以肯定性回答。肯定论断认为，个体经济越独立越能够实现自主择偶，反过来讲，受到婚姻代际干预程度越少的个体，其对父辈的经济依赖越小。但婚姻代际干预程度对父辈提供更多经济支持的不显著影响（表5－5），说明了父辈对子辈婚姻择偶进行干预并非是其对子辈提供经济支持的原因而是结果，这从另一个角度证明了第四章的假设，即父辈家庭经济能力越强对子辈婚姻干预的程度越大，具体来讲，是否受到婚姻代际干预并不能反映个体独立状况，只能说明父辈家庭经济能力的强弱。在现实世界中，只要父辈有足够的经济能力，大多数会选择以给予经济支持的方式与子辈的婚姻建立联系。

表5－4　变量赋值表

变量类型	变量意义	对应题目号	变量赋值
自变量	父辈对子辈择偶的影响程度	家庭卷 P9G3	非常有影响＝1、有些影响＝2、不大有影响＝3、一点也没有影响＝4
控制变量	城乡地区	家庭卷 P12j5	直辖市/省会城市＝1、地级市或县＝2、乡镇或集镇＝3、农村＝4
因变量	父辈对子辈经济资助-给钱	家庭卷 P4C3	很经常＝1、经常＝2、有时＝3、很少＝4、完全没有＝5

表5－5　父辈资助状况-给钱为因变量的回归分析

父辈对子辈择偶的影响程度	父辈对子辈的金钱资助程度
	0.0528
	(0.0326)
城乡地区	0.1335***
	(0.0270)
F(P>F)	13.73(0.0000)
ADJ-R2	0.0226
N	1104

注：*、**、***分别代表在10%、5%、1%的显著性水平上显著。

上表5-5是父辈资助情况为因变量的回归分析，采用多元线性回归分析。从结果看城乡地区p值小于0.01，表明在1%水平显著，可以解释为在经济不发达的农村地区，父辈对子辈提供经济支持的程度较小，而在经济发达的城市地区父辈对子辈提供的经济支持程度较大。城乡地区划分能够侧面反映出父辈家庭经济实力的强弱。

我们常常看到这样的现象：无论在城市还是农村，青年人正在承受着越来越大的就业、发展压力，人们常常背负着巨大的婚房压力、贷款压力、生育压力，时常抱怨薪资水平赶不上飞涨的物价、抱怨工作家庭难以兼顾……于是，为了生存，他们埋头工作，加班熬夜已是常态。反观他们的父母，只要条件允许都会为子辈婚事操心，无常分享、转让住房，或倾尽全力帮助子辈购买婚房、协助建立新家庭。有些农村地区的父母，离乡背井、克服生活差异，努力为子辈提供后勤保障，还有一些有老人要赡养的父母甚至不惜以与老伴分居合作的方式来满足子辈生活的现实需要。这些现象构成了一种现代化悖论：一方面，经济发展与开放精神孕育了追求自由与独立、追求自我实现的青年一代；另一方面，巨大的职业与生活压力造成他们精力有限、时间拮据、结婚难的事实。父辈对子辈婚姻的适时干预造成了个体自由的被动剥夺，最终导致了个体独立愿望与现实家庭联系的矛盾交织（案例28）。

【案例28】 MY[①]："我现在跟媳妇儿住爸妈家……你知道的，我俩刚结婚三个月，她每天早出晚归，我俩一般只是周末在家，所以目前来看这种居住模式还好……主要是我毕业工作也就刚两年，我那点儿工资除了还车贷属实说也就是够我俩周末出去吃个饭，看个电影，要是还想买两件衣服那真是一点余钱都没有……所以要说买房搬出去住，那真是几年以后的事儿了！其实我俩都知道，我们住爸妈家也都是暂时的，工作几年，条件允许，我们肯定是会搬出去住的！我爸也说了，现在家里经济紧张，结婚、买车确实花了不少钱，缓几年，我俩攒点，家里再帮一帮，凑个首付。所以，现在只能这样了……你说我们这一代人哪个不是从小在父母身边被管教着长大，好不容易自己成家了，都希望能有属于自己的空间吧！也确实是条件所迫……"

案例28反映出MY夫妇与父母同住主要受制于经济因素，一旦有条件就会选择独立居住，享受二人独立空间。

本研究认为，经济生活的丰富不会替代或抵消人们对家庭支持的需求，二者并非互不相融。相反，现代性后果往往迫使人们创造、维持甚至是重建家庭关系。在经济独立与家庭干预的取舍与博弈中，人们往往通过创造、实施、协商以及形成各种合作关系来重新定义自由边界，以此实现个体自由与家庭联系的融合与管理（案例29）。换句话说，婚姻代际干预并非绝对破坏个体自由与代际情感，而是在相对平等自由的家庭环境中形成代际之间的某种经济共享与共有模式，以及由此产生

① 被试MY：男，汉族，1992年生，四川成都人，访谈地点：成都市肯德基店内。

的相互依赖与协调机制以共同抵御现代化风险与压力。

【案例 29】 MYP[①]："我现在住的房子是我岳母的，我俩名下没房产！主要住这儿离我单位近，隔条街就是，走路 5 分钟！咱也不炒房，要那么多房子没用！我也不图那名！过得好不好自己清楚！我平时上班忙，人事部门杂事儿多，人手又不够，好多事儿得自己来！周末偶尔还有个应酬……我岳母在能替我多陪陪小 R(妻子)，中午也能做个饭，不用在单位吃。其实真挺方便！结婚这么多年了，一直是这种模式，没觉得有什么不合适！"

案例 29 体现子辈与父辈经济生活上的相互帮助与合作，能够各取所需，实现双赢。

5.1.3 婚姻代际干预与个体压力

西方学者认为，婚姻的主要难题并不是每个人是否能够实现所谓的自主自愿，而是是否能够继续选择缔结婚姻。由于婚姻成本压力及人们思想观念的开放，婚姻已不再是家庭生活的起点，越来越多的青年人尝试婚前同居，甚至用同居不婚的方式取代结婚。受到个体经历（就业与失业经历）与原生家庭情况（是否单亲、经济条件等）的影响，拥有住房的时间无法完全从个体生命周期的活动中得到预测。一对青年夫妇如果买不起一套属于他们自己的房子，他们也许会继续住在他们父母的家庭里，要么双方共同居住在一方父母家里，要么是各自住在自己父母家里，前提是女方同意[②]。但无论是婚前离开父母家庭的同居形式，还是婚后因经济压力选择与父母共同居住都非现代人追求的"典型"核心小家庭。婚前同居不仅为大多数传统的中国父母所不容，也会产生诸如未婚生育、性意识淡薄等社会问题，而与父母被动同居可能产生的生活习惯与观念冲突同样被青年夫妇所排斥，如此经济、文化与居住压力影响下自然会降低个体婚姻期望值与婚姻体验。不同于西方家庭子辈成年后与父母分居的形式，家庭成员间更多是情感互动，因而产生较低的成员事务优先权[③]，中国家庭代际间更加凸显的是事务性联系，即便子辈出于教育或工作目的与原生家庭产生空间距离，但父辈家庭对子辈成长的事务性关怀从未缺失，这对抵御个体成长发展过程中的经济与环境压力起到一定积极作用。在中国社会，子辈婚姻被当作家庭而非个人事件予以重视，结婚非个人私事，也非社会公事，而是亲子家庭意义上的大事。父辈对子辈婚姻事务的干预，不仅从心理上更从经济上降低了社会环境给个体造成的婚姻压力，对子辈婚姻起到重要的帮助与促进作用（如案例 30）。

---

① 被试 MYP：男，汉族，1980 年生，内蒙古锡林郭勒人，现居呼和浩特市，访谈地点：茶餐厅。

② 切尔．家庭生活的社会学[M]．彭铟旎，译．北京：中华书局，2005：66.

③ 切尔．家庭生活的社会学[M]．彭铟旎，译．北京：中华书局，2005：63.

【案例 30】 GC[1]："我一直觉得自己挺独立的，感觉长这么大好多事儿都靠自己能解决！虽然他们（父母）离婚后我跟我妈，但是我妈再婚多年，我真的是从小靠自己，学习工作都没让我妈操过什么心！但是，谈恋爱结婚这事儿真是对我打击挺大……特别是前两次谈恋爱最后没成都是因为我没有房子，我甚至一度抑郁，觉得父母都不支持我，感觉自己被他们抛弃了…所以好长一段时间我都是一个人，一直到遇到 QQ（女友），刚开始我就和她说了，我没有房子，她工作比较稳定，可能自己也比较有自信，所以没房子也愿意和我谈。但是她父母肯定是希望女儿嫁个居有定所的人，所以我俩一直是恋爱状态，从没谈及结婚。但是没想到，这次我妈主动拿出她这么多年存下的私房钱给我付了一套城区二手房首付！我真是又惊又喜，还特别惭愧，觉得这么多年都错怪我妈了……有了这套房子，QQ 父母也都催我们快点办婚礼，而且房子装修都是 QQ 父母出的钱！感觉两家人劲儿都往一处使了，有钱出钱有力出力！从来没觉得自己也是个有家人的人。我真是每天工作都更有奔头了！别的不说，我真觉得，结婚这事儿真得有双方父母支持才行！"

但另一方面，需要明确父辈对子辈婚姻事务的过度干预会对子辈心理产生负面影响。20 世纪末，西方学者研究认为除了权贵与极富有的人之外，财富的不平等主要体现在住房所有权上，以及是否有住房等遗产留给下一代（康利，1999；夏皮罗，1997）[2]。但在医疗水平不断进步、人均寿命普遍延长的今天，子辈在最需要资金支持的青年时期通常不会继承财产，而是以父辈借助、馈赠的形式得到支持。值得注意的是，除财产继承之外的所有财产转让、资助形式似乎都不可避免地影响家庭成员间的关系结构与存在意义。其结果就是，这种单方面压倒性资源优势不仅会使子辈在家庭事务中的决策地位逐渐模糊导致代际关系失衡，也会给子辈心理上造成权威压制下的挫败感。反思当前社会，以资金资助为先导，逐步深入个体生活的新型权威父母已初具规模，毕竟在中国社会父辈提供单纯经济资助而不过问具体情况的现象十分少见（案例 31、案例 32）。简言之，婚姻代际干预在帮助子辈减少婚姻与资金压力的同时，也可能会成为新压力的幼芽深入个体的心理与生活。因此干预程度的把握是关键。

【案例 31】 TS[3]："我爸妈真的是那种什么都管的类型，我上高中那会儿说'等你考上大学之后，我就什么都不管了！你爱干啥干啥！'上了大学又说'你考了研究生之后我就什么都不管了！'结果一直管到了现在……找什么女朋友也给我限定了一大堆条件，什么东北的不找、没文化不行、没有工作的不考虑……这些条件限制下来，你说我还能自己找吗？也怪我，一直上学经济不独立，没有什么发言权，去年才工作。学

① 被试 GC：男，汉族，1989 年生，呼和浩特人，访谈地点：呼和浩特市茶餐厅。

② 泽利泽．亲密关系的购买[M]．姚伟，刘永强，译．上海：上海人民出版社，2009：186．

③ 被试 TS：男，汉族，1992 年生，呼和浩特人，访谈地点：呼和浩特市摩尔成饮品店。

生时代父母资助一直是我主要的经济来源,一有什么不和父母心意的,我妈就用断我经济来源威胁,逼得我读研期间干了好多兼职!我真是宁愿累一点,也不想受这威胁!”

【案例 32】 GXQ[1]:“我爸妈特别强势!从小到大,我都是必须按照他们安排的路走,所以我自己选的男朋友他们说什么都不同意,嫌我男朋友家境不好,以为自己有几个钱就能随便评判别人的家庭!其实我男朋友家就是普通的工薪阶层,他妈妈还是妇科主治大夫。我知道,她们就希望我能找一个家里特别有钱的那种,可是我真的是不屑!我和我男朋友是大学期间才决定在一起的,他特别喜欢运动,很阳光,人也单纯善良,特逗!反正就是我喜欢的那种类型!我爸妈知道以后坚决反对,还限制我人身自由,大学最后一年,我妈还断了我的生活费,对我伤害真的特别大!其实她们越这样,我越不会放弃爱情!不靠她们我照样能活!我男朋友明年毕业签了西安的公司,我决定和他一起去西安发展,我们有手有脚,再也不需要靠家里!也不受她们威胁!”

案例 31、案例 32 反映出父母对子女婚姻过度干预会给子女心理造成不可逆的伤害,被试 TS 与 GXQ 都曾在学生时代遭受到父母以“断掉经济来源”为威胁的恋爱干涉,这种极端、粗暴的控制手段非但没有获得理想的干预效果,反而激发了子女的抵抗情绪,导致代际关系恶化。由此可见,婚姻代际干预程度与方式的把握是保证代际关系和谐、择偶互动效果的关键。

5.2 婚姻代际干预产生的家庭影响

5.2.1 婚姻代际干预与家庭结构

杨善华认为根据家庭结构的分类方式和这种分类方式的前提,可以确定制约家庭结构的因素主要包括:社会经济发展水平、社会文化(包括观念和规范)、家庭内的人际关系、家庭生命周期及总和生育率(育龄妇女一生平均生育子女总数)五个方面[2]。其中经济发展水平与社会文化属于客观环境因素,个体无法直接控制,家庭生命周期与总和生育率是生物因素,个体无法完全掌控,只有家庭内部人际关系是唯一可控因素。亲子关系、婆媳关系作为家庭关系的重要构成部分,其和睦与否对整个家庭人际关系稳定起到重要影响作用,也就间接对家庭结构产生影响。试想一个家庭中,如果因择偶问题父子失和,这在很大程度上预示着婚后父子分家成为可能。如果再伴随着婆媳、翁婿关系出现问题,分家的可能性就会大大增加。从这一角度讲,家庭内部人际关系的好坏在很大程度上决定了家庭的“分”与“合”,

---

① 被试 GXQ:女,汉族,1993 年生,呼和浩特人,访谈地点:呼和浩特市茶餐厅。

② 杨善华. 家庭社会学[M]. 北京:高等教育出版社,2006:103.

决定了家庭的结构。无论在任何时代、任何时期，子辈婚姻问题都是连接父辈与子辈共同利益和福祉的重要事件，处理是否得当、双方是否满意，都会对婚后家庭关系和睦与否产生重要影响。由此我们可以认为，婚姻代际干预程度和方式的把握在一定程度对家庭结构产生影响。

反过来讲，家庭结构的相对稳定性特征同样对婚姻代际干预产生影响。迈克尔·米特罗尔与雷音哈德·西德尔在讨论家庭功能与家庭结构时指出，家庭构成的变化往往适应着社会变革的进程，而不是刺激和引起社会变革，家庭结构具有某种稳定性，这往往导致适应缓慢，变化迟缓①。许多学者的研究指出，在传统社会中年轻人通常和父母生活在一起，无论是结婚前作为儿子与父母居住，还是婚后多一重丈夫身份与父母共同生活，没有任何一种情况是个体在婚前或婚外独立地生活在一个没有家庭的环境中②。当父子共处一室之时，包括分享收入在内的各种资源自然产生联系。在中国，三代同堂的主干家庭比大多数西方社会拥有更加深厚的文化基础，也更加普遍。2008年的"五城市家庭调查"数据显示即便现代化发展至今，亲子联系的紧密性也没有因子辈学业或工作导致的时空距离而产生明显差异，即并非子辈的文化水平越高与父辈家庭联系频次就会越少（表5-6）③，父辈与子辈日常联系频次稳定（如表5-7）④。相反，出于经济互助便携程度考虑，子辈婚后与父辈居住距离普遍较近，共同居住模式越来越多，中低收入年轻夫妇更倾向于选择与父母同住（表5-8⑤、案例28）。为此，许多青年人在择偶时充分重视父辈意见，以避免婚后家庭矛盾频发（案例33、34）。

表5-6　教育程度与代际联系频率

教育程度	代际联系频率					合计
	几乎每天	每周一两次	每月一两次	每年几次	基本不走动	
初中及以下	9	52	56	18	0	135
	6.67%	38.52%	41.48%	13.33%	0.00%	100.0%
高中、中专、中技	20	82	86	38	2	228
	8.77%	35.96%	37.72%	16.67%	0.88%	100.0%

---

① 米特罗尔，西德尔. 欧洲家庭史[M]. 赵世玲，等译. 北京：华夏出版社，1987：93.

② 切尔. 家庭生活的社会学[M]. 彭铟旎，译. 北京：中华书局，2005：31-32.

③ 石金群. 独立与依赖：转型期的中国城市家庭代际关系[M]. 北京：社会科学文献出版社，2015：91.

④ 石金群. 独立与依赖：转型期的中国城市家庭代际关系[M]. 北京：社会科学文献出版社，2015：91.

⑤ 石金群. 独立与依赖：转型期的中国城市家庭代际关系[M]. 北京：社会科学文献出版社，2015：75-76.

续表 5－6

教育程度	代际联系频率					合计
	几乎每天	每周一两次	每月一两次	每年几次	基本不走动	
本科及以上	5	78	31	13	0	127
	3.94%	61.42%	24.41%	10.24%	0.00%	100.0%
合计	34	212	173	69	2	490
	6.94%	43.27%	35.31%	14.08%	0.41%	100.0%

表 5－7　城市代际联系变化的趋势

代际联系频率(%)	1993 年	2008 年
几乎每天	30.9	6.94
每周一两次	39.7	47.14
每月一两次	23.1	33.88
每年几次或几乎不联系	6.3	12.04
合计	100.0	100.0

表 5－8　2008 年广州居民个体特征与代际空间距离

个体特征		代际空间距离					合计
		住在一起	住在附近	住在同城	住在同省	住在外省	
性别	男	44	36	76	37	27	220
		20.00%	16.36%	34.55%	16.82%	12.27%	100.00%
	女	23	62	163	50	39	337
		6.82%	18.40%	48.37%	14.84%	11.57%	100.00%
年龄分组	“80 后”	14	6	13	34	27	94
		14.89%	6.38%	13.83%	36.17%	28.72%	100.00%
	“70 后”	17	24	68	29	24	162
		10.49%	14.81%	41.98%	17.90%	14.82%	100.00%
	“60 后”	23	40	89	18	9	179
		12.85%	22.35%	49.72%	10.06%	5.03%	100.00%
	“50 后”	13	28	69	6	6	122
		10.66%	22.95	56.56	4.92	4.92	100.00%

续表 5-8

个体特征		代际空间距离					合计
		住在一起	住在附近	住在同城	住在同省	住在外省	
年收入/元	0	9 12.00%	10 13.33%	31 41.33%	16 21.33%	9 12.00%	75 100.00%
	500～10000	7 14.5 8%	9 18.7 5%	22 45.8 3%	4 8.33 0%	6 12.5 0%	48 100.0 0%
	10001～15000	13 18.31%	19 26.76%	24 33.80%	11 15.49%	4 5.64%	71 100.00%
	15001～20000	8 8.00%	21 21.00%	51 51.00%	14 14.00%	6 6.00%	100 100.00%
	20001～30000	11 8.73%	23 18.25%	57 45.24%	24 19.05%	11 8.73%	126 100.00%
	30000 以上	16 12.03%	16 12.03%	54 40.60%	17 12.78%	30 22.56%	133 100.00%
教育程度	初中及以下	10 6.9%	24 16.55%	59 40.69%	37 25.52%	15 10.34%	145 100.00%
	高中、中专、中技	45 16.54%	60 22.06%	117 43.01%	29 10.66%	21 7.72%	272 100.00%
	本科及以上	12 8.63%	14 10.07%	63 45.32%	21 15.11%	29 20.86%	139 100.00%
婚姻状况	初婚	59 12.55%	84 17.87%	221 47.02%	62 13.19%	44 9.36%	470 100.00%
	单身或单亲	8 9.19%	14 16.09%	18 20.69%	25 28.74%	22 25.29%	87 100.00%

【案例 33】 DB[①]:“我妈给我选的媳妇,以后俩人有什么矛盾,她(妈妈)也没话说。你知道我家信基督教,前几个我自己谈的我妈总觉得人家不理解她,沟通不来!我现在工作事儿一大堆,都懒得自己找了,就等着她帮我选!她说要在我们教

① 被试 DB:男,汉族,1990 年生,呼和浩特人,访谈地点:呼和浩特市玉泉区麦当劳店。

会里选，我感觉这样挺好！以后住一起没什么大的矛盾。”

案例33反映了被试DB为避免信仰不同导致的婆媳矛盾，把自己的婚姻大事托付给母亲。

【案例34】 QYD[①]：“我女朋友是和我们一个小区的，是我妈闺蜜的女儿，也算是我妈牵的线，小雪（QYD女朋友的化名）和我妈特别处得来，她属于那种特别单纯、简单的女孩儿，开始我是没什么感觉的，但我妈特喜欢她！她也经常来我家玩儿，陪我妈逛街、买菜、做饭，相处久了就自然在一起了。我其实还是比较庆幸的！我家以后应该不存在婆媳关系问题！至少从目前她俩的关系来看，我以后过得应该是比较轻松的。计划今年年底结婚，婚后肯定是和我妈一起住，你知道的，我单亲，留我妈一个人住也不合适！小雪也同意！”

案例34体现了从小在单亲家庭长大的QYD考虑到婚后要与母亲共同生活，为避免未来婆媳矛盾，在择偶时考虑更多母亲的意愿和喜好。

5.2.2 婚姻代际干预与家庭关系

依据潘允康的论述，我们把家庭关系定义为家庭成员之间的关系，如夫妻关系、父母和子女关系、兄弟姐妹关系、婆媳关系、妯娌关系等[②]。杨善华认为，制约家庭关系的因素主要有七个方面：生产方式和适应这种生产方式的家庭制度、社会政治及社会思潮、社会法律制度和社会文化、家庭成员的身心特征及道德文化修养、家庭成员的生活空间和经济条件、家庭中的代际层次、家庭人数的多少和家庭结构。他还认为，是以上七个方面因素共同作用构成了整个家庭关系的现状。其中，文化传统和家庭结构对家庭关系的影响是最直接和长期的[③]。

关于我国家庭关系的变迁特征，目前学界有两种声音。一种观点基本承认、沿袭家庭现代化理论，认为目前城乡经济发展迅速，青年群体因职业种类与薪资水平的提升获得了经济上的独立，经济地位的转化促使家庭角色地位与权利义务由不平等向平等转化，家庭关系由主从型向平权型发展。此外，计划生育政策与家庭居住格局的变化促使家庭关系种类趋于简单化。他们还指出，整个社会经济发展水平的提高逐步完善了城乡养老体系，这推动了家庭内部人际关系日趋平等，家庭亲子关系纽带逐步减弱，夫妻关系纽带的增强，家庭凝聚力中的经济成分变小而感情成分日趋重要[④]。但另一种观点却认为家庭关系中经济要素的重要作用从来未发生改变，看护关系、两性关系和亲子关系都属于在确定条件下寻求最优的个人选

① 被试QYD：男，汉族，1991年生，呼和浩特人，访谈地点：呼和浩特市Q家中。

② 潘允康. 家庭社会学[M]. 重庆：重庆出版社，1986：139.

③ 杨善华. 家庭社会学[M]. 北京：高等教育出版社，2006：115－116.

④ 杨善华. 家庭社会学[M]. 北京：高等教育出版社，2006：112－117.

择，依据的都是"经济理性原则"，且在绝大多数家庭的互动关系中，教育、消费、分配、资产转移、老年赡养等经济活动始终具有重要的地位，家庭成员关系更是如此，如果家庭成员间缺少广泛持久的经济互动和交往，整个家庭关系就不会持续太长时间①。

本研究采纳第二种观点，认为家庭关系中经济因素起到了重要的代际连接作用。正如杨善华所述，家庭经济条件对家庭关系产生影响，现代婚姻代际干预显示出的经济特征又对代际关系稳定产生影响。换言之，婚姻代际干预中存在的住房转让、资产馈赠、个人服务及可能产生的向外机构贷款不可避免地促进了家庭代际关系的持久稳定。具体表现为：其一，不管是转让住房还是购买馈赠，对于大多数家庭来说，住房的购买都是家庭做出的最大单笔经济投入，父辈倾尽一生积蓄为代价的婚房馈赠是区别于其他亲属朋友关系的最重要体现，并不会因其对子辈婚姻干预程度的高低而对亲情关系产生明显影响（表 5－10、案例 36 表明这一特征）；其二，中国社会十分推崇"知恩图报""投之以桃报之以李"的品质，特别是在家庭关系中，"我养你小、你养我老"的观念深入人心，无论是传统社会中家庭资产的再分配，还是现代社会住房的转让与馈赠，都要以相当的承诺与情感投入为前提，这种付出与回报承诺暗含着一种家庭身份与事务参与权利，对家庭代际关系及日常互动产生重要影响。在子辈接受父辈婚姻干预的同时，也就把父子互动嵌入到婚姻决策的实践中去，协商合作是实质（案例 35）；其三，现实家庭的经营与管理定会涉及关于权利与义务的协商、甚至冲突，如父辈在子辈婚姻择偶时的不同意见，但因父辈在子辈婚姻中的倾力"奉献"而具有或多或少的参与权，这在一定程度上对子辈夫妻关系产生影响（表 5－10、案例 36）。

总而言之，家庭成员在接受如婚姻代际干预这类亲情合作的同时也就界定了彼此间权利、义务及家庭生活的关系。尽管彼此间不存在严格意义上的行为奖惩标准，但礼物、借贷、馈赠、红包、津贴、抚育、赡养等货币型和服务型转让机制最终形成了家庭互惠原则，通过把有意义的关系与适当经济交易相匹配，家庭成员关系得以持久延续（如案例 35、案例 36）。

【案例 35】 ZZ②："我们和岳父岳母可以说各管一摊，分工合作。上海生活压力大，我和我爱人每天都是早出晚归上班、加班。顾得好工作就顾不好家里，特别是孩子还小，根本离不开人照顾，我爸还没退休，没法过来帮我们，只能请我岳父岳母过来帮我们料理家务、带孩子。而且当初在上海买房子，我岳父岳母也是出了大力！卖掉了四川的房子，给我们支持，这些事我都记在心里！这些年确实很感激他们！老人放弃四川的生活，来上海给我们家这么大的支持，不管是经济上，还是家

① 泽利泽．亲密关系的购买[M]．姚伟，刘永强，译．上海：上海人民出版社，2009：20－23．

② 被试 ZZ：男，汉族，1983 年生，内蒙古乌兰察布中旗人，访谈地点：上海 Z 家中。

庭琐事上，真是没话说！哪还有什么抱怨不满！去年我们这套房子的贷款还清了，我和我爱人合计着换一套大房子，这套房子就留给老人们住，他们就留在上海，我们相互照应也方便，晚年好好享福！”

案例35体现出被试ZZ能在上海扎稳脚跟，无后顾之忧的拼搏事业离不开岳父母在其家庭起始阶段的经济性和劳务性支持与帮助，而ZZ也对多年来岳父母的奉献与付出心存感激，在逐步获得经济自由之后，积极为反哺岳父母晚年生活做准备。

【案例36】 ZJ[①]：“我父母一直告诫我以学业为重，非常反对我在学生时期谈恋爱，所以一直到我上了研究生才敢和家里说，因为我爱人的父亲早年出车祸去世了，我妈心里总是过不去，觉得家庭不完整。但是在我坚持下，加上我爱人处事比较大方，最后我妈也接受了！可婚事张罗了一半，我妈心里又不舒服了，可能觉得一旦结婚就没法反悔了，开始跟我哭诉，觉得我没有顾及她的感受，不懂得大人的心意，我爱人察觉到我母亲态度的变化，也和我冷战，我当时就想，这心结必须婚前解决，不然即使勉强结了婚，以后婆媳问题也一大堆，肯定没有好日子过！于是我就想了个辙，和我妈谈心说：‘这婚我就是不结，也不能再惹您伤心流泪，您这些年为我付出这么多，又是买房，又是对我工作的支持，女朋友没了可以再找，妈只有一个！肯定是家人最重要！您要是真过不去，咱就不结了！’没过几天，我妈就想通了，开始热火朝天地张罗婚事！我妈后来才和我说，她冷静了几天想了想，自己不想当恶婆婆，不想毁掉我的幸福，知道我这人比较老实，不轻易表达感情。可见，我妈管是管，但还是有个度的，这个度就是不能为了他们的原则，毁了我的幸福。”

案例36体现出父母在被试ZJ成长发展过程中付出了很多，被试不愿因自己婚姻问题与母亲产生心理隔阂，在爱情与母子亲情面前，被试ZJ显然更加重视与父母家庭的关系稳定。

但另一方面，也要注意到，如果家庭参与或帮助的结果是产生紧张、冲突甚至是更恶劣的关系，那么这种参与是不可取的，也是被时代所不容、无法长存的。就如父辈对子辈婚姻的过渡干预会激发子辈的反叛与不满情绪，造成日后子辈夫妻关系的紧张不和。传统社会中，父辈强制包办婚姻下造成的婚姻家庭悲剧不胜枚举，婚姻包办因此为法理所不容，为群众斗争革命的主要对象。随着时代发展、文化变迁及婚姻法的推广与普及，传统意义上的封建包办婚姻终在现代社会绝迹，但因家庭关系对个体发展的重要作用从未被动摇，家庭被赋予了新的时代意义，家庭关系也被重新定义。有学者指出，新时代家庭的主要责任是促使家庭成员间的合作和他们之间正面情感的最大化，其目的是为建立成员间持久稳定的互动关系[②]。

---

① 被试ZJ：男，汉族，1985年生，内蒙古乌兰察布中旗人，访谈地点：中旗其母家中.

② 切尔.家庭生活的社会学[M].彭铟旎，译.北京：中华书局，2005：58.

正因如此，强制婚姻包办逐步转变为更加柔和、理智的协商式婚姻参与。如此参与形式的转变，体现了现代家庭那些具有压倒性优势成员的资源或权威仅仅是为了能够建立他们所期许的成员间长久持续的互动与联系。个体需求与家庭关系的调和是考虑的重点，参与程度的把握则决定了二者是否平衡。

CGSS2006 年数据分析结果同样反映出，婚姻代际干预程度对原生家庭代际关系影响不显著，而对子辈夫妻关系产生显著影响(参见表 5－9、表 5－10)。

表 5－9　变量赋值表

变量类型	变量意义	对应题目号	变量赋值
自变量	父辈对子辈择偶的影响程度	家庭卷 P9G3	非常有影响＝1、有些影响＝2、不大有影响＝3、一点也没有影响＝4
因变量	家庭成员关系-父亲	家庭卷 P5D2a	很不好＝1、不好＝2、无所谓好不好＝3、好＝4、很好＝5
	家庭成员关系-母亲	家庭卷 P5D2b	很不好＝1、不好＝2、无所谓好不好＝3、好＝4、很好＝5
	家庭成员关系-配偶	家庭卷 P11H9	很经常＝1、经常＝2 有时＝3、很少＝4、完全没有＝5
控制变量	城乡区域	家庭卷：P12j5	直辖市/省会城市＝1、地级市或县＝2、乡镇或集镇＝3、农村＝4

数据来源：CGSS2006。

表 5－10　家庭成员关系回归分析

变量	父子关系	母子关系	夫妻关系
父辈对子辈择偶的影响程度	0.0291	0.0398	0.1236***
	(0.0184)	(0.0184)	(0.0250)
城乡区域	0.0113	0.0009	0.0246
	(0.0152)	(0.0153)	(0.0207)
N	1104	1104	1104
F(P＞F)	1.55(0.2123)	2.34(0.0972)	13.02(0.0000)
ADJ-R2	0.0010	0.0024	0.0213

注：*、**、*** 分别代表在 10%、5%、1%的显著性水平上显著。

表 5－10 分别是父亲、母亲、配偶为因变量的回归分析，采用多元线性回归。从结果看，父辈对子辈择偶的影响程度对父子和母子关系的好坏不存在显著影响，

而对夫妻关系产生一定影响，即父辈对子辈择偶干预程度越大，子辈与配偶（同居伴侣）发生冲突的可能性越大。

5.2.3 婚姻代际干预与家文化

一些学者发现使家庭现代化理论（趋同理论）进一步复杂化的因素在于以中国为代表的亚洲国家迅速崛起，带来经济繁荣的另一面是造成相应社会问题的增加。这些问题主要表现为包括家庭文化在内的文化体系在经济发展过程中扮演角色的适应性。马克斯·韦伯曾指出，以基督教文化为代表的自由竞争价值观推进了西方个人主义与经济的繁荣和发展。与之相反的，以强调"家庭和睦""尊老爱幼""仁义礼信"为代表的东方儒家文化传统强调长幼尊卑、家庭和睦，这些文化传统却对应着快速发展繁荣的社会主义市场经济，这似乎预示着，经济与文化并非不可调和。这使得持文化保护主义观点的学者在看到西方家庭在道德上的失败之后感到震惊与惶恐，他们引以为戒，小心翼翼地维护传统东方家庭文化以避免受到所谓西方"毒瘤"的侵蚀。取而代之，他们鼓励推崇家庭价值观念，认为家庭是一种位于个人与社会之间的执行单位，是一种适应社会发展的制度回应，能够对抗外部环境无法满足个体需求后产生的压力。

帕森斯也在分析家庭生活基本模式时强调家庭关系的正面特征，认为家庭存在的意义就是帮助个体满足需要。通过家庭成员间的互助与资源再分配，弥补资源较少成员的不足，通过情感支持与鼓励来满足家庭成员情感需要。同时，家庭还是为受到外部环境压力与挫折的成员提供庇护的重要场所（帕森斯，1943）。家庭资源共享与互助特征能够为个体应对外界变化时提供必要支持。这些重要特质使得家庭在冰冷理性的现代社会中存在如一炉温火，温暖人心。他还用"洋葱"原理来解释家庭关系，随"洋葱"中心向外层级递减表示了社会距离的增加，"洋葱"中心人员与外缘人群关系逐步弱化。洋葱的中心位置通常是由个体原生家庭（父母、兄弟姐妹）与个体婚姻家庭（配偶、子女）两个部分组成[①]。与西方社会更加重视个体婚姻家庭不同，中国社会认为原生家庭对个体生命各个阶段产生的影响更加重要。

基于以上家庭传统，父辈原生家庭并不把子辈婚姻家庭看作是"自家"之外的事情，"分家不分心""两扇门、一碗汤"是中国家庭的主要相处模式。在这样的模式中，共享资源、共渡困境、同担风险特征明显，协助子辈完成婚姻大事也就成为父辈家庭无法推卸的责任与意念，任时代变迁对其关心程度不减。父辈群体普遍认为，对子辈婚姻大事越关心、参与度越高、支持力度越大，说明与子辈关系越亲密，家庭意识越强。与此同时，面对急剧变迁的社会外部环境，子辈在初尝自由快感的同时

① 切尔.家庭生活的社会学[M].彭铟旎，译.北京：中华书局，2005：47.

也体验到自由独立付出的艰辛代价，逐步意识到家庭在抵御环境风险时的重要作用，越来越多个体选择回归家庭、寻求婚姻帮助（如案例37、案例38）。

【案例37】 CXP①：“咱农村，谁家孩子结婚早，娶的媳妇又合适，别人都会刮目相看！我家LM老说我不爱他，爱他哥，其实手心手背都是肉，怎么能不爱?!他从小不听话！十六七岁就跑出去打工，逢年过节也很少回来，总感觉这个家把他束缚了！即使回家也是什么都不管，和我们也没什么话，在他眼里好像就没有家的概念……现在慢慢大了，到了娶媳妇的年龄，才想起我和他爸，想起这个家，自己也着急了，还怪怨我们不给他娶媳妇！这不，和他说好，今年年底回来给他问媳妇，他爸也为他的事儿着急，出去打工挣钱，我给他们下指标至少今年都存个两三万，赶紧给LM把这媳妇娶了，我们也就安心了，希望娶个媳妇能让他收收心，有个家的概念。”

案例37体现了被试CXP希望通过全家人合力赚钱为小儿子娶媳妇这件事情加深家庭在儿子心中的地位，也希望小儿子能够明白，父母是爱他的，愿意为他的婚姻倾力付出。

【案例38】 MYL②：“我以前确实是小，头脑简单还叛逆，我上中学那会儿真的凡事都是和家里对着干，不让我谈恋爱，我就谈！让我学习，我就要学艺术！虽然后来看我学习确实吃力他们同意我学古筝、读艺术专业，但是早恋这事儿我爸妈一直没法容忍，特别是我妈，甚至一度和我闹到分居！现在想想感觉真的挺惭愧！不知道当时哪儿来的那股勇气和冲动劲儿！我现在毕业入社会了，才明白也只有父母才能容忍我的坏脾气！我想法转变也就是入社会这几年，每次我工作不顺心都是我爸妈安慰我，哭鼻子也只能在他们面前。其实看似我毕业工作快两年了，也有工资，但是平时吃住在家，我自己的工资大多用在和朋友吃饭、逛街和网购上了。我知道，如果没有他们支持，我不可能活得这么潇洒，所以找对象这事儿我也想明白了，得我爸妈看得过眼，他们同意才行，不想再像小时候那样胡闹，我现在不排斥爸妈给我介绍，只要有好的，来者不拒！呵呵！”

案例38反映出，步入社会的艰辛和挫折使从小叛逆的MYL逐步认识到家庭在其无忧成长过程中的重要意义，明白父母的许多选择是出于对自己的爱和关心，所以在婚姻择偶问题上愿意采纳父母意见。

因此本研究认为，婚姻代际干预既是“家文化”的具体表现，又作为连接子辈与父辈家庭的重要事件对家庭协同应变的文化起到促进作用。

---

① 被试CXP：女，汉族，1966年生，陕西省周至县人。访谈地点：陕西省周至县裕盛村一队C家。

② 被试MYL：女，汉族，1995年生，呼和浩特市人。访谈地点：呼和浩特市其父母家中。

5.3 婚姻代际干预产生的社会影响

5.3.1 婚姻代际干预与离婚率

西方学者研究认为,对个人自主性偏好的增加以及获得个体自主性能力的提高所导致的另一个后果就是高离婚率。20 世纪后半期,许多国家的离婚率都升高了,例如,在澳大利亚,婚姻以离婚而告终的概率从 20 世纪 50 年代和 60 年代早期的 10%攀升到了 20 世纪 80 年代和 90 年代的 40%这样一个新高度①。虽然在新中国婚姻法建立初期及 1980 年婚姻法重新修改后离婚率激增是不争的事实(图 5-1)②,但波澜过后的回落趋势说明,婚姻法变革虽然在短时期内可以激发潜在的离婚需求,带来离婚率增加,但这一影响并非长期的,想要更深入的探究离婚机制,单从婚姻法制度层面理解显然是不够全面的。

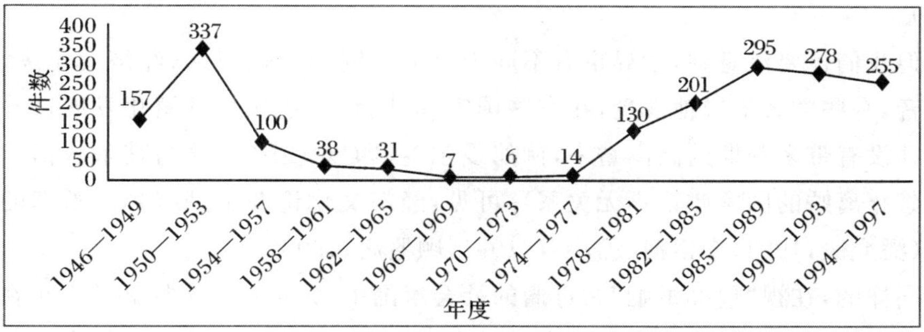

图 5-1 《人民日报》关于离婚报道的数量(1946—1997)

对于国内学者而言,对离婚问题的研究主要集中于对影响离婚率因素的探讨和分析,普遍关心的问题是:为什么离婚率呈现普遍上涨趋势?是由哪些因素导致?袁亚愚(1992)曾概括指出,世界离婚普遍攀升的理论指导主要有两种认知体系:第一种观点认为,离婚率的高低与社会体制、社会属性无关,而与城镇化、工业化发展水平有关,倾向于经济决定论,认为城镇化、工业化发展水平越高的国家离婚率越高,反之则越低;第二种观点是第一种观点的补充,认为离婚率的高低与社会体制、制度无关,是经济发展程度与社会文化氛围共同作用使然,即认为以自由

① 切尔.家庭生活的社会学[M].彭铟旎,译.北京:中华书局,2005:32.

② 林明鲜.中国的婚姻与社会干预的变迁[M].济南:山东人民出版社,2010:28.

独立精神为主要特征的西方文化圈比长幼尊卑、礼义廉耻为代表的东方文化圈离婚率高，同样的，经济发达的国家和地区比经济相对落后的国家和地区离婚率高，这一流派的主要代表是美国社会学家古德及他的家庭现代化理论。

我国学者普遍倾向于赞同第二种家庭现代化理论认知，认为经济文化论同样适用于中国社会，即经济发展程度越高对应更高的离婚需求，经济发展时期离婚率增加，经济衰退时期离婚率减少（李荣时、徐安琪，1994），且封建思想与离婚率有着密切关联。雷洁琼（1988）认为，改革开放后，女性从封建传统的婚姻家庭观念束缚中解放出来是离婚率增长的主要原因，她还指出封建婚姻的最典型代表即是由父母一手操办的传统包办婚姻。在封建传统社会中，父辈普遍不尊重子辈婚姻意愿而强迫子辈结婚，改革开放后，人们逐步具备了解除强迫婚姻的思想基础与环境基础，原本只能靠自杀等极端行为终结婚姻的女性拥有了解除婚姻的合法手段——离婚，这就造成了离婚率的攀升。对这一论断表示赞同的学者进一步明确了包办婚姻与自由恋爱婚姻相比导致更高的离婚率这一关系（曾毅、舒尔茨、王德明，1993）。

但我们也要注意到，学界也有不同于以上家庭现代化理论（经济文化决定论）的声音，有些学者敏锐地发现，在有些国家和社会，工业化与城镇化发展这些经济因素并没有带来预期的高离婚率，例如爱尔兰、印度等国家（这与其宗教信仰及曾明令禁止离婚的国家政策不无关系），可见，经济文化论并不是解释离婚率的唯一视角（潘允康，1994；李银河、冯小双，1991；顾鉴唐，1993）。

同样的，在视“包办婚姻”为毒瘤的社会氛围中，父辈对子辈择偶的干预在新中国各时期、各地区并不少见（参见表 5 - 11），可真正因此而导致离婚的案例非常少见。本研究对中国裁判文书网收录的全国民事诉讼案件（34074049 篇）进行梳理，案件类型输入民事案件、全文检索（关键词）输入父母干预、案由为离婚纠纷，截至 2018 年 10 月，共检索相关案件 153 起，其中，东部诉讼率高于中西部，2014 年至 2016 年父母干预离婚案件增幅较大，后又回落（参见图 5 - 2、图 5 - 3），但整体比例极低，仅占离婚案件（1826462 件）总体的 0.84‱（万分之 0.84）。合理的解释是：在社会发展的不同阶段，面对不同的婚姻环境，婚姻代际干预的意义也随之发生改变，并不总是预示着父子权利的失衡与婚姻的不幸。

表 5－11 不同年代、地区婚姻代际干预情况

被调查者结婚年份	地区	父辈对子辈择偶的影响程度	频率	百分比
1978 年及以前	农村户口	不大有影响、一点也没有影响或父母去世	115	50.66
		有些影响	78	34.36
		非常有影响	34	14.98
		合计	227	100
	乡、镇、县非农	不大有影响、一点也没有影响或父母去世	24	55.81
		有些影响	11	25.58
		非常有影响	8	18.6
		合计	43	100
	市、省、直辖市非农	不大有影响、一点也没有影响或父母去世	42	56.76
		有些影响	24	32.43
		非常有影响	8	10.81
		合计	74	100
1978 年以后	农村户口	不大有影响、一点也没有影响或父母去世	339	61.3
		有些影响	165	29.84
		非常有影响	49	8.86
		合计	553	100
	乡、镇、县非农	不大有影响、一点也没有影响或父母去世	109	65.27
		有些影响	45	26.95
		非常有影响	13	7.78
		合计	167	100
	市、省、直辖市非农	不大有影响、一点也没有影响或父母去世	220	59.95
		有些影响	133	36.24
		非常有影响	14	3.81
		合计	367	100

数据来源：CGSS2006。

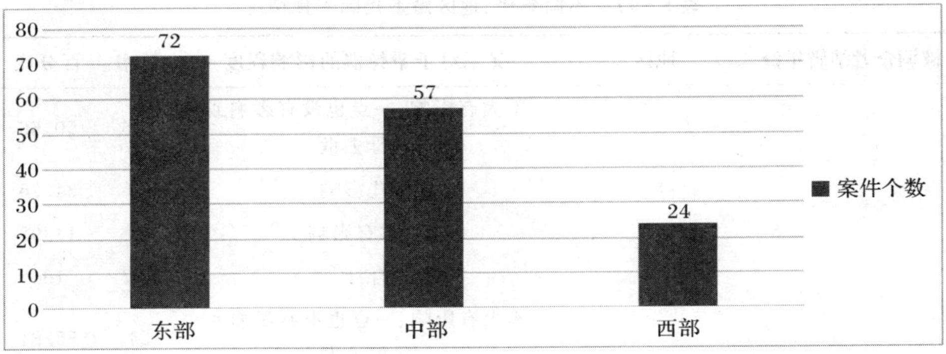

图 5-2 父母干预导致离婚案件纠纷区域分布情况[①]

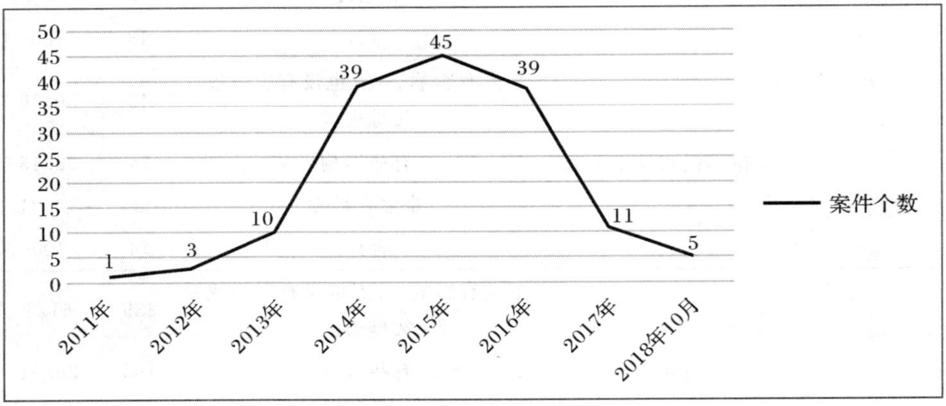

图 5-3 父母干预导致离婚案件纠纷年份分布图[②]

现实社会中自主性的增加虽然能够增加自主择偶的机会，但也对做出选择的双方提出更高、更多为之付出努力的要求，由于个体情况差异，有些要求是个体能够达到的，有些则可能需要借助父母家庭的力量。伴侣不仅仅期望建立只属于他们自己的归属感形式，他们自身也不得不为这样选择付诸行动。在传统社会中，婚姻和家庭往往被统一嵌入到广义的家庭共同体中，个体婚姻与广义的家庭共同体之间不存在分离和障碍，婚姻生活与家庭生活水乳交融，同生同长，也即费孝通所说的“婚姻不是一件私事”是关乎社会控制的公事，婚姻事宜自然由家庭出面。而在现代社会，每一对夫妻都期待建立一种不同于其他家庭的独特共生关系，这也

① 中国裁判文书网[EB/OL]. http://wenshu.court.gov.cn/Index.
② 中国裁判文书网[EB/OL]. http://wenshu.court.gov.cn/Index.

就要求在选择合适婚姻伴侣时花费更多精力，需要对自己的选择充分负责，因为一旦选择独立，便没有人会像在传统包办婚姻中那样帮你处理、解决婚姻生活中的复杂矛盾，一切婚姻的不顺与烦恼都仅在当事人自己建构的小世界中存在，其他人再无插手的必要和权利。也许有人会说，这完全符合人们对自由婚姻的设想，但在设想之外，婚姻成本的激增、离婚成本的高涨，人们无法再像少男少女时代幻想的浪漫爱情一样处理婚姻现实，越来越多个体选择回归家庭，寻求婚姻帮助。而父辈家庭一旦在婚姻起始阶段进行参与(无论是主动还是被动)，便无法对子辈婚姻危机袖手旁观，毕竟，没有父母愿意看到子辈婚姻解体而无动于衷(案例 39)。虽然干预的结果并非总是有效(现实中确实存在父辈越劝说越乱的情况)，但我们无法再将婚姻解体归因于父辈对其婚姻的干预。究竟是因夫妻自身矛盾而父辈干预无效导致婚姻解体，还是单纯因父辈婚姻干预而导致子辈离婚？这些问题无从考证。

【案例 39】 HM[①]："YY(女儿小名)她也快四十岁的人了，我们还能咋？打不成骂不成！就是可怜了两个那么喜人的孩子！(哽咽)她就是跟那灰脾气(坏脾气)带了害了！从小就不听话！脾气倔！当初找 EX(女婿)的时候我们就不同意，现在孩子都这么大了，她又闹离婚！你说我们能不气？我找 EX 也说了，也劝了，没用！她把人家心伤了，现在是人家不跟她过了！铁了心要离婚，你说我们还能咋劝？只能劝自己的闺女先服个软，没准还能挽回，但是她又好强要面子，宁愿折磨自己，一个人哭、喝酒，也不服软，最后还是离了！我们做老人的，真是能做的都做了，能说得都说了，实在管不了也没办法！"

案例 39 体现了被试 HM 面对女儿婚姻家庭的破碎，劝说无效，无力挽回的痛苦心境，毕竟父母能做的只是从中调解，真正起决定作用的是双方当事人。

【案例 40】 LHY[②]："我婆婆那人心眼特别哈(坏)，就光爱她女子，她儿子她都不爱！还能爱我?！我嫁到她家快 30 年了，从来没说过我一句好话！她腿不好不做活也就算了，中午在家能给做口饭吧？做饭也指望不上！我从地里干活回来连口米汤都喝不上！她去新疆给老二家看了十二年孩子，回来以后这房都盖好了，她直接享福就对了，别人都说我们把这房盖得这么好，多么不容易！可是她嘴里说的是人家谁谁家媳妇更有本事！房子盖得更好！这不，房子也盖好了，孩子们也都大了，感觉要我没用了，多少次劝他儿子动手打我！跟我离婚！你说哪有一个老人是劝儿子离婚的？她就是这种人！都七八十岁了还天天挑拨离间！她儿子都六十岁的人了！还离婚？当年要不是我妈逼我，我是咋都不会嫁进她家的门！"

案例 40 反映出现实社会确实存在传统意义上无法调解的婆媳隔阂，互相看不顺眼，埋怨、指责、诋毁的现象时有发生，被试 LHY 就深切埋怨婆婆不爱自己，挑

① 被试 HM：女，汉族，1953 年生，内蒙古土默特左旗沙尔营乡新圪利圪太人．访谈地点：HM 新圪利圪家中。

② 被试 LHY：女，汉族，1968 年生，陕西省周至县人．访谈地点：陕西省周至县裕盛村一队 L 家。

拨他们夫妻关系，逼迫他们离婚。但另一方面我们也要注意到，一位年迈老人的“挑拨”是否真会对儿孙婚姻构成实质性威胁，也许更多情况仅限于口舌之快。

基于此，本研究认为婚姻代际干预与离婚率之间的关系需要分时期、分情况去讨论。总体来讲，在新中国成立初期至改革开放前的一段历史时期内，婚姻代际干预对离婚率产生负面影响已是数据论证的事实，即在这一时期内有过婚姻代际干预的夫妻更可能选择离婚；而改革开放至今，婚姻代际干预对离婚率产生负面影响的论断并没有得到有效数据验证，相反，婚姻代际干预存在与演变的合理性因素似乎能够反映出，父辈家庭在子辈婚姻择偶过程中正发挥着某些为其所需的正向作用，而被越来越多的人默许、接受。

5.3.2 婚姻代际干预与“啃老”行为

个体化理论的创始人贝克曾在他的“第二现代性”概念中指出，后工业时代对新制度提出需求的同时也对个体的自主性与职业流动性提出要求。人们对家庭关系的需求从先有的制度性共生关系转变为工具性选择关系[①]。有别于该理论，部分西方学者认为，家庭关系仍活跃于西方社会，特别是对低收入人群来讲，资源的有限性限制了其能动性选择。在个体自反过程中，家庭成员基于情感与共同生活经历能够为个体提供较为稳定的工具性支持，因此，共享价值观念是其存在的基础。具体研究认为，男性获得来自原生家庭的帮助主要包括“父亲的购房抵押、一笔来自父母的购房借款、一笔以礼物形式提供的购房定金或首付款、租房补贴”，男性还获得许多非经济性的帮助，例如免租金与父母生活在一起，从父辈那里以低于市场的价格购买东西等。许多调查还进一步支持，男性在自己经济困难时，特别是当缔结婚姻经费不足时，他们更可能会寻求家庭——特别是自己父母家庭的帮助，并把这种帮助看作一种关键的保障形式[②]。

在中国社会，个体化理论因体现了家庭成员作为行动主体的能动性选择而被应用于家庭研究的相关领域，但就目前的研究议题来看，个体化理论过分强调了经济发展的刚性作用，突出社会对家庭观念的改变与情感剥夺，难以适用于中国家庭现实研究。近年来，国内学者对代际团结理论重新予以重视，开始关注情感纽带对于代际团结的意义。相关研究认为，中国家庭在现代化发展进程中始终保持着紧密的代际联系，一些研究还进一步指出，被社会大众长期诟病的“啃老”现象，并非是子辈对父辈资源的单方面霸占与剥夺，相反，越来越多的父辈主动而非被动地以经济资助、劳务付出等方式与子辈建立情感-事务联系，父辈“被啃”并不代表代际博弈的失败，而是一种获得代际持续联系的重要形式（肖索未，2014；张爱华，2015）。

---

① 贝克．个体化[M]．李荣山，等译．北京：北京大学出版社，2011：101－102．

② 切尔．家庭生活的社会学[M]．彭铟旎，译．北京：中华书局，2005：66．

如果将“啃老”行为定义为子辈在成年后具备劳动能力与经济独立能力的情况下，依旧伸手向父辈索要金钱性帮助的行为，那么婚姻代际干预作为父辈参与子辈婚姻的一种具体形式，不仅体现了代际互动与亲子联系特征，还因其常常伴随自上而下的经济资助与财产转让而无法与“啃老”行为摆脱干系。从这一角度看，子辈被认为是自下而上婚姻代际干预的发起者，父辈是被动参与者，婚姻代际干预是“啃老”行为的具体表现，并起到了推波助澜的消极影响。但现实情况并非如此，数据研究表明，以“婚姻代际干预程度”为自变量，以“子辈对父辈经济依赖”为因变量的回归结果并不显著。这能够说明婚姻代际干预在统计学意义上并没有明显助长子辈对父辈的经济依赖，而以“父辈主动给钱”为因变量，以“婚姻代际干预”与“城乡地区”为自变量的回归分析中，城乡差异显著，这说明：越是在偏远农村地区父辈为子辈提供经济支持——给钱的情况越少，而城市地区则越多（参见表 5 - 12）。由此得出，在所谓的“啃老”现实中，父辈主动“被啃”的情况更多，这与先前学者认为的现实社会中越来越多有条件的父辈以“给钱”“被啃”等形式主动与子辈建立情感-事务联系（钟晓慧、何式凝，2014；肖索未，2014；张爱华，2015）的研究结论一致。两个回归模型中“婚姻代际干预程度”对“子辈对父辈经济依赖”与“父辈主动给钱”影响的不显著说明，婚姻代际干预不是“啃老”行为的充分条件，也许父辈对子辈进行婚姻资助是“啃老”的表现之一，但究竟能不能称得上真正的“啃老”行为，则要视父子双方主动（自愿）程度而定。

表 5 - 12　回归分析结果

变量	对父辈经济依赖	父辈经常给钱
代际干预程度	－0.0053	0.0528
	(0.0193)	(0.0326)
城乡地区	0.0293	0.1335***
	(0.0159)	(0.0270)
F(P＞F)	1.72(0.1790)	13.73(0.0000)
ADJ－R2	0.0013	0.0226
N	1084	1104

注：*、**、*** 分别代表在 10%、5%、1%的显著性水平上显著。

因此，本研究认为婚姻代际干预并不会对“啃老”行为产生显著影响，而是被越来越多有条件的父辈作为与子辈建立情感-事务联系的具体有效形式活跃于当今社会。但同时，因其是父辈主动“被啃”的具体表现之一而无法与“啃老”行为彻底撇清关系。

上表以父辈经济依赖为因变量的回归分析，从结果看 p 值大于 0.05，不显著，表明回归模型拟合不成立。以父辈主动给钱为因变量的回归分析，p 值小于 0.01，表明回归模型拟合成立，即越是偏远农村地区，父母是否经常为您提供以下帮助（给钱）的情况越少。

5.3.3 婚姻代际干预与老年赡养

伴随着经济结构变迁，社会分工模式受工业化、现代化发展影响正发生着历史性变革，家庭文化多元而复杂，代际关系不稳定因素不断增加，人们开始期待代际之间重新出现某种团结纽带以继续维持代际关系的稳定与团结。这样的期待不能忽视的事实是新的代际关系纽带必然对应着某种不同于传统形式的亲子关系模式，同时还需要新的代际关系理念辅以发展。换句话讲，为了给备受时代发展冲击的代际关系一个新的立足点，首先需要明确新的代际关系发展理念，代际之间的纽带关系并不仅仅取决于父辈的抚育责任或子辈的赡养义务，而是需要建立更多新的、平等性、事务性联系纽带。国内外许多理论都曾涉及这一问题的讨论。

从结构功能主义视角看，杨善华认为家庭的主要功能是指在家庭生命周期的不同阶段，针对家庭组织者的主要需求的家庭功能。因此，它随着家庭组织者的主要需求的变化而发生变化[①]。当一个青年人进入婚龄期时，完成婚姻大事是组建新家庭的第一步，之后，新家的最主要功能就是生育功能；当夫妻双方进入中年之后，生育功能就会逐步减弱，取而代之的是子辈教育功能的突出，并逐步占据主要地位；等夫妻双方进入老年时期，家庭的其他功能都会趋于萎缩，子辈对父辈的赡养功能又成了家庭的主要功能。在传统社会，为子辈完成婚姻大事是原生家庭的主要功能和父辈的主要职责之一。现代文明社会提倡婚姻自由，子辈婚姻被逐步排除在家庭功能之外，这使得代际之间的事务性联系逐渐减少。由于家庭养老仍是当前社会主要的养老方式，越来越多的父辈们开始担心与子辈情感疏离、责任淡化。为此，许多中年家长选择通过参与子辈婚姻来维系代际情感，通过经济共享加深家庭责任，为子辈自主自愿赡养父辈奠定情感与物质基础（如案例 41），马春华等人组织的中国五城市调查数据同样表明：父母在儿女结婚时给予的经济资助对儿女对父母的养老安排有着统计上的显著影响（卡方检验的 P=0.000）[②]。从这一角度看，婚姻代际干预转化为代际联系纽带，为日后老年赡养打下基础。

【案例 41】 XF[③]：“现在城里的孩子独立惯了！跟我们那时候真的不一样！

---

① 杨善华. 家庭社会学[M]. 北京：高等教育出版社，2006：61.

② 马春华，李银河，唐灿，王震宇，石金群. 转型期中国城市家庭变迁：基于五城市的调查[M]. 北京：社会科学文献出版社，2013：17.

③ 被试 XF：男，汉族，1963 年生，内蒙古托克托县人。访谈地点：呼和浩特市 XF 家中。

情感淡泊！你不在他婚事上插一手，在家里更是没啥地位了！XX这孩子从小独立，大学也是外地上的，工作也是人家自己找的，我们真是没操过什么心！眼瞅着快三十了，我和她妈正为他找对象这事儿发愁呢！我同事偶然提起，他女儿也是毕业后工作两年了，一直单身。我回来是战战兢兢地跟人家(儿子)说！就怕他嫌我们多事儿！没想到他还同意见个面！更没想到还成了！呵呵！婚礼就定在年底！房子也给他们准备好了！感觉通过这事儿我们父子关系都和以前不一样了！有些事儿他也开始征求我和她妈的意见！真不知道是马上结婚突然懂事了，还是觉得欠我们人情！反正不管是出于什么原因，两代人关系更近总归是好事！我们就他这么一个儿子！真怕以后老了，连个送汤问暖的人都没有！其实我们都有退休金，钱这方面根本不用他们小两口操心！就是觉得情感上总得有个依托吧！不然养儿还有个啥劲！"

不同于传统研究认为利他主义是解释中国家庭代际支持的最佳模型①，一些学者很早就指出中国家庭的代际支持含有交换和互惠色彩，最典型的例证是为成年子女家庭付出更多的父母(经济支持、料理家务、照顾孙子女)在他们年老力衰之时会获得来自子女更多更好的家庭赡养②。还有一些学者认为中国代际关系是夹杂着交换关系的抚养-交换-赡养模式，代际交换关系的维持虽不是以抚养为前提，但交换关系的存在却是维持后续赡养关系的基础③。

宏观社会学内群体压力理论与代际交换理论同样可以对婚姻代际干预与家庭养老的内在逻辑进行解释。宏观理论认为内群体关系比群体间关系更为盛行，代际交换理论则通过说明内群体压力植根于社会交往过程为这一论断提供了进一步解释。交换理论认为，内群体压力主要通过两种不同的方式表现出来：其一是以更愿意和自己群体内成员交往的方式；其二是以倾向于不愿意与外部人有亲密互动的方式表现。婚姻代际干预便是第一种更愿意与家庭内群体成员合作的具体表现，而家庭养老则是第二种不愿意与外部人建立交换的具体体现④，二者之间通过彼此契合的互动交换方式达成各自目的，即父辈通过在子辈普遍需要家庭帮助的婚姻择偶时期提供适时帮助促成了内群体压力，以便在其需要家庭支持的老年时期获得子辈同等的给予(案例42)。当然，这种内群体压力不同于政策法规，不会详细规范双方互动的每一个细节，作为一种道德意义上的规范(压力)，仅对超出这些界限的行为(强制包办婚姻、拒绝赡养等)进行规定，在界限之内，互动双方有十分宽泛的余地根据自己的喜好、选择行事。

---

① ZIMMER Z, KWONG. Family Size and Support of Older Adults in Urban and Rural China: Current Effects and Future Implications[J]. Demography, 2003(40): 23－24.

② 陈皆明. 投资与赡养：关于城市居民代际交换的因果分析[J]. 中国社会科学, 1998(06): 131－149.

③ 王跃生. 中国家庭代际关系的理论分析[J]. 人口研究, 2008(04): 13－21.

④ 布劳. 社会生活中的交换与权力[M]. 李国武, 译. 北京：商务印书馆, 2012: 11.

【案例42】 LZH[①]:"人家都说人生三大事儿:娶妻、养子、给老人送终……其实说是这么说,现在给儿子娶媳妇也是农村人心里的一件大事儿!老大一直念书,两年前毕业就面临结婚,他刚工作,以他自己的能力根本不可能结婚,我和他妈举全家之力给他操办!咱就是有多大能力出多少力!老大从小懂事儿!媳妇也知书达理!能理解我们,没有啥过分的要求!可家里还有老二,马上也面临娶媳妇,我和他妈真是一点不敢放松!她妈一直做活没停!冬天地里没活,我也出去打工,给老二攒彩礼钱!哎,老二不成器!从小打游戏不学习,早早就跟他的伙伴儿出去打工,这些年也没攒下什么钱!能把他自己开销包住就不错了!老大成熟懂事儿!还指望着以后帮衬一下他弟!"

LH[②]:"家里啥情况我都知道!供我念书这些年也把十几万花了!对于一个农村家庭来讲,确实很不容易!我结婚的时候,家里能拿出来的只有不到两万!那时候我真是压力很大,害怕婚事办不成!我妈还安慰我,说一定给我把婚结了!她去新疆给人家拾棉花、到处借钱支持我结婚!这份恩情我肯定不能忘!我都和我妈说了,我工作也两三年了,老二结婚我肯定尽我所能出力帮忙,让她不要有太大压力,安心在我这儿看孩子,等老二一结婚,就让她和我爸都来这儿跟我们住,一来孩子离不开人,我妈带我比较放心,再一个我妈年轻的时候为了我们这个家受了那么多苦累,也该好好安享晚年!"

案例42中L家父子两代人的叙述表明:父辈在子辈婚姻问题上给予的经济性支持与付出会成为子辈积极回馈父辈家庭的关键性连接事件,被试LH就对父母在他缔结婚姻时的倾力奉献感恩于心,愿意分担胞弟的婚姻负担,还主动做出赡养父母的承诺。

西方个体化理论同样对此关系作出解释。贝克认为,人们比制度和制度的代表者更能适应变化的当下,文化悲观主义者口中担心的所谓价值衰败,实际上为冲破价值信条提供了可能性。为传统与现状的卫道者所不满的个体中心主义不同于传统文化价值中一味强调服从的集体主义模式,而具有新的合作个体主义与利他个体主义内涵[③]。就如社会学家海纳·库普所说,个体化并没有大规模的破坏团结关系,特别是家庭团结关系,而是催生出一种新型团结方式,即个体团结更多的出于自愿而非责任与义务感,悲天悯人的道德因素也更少。后工业时代高度的自决权与机会的多样性似乎催生出一系列背离人心的社会问题,个体迷失感随之而生。于是,人们提出了回归团结、黏合社会网络的要求,希望以此获得归属感与生

① 被试LZH:男,汉族,1968年生,陕西省周至县人。访谈地点:陕西省周至县裕盛村一队L家。

② 被试LH:男,汉族,1990年生,陕西省周至县人。电话访谈。

③ 贝克.个体化[M].李荣山,等译.北京:北京大学出版社,2011:185-186.

活意义[1]。简言之，个体化理论认为被人们长期认为是相互矛盾的为自己打算与为他人而活之间其实存在某种内在的本质联系，即当在无法动摇的权威面前，面对冷漠的市场法则，爱的道德高度与单方面的奉献精神如若不能成事或不被接受，那么事务性团结就成了一种独特的聚合与调节力量，虽然这种团结多了审慎少了爱意，多了支持少了仁慈，但却因特有的平等关系而在应对未来困局方面成为靠得住的力量。婚姻代际干预便是在这种双方自愿的情况下，代际间建立的重要事务性联系事件，同时也是子辈在应对可以预见的家庭赡养未来作出的现世准备。

本研究认为，婚姻代际干预从曾经的强调家庭权利关系逐步转化为现世的自愿合作形式，在为自己打算的自由主义精神指导下，成为主观为自己客观为对方的现实转化事件，是代际双方尊重家庭事实，自愿结成内群体，在内群体规范压力的影响下自愿自主行事的具体表现。

① KEUPP H. Solidarisch und doch frei：Für eine kommunitäre Individualität[J]. Psychologie Heute，1995. 7.

6 当代中国婚姻代际干预总体分析与启示

基于婚姻代际干预产生的复杂、多元化影响，本章主要对婚姻代际干预这一历史与现实问题进行总体性分析，并讨论其带来的理论启示。总体分析主要包括其存在的合理性与引发的现实困惑两个方面；理论启示主要对既有理论适用性与局限性进行讨论，揭示家庭策略理论、亲密关系经济理论与代际矛盾理论对本研究的重要意义。

6.1 当代中国各时期婚姻代际干预的合理性分析

6.1.1 1949—1978 年婚姻代际干预存在的合理性

1. 个体意义上的合理性

(1)经济合理性。中华人民共和国成立至改革开放之前的近三十年间，我国社会仍以小农经济为主要生产方式，特殊时期广大农村地区实施合作社集体劳作，统一分配制度；城市工业曲折发展，工人们主要依靠单位计划食、宿、用，人民总体物质生活水平低下。青年人很难获得家庭和计划经济之外的其他收入，这就使得个体无法独立完成婚姻大事，需要家族长辈资助完成。作为回报，子辈要对父辈的决策无条件服从，毕竟依附型生存状态更容易受制于家庭(代际)惩罚。婚姻代际干预的另一主要特征是以父辈视角寻找更加有利于子辈发展的婚姻伴侣，例如农村家长更倾向于选择身体健康、勤劳肯干的异性为子辈的婚姻伴侣，城市家长更倾向于寻找与自家条件相当的在职男女为子辈的另一半。从这一角度看，物资贫瘠时代下的婚姻代际干预，更多受经济条件制约，主要出于对个体生存发展的经济考虑。

(2)文化合理性。在改革开放前的中国社会，“父母之命、媒妁之言”的文化传统在城乡社会依然盛行，特别是偏远农村地区。人们普遍认为，自古传承、为老一辈人共同赞成的价值和规范可以作为现实社会的行为指导，同时在社会互动中起关键媒介作用。也就是说，在具有相同文化背景的社交圈中寻找另一半，能够减少求新猎奇可能付出的代价。另一方面，在中国传统文化中，“父慈子孝”是代际关系的理想模式，子女在婚姻大事上听从父母安排是孝的最主要表现，同时，父母对子女的责任也将终其一生，不但有抚养子女成人的义务，还有帮助子女完成婚嫁和照顾子女后代的责任。因为在他们看来，只有自己青壮年时不计回报的付出才能形成与子代的良性关系，因为传统代际关系反馈模式和家庭养老必须在亲代完成自身“责任伦理”的基础上才能实现。因此，这一时期婚姻代际干预的存在体现了人们普遍遵循的家庭责任伦理和文化规范。

(3)形式合理性。古德认为，包括美国在内的世界各国从来不存在完全自由的求婚或择偶市场。而是如同某些经济交易市场一样，存在着许多规模较小的亚群体市场，只有具备某种条件与资格的人才能够进场，也只有在某一市场范围内，人们才能获得最大的选择自由①。在中国社会即便是自由恋爱也无法摆脱社会分层制度的隐形制约，同质婚特征明显(李煜，2009)。换言之，即便是父辈放手，青年人恋爱择偶也都往往在特定的圈子中进行。基于以上理论认知，我们认为，改革开放之前的中国社会已具备阶层内婚姻自由的实质，婚姻代际干预在这一时期已不同于封建传统意义上的强制包办，多数青年人在婚姻择偶问题上拥有了一定的自主权，能够在父辈选择的基础上发表个人意见，但由于仍受传统文化观念影响，青年人社交网络普遍狭窄，父辈适度干预与介绍反而在一定程度上扩大了子辈择偶的范围，有助于其更加高效便捷地寻找婚姻伴侣。

2.家庭意义上的合理性

(1)稳定合理性。新中国初期至改革开放前，“男主外、女主内”分工传统与男性优先观念依存。那些除生育与参与家务劳作之外拿不出有价值的东西的女性大多依附家庭、男性生存。大多数家庭父辈会把选择一个身体好、能干活的儿媳妇作为家庭重任，因为一个勤劳能干的女性可以很好地按照家庭需要行事，对男性为主的农作生产起到关键的辅助作用。西方学者认为，群体凝聚力既可以通过社会支持获得，也可以通过规范性控制实现。经济落后的社会中，社会支持条件有限，家庭凝聚力的获得更多源于家庭文化与家庭控制，而这对稳定家庭经济生产至关重要。从这一层面看，婚姻代际干预作为家庭控制的一种具体表现形式，有利于家庭团结与生产稳定。

(2)结构关系合理性。改革开放前，中国家庭的主要形式是主干家庭，即一个成年男性继承者与他的妻子以及他们未成年的孩子共同与男方父母生活在一个家庭中。婚姻家庭中性别有序的规则突显了女性在生育子女、料理家务、赡养老人方面的重要作用，特别是在广大农村地区，从夫居、从父居的主干家庭居住格局决定

① 古德.家庭[M].魏章玲，译.北京：社会科学文献出版社，1987：78.

了婆媳关系的复杂性与重要性，正如更为普遍、明显的母女关系一样，在共同居住、共理家务、离婚率低下的社会中，这种姻亲关系纽带是十分牢固的，不会轻易发生改变。与此相对，我们可以看到在以血缘、姻缘关系为基础的多代家庭中，这种姻亲纽带关系通过代际干预婚姻不断得到加强，婚姻代际干预也变成约定俗成的普遍现象。因此，能否替子辈选择合适的伴侣不仅是对子辈负责，更涉及家庭关系的和谐与稳定。基于以上因素考虑，父辈家庭将子辈婚姻视为关乎成员团结与发展的大事。

(3)传承合理性。在合理的范围内，男女可以建立婚姻，可以互相依恋，但事先必须征得长辈的同意。虽然概率很小，但自由恋爱毕竟威胁着既有的社会分层制度，因为子辈可能与那些长辈认为不合适的对象产生感情，影响整个家族辛勤积累的资源传承。毕竟家族财产、权利、荣誉以及其他家庭资源都是通过世袭转让实现代际传承的，特别是在中国这样重视血缘关系的国家中，资源更倾向于父子间自上而下流动，加之改革开放前落后的生产方式导致家庭资本的原始积累十分缓慢，通常需要几代人共同努力，而婚姻关系正是实现承上启下的核心环节。因此，父辈普遍将子辈婚姻大事视为关乎家族延续与资源传承的重要事件。

3. 社会意义上的合理性

(1)过渡合理性。古德认为，在人类产生婚姻制度之前，没有群体关心谁与谁结婚；产生婚姻制度之后，婚姻便开始由父母和较大的群体作出安排[①]。显然，婚姻由父母决定拥有悠久的文化历史，不是一蹴而就，也无法一朝更改。布劳从另一角度分析认为，社会制度扎根于社会权力结构之中，同时也扎根于过去，不仅存在于过去的历史传统，也存在于个体幼年时期习得并内化了的文化价值之中。这些已经被内化的行为机制使人们很容易根据惯性思维应对社会制度变迁[②]。特别是在经济发展落后、物质匮乏、思想并不开放的年代，新的思想文化很难被人们在短时期内接受，常常需要通过某种过渡政策或过渡文化辅以推进。虽然新中国成立初期便出台了婚姻法，并多次进行全国范围内的宣传与推行，但由于家庭具有抵御外部环境变迁的稳定性，婚姻法推行效果并不理想，人们长久以来的婚姻家庭观念并没有发生根本性改变。从这一角度来看，婚姻代际干预作为传统包办婚姻的过渡形式，祛除了强制、多了协商，绕开了舆论锋尖、直面了婚姻现实，似乎更能平稳应对婚姻自由化浪潮带来的冲击，更能适应这一时期青年人普遍不具备独立完婚的物质现实。由此可见，婚姻代际干预是适应婚姻制度变革、填补个体需求的有效过渡形式。

---

① 古德.家庭[M].魏章玲，译.北京：社会科学文献出版社，1987：47.

② 布劳.社会生活中的交换与权力[M].李国武，译.北京：商务印书馆，2012：404.

(2)政治合理性。正如其他行为领域一样,“文化大革命”时期政治领域的阶级划分标准促使人们产生一种感觉,即与“阶级不明”“成分不好”的家庭联姻是违反政治、冒犯党规的行为,具有极大的牵连风险。在政治敏感时期,父辈们往往坚持保守婚嫁原则,通常选择与自己成分相当的朋友或盟友家庭进行联姻以维持良好关系。即便是希望从子辈婚姻中获得什么,也都是侧重于扩大自家的政治影响,以求得更大的安全保障。因此,这一时期的婚嫁市场中,人们选择的婚姻形式往往受利害关系所左右,体现了社会控制凌驾于男女之情的政治特征,婚姻代际干预便是社会控制在婚姻家庭领域的具体体现。

(3)控制合理性。古德认为,几乎在所有社会都会对纯粹的享乐主义表示不满,因此常常制定一些社会规范来限制人们的放纵行为,这些规则主要体现为对个体义务的规定,如成年人养家糊口、赡养老人的义务、父母抚育子女的义务、未成年人尊教导的义务等等。当然,这种义务规定是建立在社会化基础之上的,这就要求社会对选择配偶和夫妇家庭行为加以更多地控制①。因此在传统社会,青年男女结婚均需征得双方父母及其家族长辈的同意,婚姻之事不由男女个人决定,这是因为婚姻抉择攸关家族利益与荣誉,对其他家庭成员与亲属至关重要。父母为当事人举办的婚礼仪式,象征着社会赞同,同时表明两人拥有了新的身份、权利及义务,而未经父辈同意的许多结合形式被认为是“非法的”“败坏家族荣誉”的,在今后的社区生活中也无立足之地。可见,这一时期的婚姻代际干预不仅是一种重要的择偶方式,更体现了家庭与社区对婚姻的认可,是缔结婚姻的民间“合法”形式。虽然长久以来,国家在婚姻法制定与推行中起到了重要的作用,但在新中国成立的前三十年间,家庭制度似乎对个体婚姻行为起到了更大的控制作用。不同于法律制裁促使违法行为减少的社会控制逻辑,家庭控制侧重从源头减少违法机会。

6.1.2 1979年至今婚姻代际干预存在的合理性

1.个体意义上的合理性

(1)经济合理性。改革开放以来,急剧变迁与发展的经济形势给每个处在时代洪流中的个体创造更多发展机遇的同时也带来更多竞争压力与经济焦虑。特别是对于青年人来讲,独立意愿往往遭到现实经济环境的冲击,高昂的房价、超前的消费需求、激增的婚姻成本,此类种种都迫使青年人回归家庭,寻求家庭帮助。从这一角度看,青年回归家庭不仅仅是情感的回归,更是经济理性的回归。坚持家庭关系同样存在经济理性的学者认为,家庭经济关系比起其他背景的经济关系具有以下几个方面优势:其一,家庭经济关系因成员间持续、长期的共同居住形式创造了

① 古德.家庭[M].魏章玲,译.北京:社会科学文献出版社,1987:36.

更多、更具实质意义的认知、共识与影响，拥有更加高效便捷的合作方式；其二，家庭经济关系比其他背景的经济关系具有更加长远一致的预期目标与互惠需求；其三，在中国，发生在家庭内部的经济交易与发生其他经济体间或外部环境下的经济交易相比，具有更加稳定高效的回报率；其四，家庭内部成员间的资产转让，如父辈对子辈教育、婚姻、婚房的支出，始终以父爱责任的名义而充满正义，很少发生权利与利益争议①。在该理论的诠释下，我们便能够概括出婚姻代际干预仍然活跃于现实社会中的意义。首先，婚姻代际干预在长期演变中不再是单纯父权文化下的权力象征，更多地表现为一种代际资源交换与协作；其次，婚姻代际干预具有某种适应现代家庭与婚姻发展的特征，能够很好地协调代际需求；再次，现代家庭、特别是现代青年，正在逐步正视婚姻代际干预的现实意义，能够用更加理性、辩证的方式看待代际分歧，求同存异。这些现实意义促使我们看到，婚姻代际干预正在成为连接代际亲密关系与经济互助的协调方式，在婚姻代际干预的互动中，既不简单遵循市场交换法则，也不单纯继承传统情感需要，而是蕴含了一种特有的个性化协商法则和需求逻辑。

(2)发展合理性。正如加拿大学者大卫·切尔对“环境多样性”在家庭生活领域的解释，改革开放发展至今，父辈是否选择对子辈婚姻进行干预、子辈是否选择接受父辈的婚姻干预，都不仅仅体现了不同家庭观念、价值观念的导向作用，更是个体所处环境多样性的结果。也就是说，即便是具有相同家庭文化理念的人也会以不同的视角看待婚姻干预，采取不同的方式生活，这是现实环境与个性抉择共同作用的结果。当前中国社会，有一些特殊的两难困境，包括受教育年限普遍延长与入职的延后、社交范围的扩大与结交深度的减弱、日工作时间的延长与经济压力的增大、文化的多元开放与离婚率的居高不下……种种矛盾现象反映出工作与家庭兼顾不易，有效社交的减少与开放文化导致的鲜活婚姻教训都为婚姻代际干预存在提供了实际论据，这便产生两类情况：其一，对于那些社交环境复杂、思想前卫开放的年轻人，父辈主动出手干预其婚姻事宜，以期达到事前控制效果；其二，对于那些想继续读书深造又不愿耽误结婚生子、既想做职场达人又要规划婚姻家庭的年轻人来讲，主动与父辈寻求合作，对个体发展来讲将是另一种完全不同的情况，父辈家庭可以帮助他们打理家务、物色合适人选，节约了大量择偶成本。即便是努力坚持自由发展价值观的人也愿意接受甚至寻求婚姻干预，这并非出于对传统包办婚姻文化的认可，而是根据自身处境考虑的个人抉择。

(3)观念合理性。在瞬息万变的观念更新与迭代中不变的是发展，现代化转型过程中，生命历程复杂性的增加与人们如何看待自己以及如何看待家庭的主观变化相联系。在个性化发展的世界中，人们的自我意识所反映的是他们自身的需要

① 泽利泽.亲密关系的购买[M].姚伟，刘永强，译.上海：上海人民出版社，2009：178.

和他们作为社会行动的基础对未来的计划①。个体生活观念的多样性是社会复杂性增加的直接结果，这是因为个体为适应环境变迁、满足不断变化的需要而产生越来越多的变通观念，“没有绝对的对与错”“黑猫白猫抓住老鼠就是好猫”这些观念通常成为人们推翻现有信念的基础。另一方面，“人往高处走，水往低处流”“创造有效联系”“和给你带来正能量、助你成功、为你创造条件的人建立关系”这类想法则为重新看待周边的人、事、物，建立新的关系提供了基础。婚姻代际干预因其在现代家庭中的实际效用与特殊贡献被越来越多的青年人接受，有些个体甚至实现从被动干预到主动寻求干预的转变。

2. 家庭意义上的合理性

(1)形式合理性。大卫·切尔认为，在某些特定情况下，人们也许无法以他们想要的那种生活方式生活，其结果就是出现了大量家庭构成的环境多样性。这种多样性并不意味着家庭生活的文化理想已经消失，甚至也不意味着家庭正在衰落，这只是意味着在生命的不同阶段、不同情境中，家庭的价值观念也许可以用不同的方式来制定②。基于以上认知，我们可以将婚姻代际干预理解为家庭价值观念在现代家庭代际互动中的一种革新体现，也许这是对家庭现代化趋同理论最好的反驳论据。事实证明，在家庭现代化发展过程中有不止自由恋爱一种的婚姻择偶形式存在，处在不同社会环境中的人们，会根据自身需求采取不同的形式来实现婚姻过程。当人们对婚姻家庭生活持有不同考虑而产生不同婚姻实践时，这种婚姻形式的合理性就存在其中了。尽管中国传统家庭理念的存在方式已经被现代化发展浪潮所改变，但在当今社会，资源共享、互助共生的家庭理念仍然具有相当的影响力。个性选择、多样发展体现在社会生活的方方面面，潜藏在这些多样性背后的时代特征是代际纽带关系紧紧相连。婚姻代际干预作为代际纽带关系的重要表现形式，其存在合理性不言自明。

(2)价值合理性。在中国人的生命发展周期中，随着生存、发展环境变迁，选择多样性不断增加，人们对婚姻代际干预的接受程度不尽相同，一方面是青年人自主需求的结果，另一方面，也是代际之间无法割舍的依赖情感使然。独生子女政策后果与人口老龄化问题日益严峻，可以解释父辈对子辈赡养需求的激增，家庭养老形式的不容替代，这对两代人共同居住的形式提出要求。面对如此社会现实，夫妻间的亲密关系不可避免地与代际之间的紧密关系相交织，年轻人之间亲密互动的自主性虽然在一定程度上限制了父辈对成年子女婚姻干预权利的要求(排除子辈主动要求)，但面对经济压力时的个体应对差异，同样导致部分青年人对父辈家庭产生经济依赖。具体来讲，在中国传统社会，严格的包办婚姻更多存在于上层阶级或

① 切尔. 家庭生活的社会学[M]. 彭铟旎，译. 北京：中华书局，2005：41.

② 切尔. 家庭生活的社会学[M]. 彭铟旎，译. 北京：中华书局，2005：24.

地主家庭，对富人而言，家族资源与遗产的继承是最重要的考虑因素，而大多数普通百姓遵循的是另一种更具弹性的父母介绍婚形式，因为替子辈完成婚姻大事更多是一种责任而非情感交换。但在现代社会中，相对于中产阶层或上层社会而言，更具干预需求的却是收入相对低下的下层劳动群体，毕竟，婚姻成本高涨是其难以独立面对的事实。不论任何年龄，任何社会，个体独立生活、独自完婚的可能性必然与其经济能力相对应，现代社会核心小家庭的增加绝大部分归因于个人财富的增加。在中国，适龄结婚与代际互助比个体独立与私生活自由具有更高的价值，大多数情况是只要父辈家庭具备协助子辈完成婚姻的能力，他们就会不遗余力地依据这种价值观行事。

(3)分配合理性。大卫·切尔认为家庭中权利与义务关系通常能够反映出家庭关系中的优先权体系，这是因为一个人不可能同时扮演多重角色，也无法独自完成所有家庭事务。因此在家庭生活中，人们必须做出决策与规划，规定谁在某一时期应被给予更多权利、谁该主管财政大权、谁应该获得更多关注。做出这些规划的基础应随着生存环境的改变而适时变化，同时也可以基于家庭成员的认知水平与选择偏好而做出调整。尽管如此，家庭的优先权并不是随机的，通常存在一种变化结构，这一结构受到特定家庭发展史的影响，就如人们受到特定人口统计与社会变迁的影响一样①。大卫·赫拉在讨论西班牙家庭未来发展时具体指出，家庭关系中的结构变迁通常以两种形式来影响人们(特别是年轻人)的决策。其一，受经济发展与人均寿命延长的影响，老年人将在子辈及孙辈抚养、教育过程中扮演越来越重要的角色，特别是在职业流动与女性工作量不断增加的后工业时代②。越来越多的年轻人在家庭发展规划中将父母长辈纳入其中，并对其地位作用给予更多重视，婚姻代际干预便是重视长辈作用的具体体现。其二，财富向下流动的传统代际传递形式正在逐步瓦解，特别是在代际传递财富的时间安排上发生了重要改变③。在物质贫瘠或战争年代，医疗卫生落后，子辈通常能够在更年轻的阶段继承父辈遗产，而在现代社会，父辈财产在传递时间上不断延后，更多情况是对孙辈经济地位产生影响而对子辈经济地位影响减弱，这就造成在成年子辈获得父辈经济资助时受到“啃老”等负面舆论谴责。于是，越来越多家庭选择通过婚姻代际干预这一形式进行资源的重新分配，主要伴随着家庭财富的适度转移。这一形式不仅增进了代际情感与事务联系，也在子辈最需要资助时实现了财富转移时间结构上的调整，提高了财富使用价值，减少了舆论压力。

---

① 切尔.家庭生活的社会学[M].彭铟旎，译.北京：中华书局，2005:62.

② 切尔.家庭生活的社会学[M].彭铟旎，译.北京：中华书局，2005:61－62.

③ 切尔.家庭生活的社会学[M].彭铟旎，译.北京：中华书局，2005:61－62.

3. 社会意义上的合理性

(1)功能合理性。国家与婚姻法制定者之所以关注婚姻家庭问题,一方面是因为婚姻家庭关乎个体幸福体验与发展,另一方面也是因为不同类型的婚姻家庭形式对政府所提供的服务类型和需求形式不同。婚姻政策的制定者们在制定政策前通常需要深入走访、体察民情、调研论证,以尽可能了解、掌握不同类型婚姻家庭的发展态势。这是因为不同的婚姻家庭形式可能对家庭成员发展产生不同的影响。了解婚姻形式对青年发展的影响以及可能产生的社会风险与后果对政策的制定来讲是十分重要的①。婚姻法几次条例变更与补充解释,虽然始终坚持婚姻"自主自愿"原则不变,但各时期婚姻法强调的侧重点并不相同。这既是由于不同经济文化背景下产生的现实婚姻需求与婚姻问题不同,也因为人们对婚姻问题的理解与认知程度不断发生着改变。但值得注意的是,新中国成立以来的几次婚姻法变更与配套解释中均未涉及择偶形式及婚姻代际干预等现实问题,这从另一个角度说明,婚姻代际干预并未与婚姻"自主自愿"原则产生正面冲突,也未对社会发展产生显著负面影响。相反,作为个体择偶的补充形式,成为法规之外促进代际联系与家庭稳定、协助减少晚婚(不婚)群体压力的重要形式和手段,被法律法规默许,被现代人所接受。

(2)目标合理性。彼得·M.布劳认为任何社会行为都对应着一定的行为目标,很少有人会选择没有意义的行为徒施劳力,随着社会发展,人们越来越渴望突出自己的行为目标以区别芸芸众生。通常人们会在多种可供选择的方案中选择他们最偏好的方案行事,也许这种方案并不一定会给他们带来最大的物质利益回报,有时甚至会要求他们做出相当程度的物质牺牲以换得崇高理想的实现,因为这可能就是他们最真实的目标。也许在别人看来这并非是实现其目标的最好选择②。在现实社会生活中,面对日益开放的性文化、日趋升高的离婚率、日渐高涨的婚姻成本,从小接受传统文化教育与熏陶的父母长辈们通常会以最直接有效的婚姻干预手段达到协助子辈理性选择伴侣、顺利缔结婚姻的目标。在这过程中,干预的方式与程度因人而异,子辈接受的效果不等,社会舆论评价褒贬不一,但这都无法阻止父辈实现目标的决心,社会大众也无法对婚姻代际干预在增进代际联系与团结方面起到的现实效果视而不见。婚姻代际干预作为家庭凝聚力的整合纽带在追求共同目标中实现了巩固代际联系的作用。正如布劳在讨论社会支持作用时指出:社会竞争与分化过程造成了张力,这些张力增加了群体对整合纽带的需要,因为群体凝聚力能够促进规范标准共识的产生,同时有利于共享标准的有效实施。这种相互支持共生的伙伴关系整合纽带加强了群体间非正式制裁的意义(比如停止支

① 切尔.家庭生活的社会学[M].彭铟旎,译.北京:中华书局,2005:23.

② 布劳.社会生活中的交换与权力[M].李国武,译.北京:商务印书馆,2012:58-59.

持与互助对每个个体成员的意义)[①]。因此,本研究认为,婚姻代际干预的内在实质是代际互助而非支配,是实现代际联系的有效方式,促进了代际凝聚力的增加,这也有利于社会控制和协调的实现。

(3)舆论合理性。社会舆论界定了信念是正确的还是错误的[②]。现实社会中,尽管有些人可以做到坚守信念,与舆论风尚背道而驰仍坚持己见。但这样做毕竟是十分困难,难以持续的。很少有人能够自始至终做到与社会主流价值观相冲突却心安理得。因此,对社会大众来讲,获得某些正向的社会舆论支持对维持自己信念与行动方向是十分重要的。现代社会传统包办婚姻基本绝迹,但婚姻代际干预却在长久的社会变革历史中存在至今。也许有人认为,这一现实与开放发展的现代文明不符,是父权社会的重新崛起,是父辈利用子辈稀缺的物质资源诱使或胁迫子辈服从的行为,但不要忘记,这种权力产生的条件是对方(子辈)无法偿还或给予方(父辈)无须对方(子辈)偿还,这显然与事实不符。开放竞争的市场经济给当代青年带来了无限发展可能性,而社会老龄化问题日益严峻、家庭养老的不可替代都对未来社会父辈更加依赖子辈提供了现实依据。此外,由于个体间的交往模式往往还受到它所发生于其中的社会背景的强烈影响[③]。在对婚姻代际干预行为进行分析时,不能将其与传统包办婚姻等同分析,更不能把它视为是违背社会需求关系的单独存在。我们可以推论,子辈并非总是被动接受婚姻代际干预,父辈也并非总是强迫实施干预。婚姻代际干预体现出主流价值提倡的代际互助与团结精神,婚姻问题在家庭内部解决也避免了社会干预可能产生的处理不当与法理不兼容问题,因此其具备一定程度的舆论支持基础。

6.2 婚姻代际干预面临的现实困境

6.2.1 经济困境:独立精神与经济依赖

经典家庭现代化理论认为当青年人能够独立自主地作出决定时长辈也就无力包办儿女的婚事了。其结果就是,长辈们不怎么愿意再在子女婚姻这类事情上做出家庭投资,嫁妆与聘礼也就显得不那么重要了[④]。毋庸置疑,无论东方社会还是西方世界中的青年人都处在更加开放的社会,比传统社会的青年人享有更多的自主权,无论男女,强者可以选择拒绝与家长合作,家长也不必再承担前期非等效投

① 布劳.社会生活中的交换与权力[M].李国武,译.北京:商务印书馆,2012:100-113.
② 布劳.社会生活中的交换与权力[M].李国武,译.北京:商务印书馆,2012:116.
③ 布劳.社会生活中的交换与权力[M].李国武,译.北京:商务印书馆,2012:75.
④ 古德.家庭[M].魏章玲,译.北京:社会科学文献出版社,1987:86.

资的风险与压力，代际双方可以实现真正的精神与物质生活独立。现代化发展理论单一因素在诠释精神世界与现实世界协调发展方面似乎有很强的说服力，但需要明白，经济因素并不是唯一可以促使家庭行为发生改变的因素，意识形态、法律制度同样可以，况且还存在许多抵制现代化发展的家庭因素，例如代际联系依然紧密、亲属关系网络仍然占有重要的地位等。在现实婚姻中，个体在历经险阻终于摆脱大家庭利益束缚之后却反过来要求大家庭提供资源和支持，人们利用传统的代际情感关系，把婚姻缔结中对父母的依赖当成理所当然①。嫁妆并没有消失，婚姻成本节节攀升，青年人可自决而不自决，长辈们应退后反向前。最具独立精神、敢于创新的年青一代，往往是“无产阶级”的主要代表，他们并不掌握任何生活资料，大多依赖父母家庭生存。显然，家庭现代化理论无法解释中国社会现存的诸多矛盾现象，该理论只看到了社会发展对个体思想或行为的单线影响，而忽略掉控制我们思想和行为的家庭与社会环境之间的不协调因素。我们认为，现代化发展确实能够促进思想的解放，有利于个体独立精神的培养，但思想的解放并不一定意味着经济的独立，同理，经济不独立的个体并非一定缺少独立精神。

也许有人会说，中国家庭可以遵照西方模式，对成年子女完全放手，但与西方社会不同的经济、文化背景造成了中国父辈家庭进退两难的现状：一方面，传统权威的瓦解以及新兴科技的涌现使许多父母相信年轻人的世界自己无法进入，也不再确定自己的意见就是最好的。子辈往往不再继承父辈的职业，他们甚至不再依靠父母关系寻找工作。越来越多的父辈意识到自己权力的消逝与力量的薄弱，承认是时候该退居二线，放手让子辈独自面对发展的世界，选择他们想要的。但另一方面，社会对年青一代提出的要求越来越高，单位时间内需要完成的事情越来越多，受个体条件差异影响，有些年轻人能够做到角色身份转化与发展需求完美匹配，独立协调发展，有些人则无力承担发展需求压力、主动寻求支持与合作，父辈家庭作为最有力的支持者，不得不挺身而出、参与其中。但父辈究竟应何时放松控制，怎样参与其中，并无公认一致的看法，只得在左右摇摆的子辈需求面前艰难探索。

婚姻代际干预便是需求与给予矛盾的现实表现。年轻人渴望获得独立自主的爱情，却遭到诸如高昂的婚姻成本、苛刻的择偶条件这类物质现实的打击。正如有关代际关系的研究指出的那样，子代强调个体意识与独立精神，但在经济上或劳务上却缺乏足够的独立性，十分依赖父母②。面对诸如教育年限延长、入职时间推后、经济实力薄弱、结婚年龄的无限推迟这些现实困境，青年人的矛盾心理无法排

① 马春华，李银河，唐灿，王震宇，石金群. 转型期中国城市家庭变迁：基于五城市的调查[M]. 北京：社会科学文献出版社，2013：17.

② 康岚. 反馈模式的变迁：代差视野下的城市代际关系研究[D]. 上海大学，2009.

遗,究竟该让渡婚姻权利寻求父辈支持,还是坚守婚姻独立原则拒绝父辈善意资助,婚姻代际干预应需而生。

6.2.2 文化困境:自由精神与安全需求

诗人荷尔德林也许曾相信,有危险的地方就有救赎,但理性的现实世界不允许我们有这样的浪漫情感。就连曾经被奉为世界繁荣之因的自由主义精神现如今也遭到了冲蚀。马歇尔曾在他的代表作《公民身份与社会阶层》(*Citizenship and Social Class*)一书中明确强调,安全是自由的前提。前西班牙政府首相冈萨雷斯(Felipe Gonzalez)也曾指出,一般而言,自由并非人们的首要需求,而是人们在满足了其他需求之后去寻求的东西,他还认为安全感是首要的情感,其实我们离动物本能比想象的更近,失去了安全感为前提,自由感也就失去了存在的保障,变得异常脆弱[①]。尽管自由主义奉行者对此不屑一顾,但现实世界的变迁印证了他们的论断。我们越来越发现,现实生活中遇到的麻烦、障碍与威胁似乎与个体拥有的自由成正比。但同时也需要认识到,安全感的获得并非总是以牺牲自由为前提,正如鲍曼所言,与寻找共同体归属感相比,人们更加在意的是怎样从无法摆脱的纷杂抉择的强制状态下解放出来[②]。换言之,与其被所谓的自由精神支配异化(宗教运动、毒品、暴力、性泛滥),人们宁愿选择条框限制下的有限自由。

现代社会的家庭生活常常因个体对新机会、新文化的追求而产生结构性变动,这种新机会和新文化常常伴随着现代工业文明和城市化发展而产生,其中的许多变化都被现代社会所推崇,这是经济变迁带来的文化嬗变与传统家庭关系纽带松弛的直接后果。在新的文化群体与组织关系中存在许多传统社会没有的机遇与利益诱惑,一切似乎都向着离开家庭、冲破文化羁绊发展。但在现代性快感过后的挫折面前,在纷繁复杂的选择面前,青年人曾经进军城市、乘风破浪的勇气一次次被现实击灭,唯有家庭是挫折面前最强有力的依靠。许多人在意识到文化衰败带来的社会问题后开始重新强调传统文化的价值。其中,回归家庭,在伴侣式关系的基础上重建持久稳定的婚姻关系运动一度成为西方社会 20 世纪中期及现代中国极具影响力的声音。婚姻代际干预便是在这种现实土壤中曲折变迁,它的存在似乎反映出在婚姻绝对自由带来的风险与代际干预获得的安全感之间人们始终摇摆不定、无法取舍。唯一可以对这一现实困境进行解释的方式是当我们讨论个体婚姻自由程度时,不能只看外在形式,也不能被有关国家法规与社会舆论争议所左右,而应该关注在婚姻代际干预这一外在形式的背后个体是否具有行为抉择能力,倘若个体能够沉着应对,那就说明婚姻自由得到了很好

① 贝克.个体化[M].李荣山,等译.北京:北京大学出版社,2011:187.

② 贝克.个体化[M].李荣山,等译.北京:北京大学出版社,2011:188.

的保存，自由与安全感并不对立；反之则说明个体缺乏现世应对能力，自由与安全感于其而言均是不幸。

6.2.3 价值困境：利他主义与利己主义

尽管人们认为现在可以标定价格的事情越来越多，但是将家庭代际之间的相互支持视为可标价的事情于中国社会而言仍是具有冲击性的论点。通观历史，"父慈子孝""父爱如山"的父辈无私形象早已深入人心，广为推崇。男权历史规定了父爱的边界，确立了与之相关的可强制实施的权利与义务。有学者发现，任何社会关系的长期维持都离不开人们创造的在文化上有意义的制度支持，就如社会中最常见的夫妻关系、父子关系，正是因为有了婚姻与家庭文化这类意义丰富的制度支持，才使得彼此间的关系更加稳定持久[①]。也正因有了这样的理论认知，我们才能更加理性、清晰地看待这一问题本质。本研究认为，长久以来我们将父辈形象设定得如此高大无私，一方面是因为这样的形象更符合男权社会对一家之主的人设规定，另一方面也是由于无私的父爱形象更加有利于父辈执行角色权利，于子辈而言也更易接受。

随着货币社会的发展与经济理性观念的传播，西方利己主义精神常常把货币型经济交易与相应的利己主义社会关系相匹配，并以适当的规则来规范这种交易行为，而这种交易规则的存在又在很大程度上取决于人们对利己主义效益的普遍认可。就这样，自经济领域开始，利己主义文化从西方到东方逐步延伸至社会生活的各领域、各种关系中。我国学者也开始认识到，传统的利他主义文化因反对一切个人利益的追求而较为严重地侵犯了个人的欲望和自由权利，堵塞了人们增进社会和他人利益的最有力的源泉，已无法适应当前社会的发展需要。反观利己主义，反对盲目的牺牲自我、无私利他行为，把利己不损人奉为评判个人行为是否符合道德的唯一原则，对个体欲望与自由权利侵犯较少，能够最大限度地增进个体与社会利益，是最符合当前社会发展的行为原则[②]。

本研究认为，从理论认知与现实发展的角度而言，简单断定婚姻代际干预行为是无私利他或是藏私利己行为都难以表现其真实内涵。因为利己或利他这样的对立价值评判已无法解释现实社会中存在的诸如父辈为完成家庭延续任务、或奠定养老基础而做出的代际婚姻资助（干预）行为。我们认为，这类行为可以界定为是"为己而利他"的，正如18世纪法国哲人指出的，人们了为了使自己幸福，就必须为自己的幸福所需要的别人的幸福而付诸行动[③]。现代社会代际联系愈加紧密，不

---

① 泽利泽. 亲密关系的购买[M]. 姚伟，刘永强，译. 上海：上海人民出版社，2009：25.

② 王海明. 利他主义与利己主义辨析[J]. 河南师范大学学报（哲学社会科学版），2001(01)：19－26.

③ 北京大学哲学系外国哲学史教研室. 十八世纪法国哲学[M]. 北京：商务印书馆，1957：649.

是因为父子责任或义务发生改变，而是更多人开始直面其追求幸福的方式——经济社会必须以代际物资利益联合为堡垒；承认自己的目标利益——共同抵御环境变化风险。现实世界中没有哪个人可以真正称得上是无私心的人，如果有，那一定是因为我们还没有洞悉他的动机，或者是我们对他的目标利益表示欣赏[①]。

6.2.4 公私困境：法律效用与家庭效用

法律在处理家庭馈赠、交易纠纷时，面临同样的难题。其一，缺少明确、有效的法规条例去处理发生在家庭关系中的多重关系与交易；其二，当家庭成员把各种家庭经济纠纷或争端起诉至法院处理时，现有的统一法规与单一处理方式很难精准界定，因需而异[②]。虽然以人为本、保障公民合法权益是立法宗旨，但法律在干预婚姻家庭事务时因存在以上不足而无法成为最具人性化的处理纠纷方式。但与此正义理念效用不足相比，我们仍可以确定，法律干预初衷是为了保护公民婚姻自主权利、为人们提供合法的结婚（离婚）途径、对解决家庭财产纠纷、保障妇女儿童权益起到了积极的作用，是维护个体合法权益最有效的方式之一。它在处理家庭暴力与离婚财产纠纷等事务型案件时表现出的高效性与无偏性特征越来越为社会大众所认可，也因此被大多数中国家庭视为解决婚姻财物纠纷的最佳选择、情感纠纷的最后选择。总体来讲，相比于婚姻纠纷处理，现阶段我国公民运用法律手段维护诸如婚姻自主自愿原则观念权益的行为较少，毕竟，观念权益不涉及金钱利益，不痛不痒，常受到人们无情的忽视，需要跨越人情、传统、家庭阻碍等障碍。以中国裁判文书网案例数据为据，截至 2018 年 11 月 17 日，输入检索条件为民事案件、婚姻自主权纠纷，全国共计 41 起相关案件，仅占所有婚姻纠纷案件（2914 件）的 1.4%[③]。由此可见，对婚姻自主权的维护并未得到社会大众应有的重视，或是说重视程度还没有上升到法规层面。如此现实表明，人们普遍忽视法律对婚姻核心原则的强调，而重视其惩处规则，法律效力体现出一面性偏倒。

不同于法律的高效、无偏特征，父母家庭的效用则取决于家庭经济状况、意识水平与子女的数量，且常常是情感与经济互动交融的高效整合体。从为子女提供婚姻帮助与服务的情感角度来讲，我们可以认为，绝大多数父母对子女都表现出更多的利他主义感性倾向，这种观点可以从父母为子女提供的诸如婚房、新婚用品等经济资助和为子女提供的无偿家务服务中得到证明。大多数中国家庭，父辈在照顾子辈成长过程中都花费了大量时间精力，为子辈教育和健康不计成本的投入金钱，给子辈馈赠，甚至把大量遗产留给子辈。虽然程度、方式有所差别，但大多数父

① 霍尔巴赫. 自然的体系（上卷）[M]. 管士滨，译. 北京：商务印书馆，1964：271.

② 泽利泽. 亲密关系的购买[M]. 姚伟，刘永强，译. 上海：上海人民出版社，2009：232.

③ 中国裁判文书网[EB/OL]. http://wenshu.court.gov.cn/Index.

辈于子辈而言都做出了牺牲。西方学者强调，无论在法律之内获得法律承认和保护，还是在法律之外的日常生活实践中，家庭都承包了很多人们一直在实施着的强有力的“关系性”工作，这种“关系性的工作常常把家庭成员亲密关系与经济活动紧密地联系在一起，以至于家庭成员间的经济理性与情感作用不可分割[①]。无论何种解释，我们都无法否认，父子间经济馈赠的理性层面意味着父辈与子辈之间存在着某种有效交易，且此种交易产生的婚姻家庭效益显然高过条框一致的法律。因为在所有这些商谈、馈赠、服务中，家庭成员的角色功能随互动方式频繁调整，这使得成员之间的相互作用比起一般意义的法律条例更加复杂而有影响力，家庭效用的情理兼顾特征越来越突出。

面对法律效用一面性偏重与家庭效用多面兼顾的事实，我们越来越无法清晰界定婚姻代际干预是触犯公律的违法行为还是私人领域的婚姻协商形式，因为婚姻代际干预于公于私产生的意义都不只是与原则对立或与家庭和解，它本身就是公私领域矛盾与共融的体现。

6.3 中国婚姻代际干预蕴含的理论启示

6.3.1 家庭现代化理论的指导性与不足之处

1. 家庭现代化理论的重要作用

虽然自 20 世纪 60 至 70 年代之后，伴随着诸如“交换理论”“生命历程理论”“家庭团结、冲突理论”“家庭策略理论”等一些新生家庭研究理论的提出与发展，家庭现代化理论受到了西方学界的普遍批评与修正，但在对本项婚姻代际干预研究进行理论准备，查阅、回顾、整理家庭现代化理论流变的过程中，笔者认为，现阶段家庭现代化理论对本项婚姻代际干预研究仍具有以下几点重要启示。

第一，国内学界普遍将家庭现代化理论指代为“家庭核心化”“亲属关系削弱”“成员关系联系减弱”等标准有失公允，毕竟家庭现代化理论在不断吸收新方法和新材料的基础上逐步得到修正与发展，需要用发展的眼光去看待，即并不存在真正意义上的家庭模式进化程序，核心家庭与家庭的独立化也不是现代文明的唯一象征，毕竟现代亲属网络的重要性并未减弱，核心家庭古已有之，并非工业化发展的特殊催生物。这为探究婚姻代际干预的传统与现代意义打下理论基础，即是说，除非我们搞清楚哪些具体因素是导致婚姻代际干预变成禁锢思想、侵犯婚姻自由权利的必要手段与工具，哪些因素是促使婚姻代际干预在现实社会仍然存在的合理

① 泽利泽.亲密关系的购买[M].姚伟，刘永强，译.上海：上海人民出版社，2009：233.

性解释,否则,工业化和城市化发展本身并没有很强的说服力。

第二,虽然新兴理论在解释某些具体行为关系逻辑时更有针对性与说服性,但家庭现代化理论在讨论现代化发展伴随的婚姻家庭变迁这一宏观解释路径仍然具有很强的说服力和指导性。其关于家庭现代化发展特征和变迁模式的讨论,在纵向对比家庭变迁历程中具有不可否认的理论地位,影响着包括东西方在内的世界多数国家对家庭现代化道路的探索与分析。例如,古德在强调世界范围内家庭现代化变化的共同特征时指出,由于青年人婚姻自主意识与程度的提高导致嫁妆或聘金的流行程度下降,亲属不再能主宰年轻人的择偶和婚姻,父母逐渐丧失了对子女恋爱和择偶的决定权。这一论断成为本项婚姻代际干预研究需要验证的理论起点。

第三,修正后的家庭现代化理论强调的家庭变迁过程中体现的两种主要功能性适应:即个体希望能够获得最大限度的平等的个人主义价值观念与夫妇式家庭制度之间的功能适应及家庭制度与工业化发展之间的适应[①②]。但由于每个社会形态的历史基点不同,家庭模式的发展也不尽相同,家庭制度既可以促进工业化发展,又可能对其产生抵制作用,这为本项研究辩证地看待二者关系给出重要启示。如在探讨婚姻代际干预研究时,不能将其定格于传统社会,认为是现代社会不能容忍的落后因素,需要认识到婚姻代际干预不同时期表现出的干预方式与程度差异展现了其抵制与适应现代化发展的双面特征,婚姻代际干预的存在于传统与现代社会而言意义各不相同。

第四,修正后的家庭现代化理论认为,工业化发展与家庭变迁二者之间并不是单线发展而是两个平行发展和相互适应的过程,即经济与技术因素不是决定家庭模式的唯一评判标准,家庭变迁是由例如"文化传统""政策法规""个体观念变迁"等多种因素的共同作用使然。这对本项婚姻代际干预沿革机制的探讨具有重要启发作用,即不同时期的经济、政治、文化变迁都可能对其诱发机制产生不同影响。因此,干预机制的探讨必须分阶段、多角度、全方位展开。

2. 家庭现代化理论的不足之处

家庭现代化理论虽然在本项婚姻代际干预研究中作为理论验证起点与主要对话思想产生以上几点重要启示,但确也存在整个理论构建与核心思想上的缺陷与不足,以至于无法作为本研究的理论指导核心而贯穿始终。具体不足之处如下。

第一,古德对家庭现代化变迁方向与特征的讨论极大地丰富了现代化理论,其贡献无可厚非,但他在批判父辈决定子辈婚姻的传统婚姻制度时,仍提出了一种直线性和一元性的进化模式,即认为在世界范围内,父辈婚姻干预权力的消逝和独立

① 杨善华.家庭社会学[M].北京:高等教育出版社,2006:18-19.

② 唐灿.家庭现代化理论及其发展的回顾与评述[J].社会学研究,2010,25(03):202.

自主婚姻的完全实现这一趋势是共同的，并把西方自主婚姻模式作为评判标准以区分衡量不同社会形态的婚姻家庭现代化程度，这一倾向暗含了对东西方世界及相应文化的优劣评价，研究过程忽视了价值中立及文化包容原则，最终导致其无法修正的理论缺陷。

第二，虽然以古德为代表的家庭现代化理论学派后期注意到了一些发展中国家和地区因政治文化差异存在的婚姻家庭模式的复杂性与多样性，但他们还是认为凡是与现代化发展特征不符的因素都是阻碍和抵制工业化与现代化的因素。例如，家庭现代化理论学派认为婚姻代际干预的存在将会阻碍家庭现代化发展进程，把出于多种不同原因存在的婚姻择偶模式视为是向预期的现代化过程发展的过渡形式，并不承认其合理性及对个体与社会发展产生的正面作用。但现实情况往往是传统的并非都是糟粕，现代的并不都是精华。如 20 世纪 70 年代《德狄勒斯》冬季刊公开发表的讨论认为，在现实环境中，传统与现代不容分割，二者相互作用，共同发展。它们渗透于社会和政治结构之中，并在特定的社会中适应着经济的发展①。斯冈茨尼也曾对家庭现代化理论的现代化评判标准提出批评，认为用“标准社会学理论”和“样板家庭”来覆盖家庭形式的多样性显得太虚假，某些家庭形式无疑在数量上占优势，但是把其中之一类当作所有家庭形式的理想类型是欠妥的②。所以，本研究并不认同古德单纯将婚姻代际干预视为传统的、落后的婚姻形式，而将社会主流推崇的自由恋爱婚姻视为现代的、进步的观点。

第三，家庭现代化理论的另一缺点在于其奉行了简单的变革理念与单位时间同步转换观念，认为家庭生活的各个方面同步向现代化标准模式转变。本研究关于婚姻代际干预的研究论证了现代化发展并不是各领域同步进行。一些青年人努力适应着现代化工作方式与市场竞争模式，但他们却保持着传统的婚姻文化与家庭观念，这非但没有给他们造成困扰，还有助于他们协调工作与家庭。有些青年人可能工作中是“职场达人”，回到家里就是“听父母话的孩子”，心甘情愿、甚至主动征求父母对其婚姻的意见。也就是说，并非所有个性要素都会在同一时间发育和现代化。所以，接受人们在不同的生活或其他领域分别采用现代或传统的行为方式，接受一个复杂、多样的行为模式，比搜索一个全面的现代化过程要来得更加实际③。

第四，家庭现代化理论结构功能学派代表帕森斯曾把家庭结构和规模从大到小的变化视为一种进步，这种家庭结构的两分对立理论缺点突出。他认为典型的

① 唐灿. 家庭现代化理论及其发展的回顾与评述[J]. 社会学研究，2010，25(03)：205.

② SCANZONI J. Families in the 1980s：time to refocus our thinking.[J]. Journal of Family Issues，1987，8(4).

③ HAREVEN T K. Modernization and Family History：Perspectives on Social Change[J]. Chicago Journals，1976，a2(1).

夫妇家庭与父辈分开居住并且彼此经济独立是适应并促进工业社会发展的,体现了现代性与进步性;而传统的主干家庭居住格局与社会网络往往阻碍个性发展,是职业流动与经济发展的阻碍,是落后和低效的表现。这种现代划分标准,不仅忽略了核心家庭的历史经验事实,还忽视了经济社会发展的不同步与个体家庭能动作用的现实存在。本研究通过历史与现实资料对比分析认为,无论是工业发展相对落后的传统社会还是经济发展迅速的后现代社会,父子分家、独立生活与两代人共同居住形式共存,每个家庭都有会根据自身条件与外部环境做出他们认为最有利的家庭选择。即便是空间距离也不会显著影响代际情感与事务联系,只要子辈有需求,父辈有能力,代际间的互助干预模式就会随时建立,婚姻代际干预受个体家庭经济能力的影响与城乡差异不显著就是最好的例证。这充分体现了家庭代际网络的活跃性与重要性程度被家庭现代化理论学派大大低估,传统家庭文化中父辈协助子辈完成婚姻义务的削弱被严重夸大。虽然代际网络逐步失去对夫妇式家庭的控制与支配权力是事实,但它作为最重要的互助资源,当社会环境无法给个体提供更好的选择机会时,代际互助干预模式就不会失去生命力。

6.3.2 代际团结、冲突理论的局限性

1. 代际团结理论的局限性

自 1982 年本特森提出研究家庭代际关系的团结模型以来,代际团结理论便被西方学者广泛应用于相关研究领域,并被本特松(1991),罗伯茨(1991),西尔弗斯坦(1997)等一批学者证实是有效的。笔者认为这一理论忽视了家庭关系的多样性及其与之对立的个体独立化追求,以至于过分强调代际关系和谐的一面而忽视了相矛盾、冲突与多样性的一面。该理论在婚姻代际干预研究中的理论解释力不足主要体现在以下几个方面。

第一,该理论过分强调代际情感互动与资源交换等团结模式,而忽视了各种团结模式之间的相互作用与内嵌过程。一直以来,学界普遍将子女成年后是否仍与父母同住及其在赡养老人义务上的不同看作是东西方家庭代际关系的主要区别,也就是人们所说的西方“接力式”家庭代际关系与东方“反馈式”家庭代际关系,以及与之对应的情感意识与责任观念。也许正是因为代际团结理论承认以上关系模式,它将西方代际互动认定为是代际情感关系紧密作用使然,将东方家庭代际互动视为功能性、规范性与结构性的团结[①]。这种类型学划分,虽然能够很好地揭示不同文化背景下的代际关系特征,但却对东西方文化日渐交融背景下的现实代际互动过程缺乏解释力。相应的,在婚姻代际干预研究中,代际团

① 靳小怡,崔烨,郭秋菊.城镇化背景下农村随迁父母的代际关系:基于代际团结模式的分析[J].人口学刊,2015(1):50-62.

结理论只强调东方社会父子间关于婚姻择偶方面的一致性与功能性团结，而没有看到随经济社会变革而来的代际关系结构变迁与角色权力转化，父子间情感与事务性联系日渐突出，婚姻代际干预已不再是某一特定民族或社会的特有表现，而是任何社会都可能发生的个体（家庭）基于经济条件、网络结构、文化环境变迁与婚姻市场竞争等多种因素的综合考量。该理论忽视的模式交融正是本研究的关键。

第二，该理论在讨论居住安排与代际团结关系时同样只强调了二者相和谐的一面，而忽视了时代环境及个体意愿对家庭居住格局的影响。已有研究认为居住安排涉及不同类型家庭中的家庭动力学和代际关系，这种家庭代际互动的机会结构将会增强或限制联系、情感和资源交换的频率和类型①。代际团结理论的支持者认为，无论是传统父权社会以父母为中心的居住模式，还是现代社会以子女牺牲独立自主意愿为代价的共同居住格局，都表现出子辈对父辈成员需求与偏好的尊重和理解，是代际团结的具体表现②，同时，代际同住为家庭成员互助与资源交换提供了更加便利的时空场所，能够促进家庭代际关系更加紧密③。与该理论不同，本研究认为，虽然现实社会中确实存在应功能性需求或经济互助需要而代际同住的情况，但大多是个体发展过程中某一生命历程的阶段性需求，受事务性需求影响较大。例如现实中许多年轻夫妇选择婚后与父母同住，但究其原因多数是受经济条件或工作环境所迫，并未涉及孝道文化或自我牺牲意识。受现代化发展带来人口流动与家庭居住结构变迁影响，越来越多城市青年因工作或教育需求离开父辈家庭，越来越多的农村青年为谋生计选择进城务工。成年子女与父辈同住比例明显下降已是不争的事实。虽然许多研究表明代际联系并不受代际空间距离的显著影响，但代际联系与代际团结之间是否能够画上等号，还有待进一步研究讨论。

第三，代际团结理论无法解释现阶段家庭成员主动寻求代际联系策略却又不得不以经济馈赠、权利转让等方式获得想要的团结的矛盾境遇。经济发展似乎为个体行动者带去更多自主选择的可能，但就目前发展形势来看，却也存在社会发展与家庭资源不平等的现实，这就导致家庭成员对资源的争夺和权力的博弈，暗含的逻辑是家庭成员彼此间的利益诉求具有不可整合性，以及个人利益诉求与家庭利

---

① LEI L. Sons, Daughters and Intergenerational Support in China[J]. Chinese Sociological Review, 2013, 45(3): 26 - 52.

② LIN J P, YI C C. A Comparative Analysis of Intergenerational Relations in East Asia[J]. International Sociology, 2013, 28(3): 297 - 315.

③ LOWENSTEIN A. Intergenerational Family Relations and Social Support[J]. Zeitschrift für Gerontologie und Geriatrie, 1999, 32(6): 398 - 406.

益之间是相分离和相互竞争的关系①。这显然与代际团结的事实不符。以婚姻代际干预事实来讲,最理想的状态自然是代际经济独立、婚姻自主、关系和睦,但子辈经济不独立、婚姻成本激增、独生子女老年赡养任务加剧这些现实导致部分青年为寻求婚姻资助主动让渡择偶权利,父辈们因渴望代际关系持久稳定而将子辈婚姻视为重建父子联系的重要契机,出资出力以换取权力。导致家庭成员还未正式从传统孝道文化的束缚中彻底解放出来,便又因现代性风险与压力重新嵌入到家庭代际关系的更深层方阵中②。这充分说明,所谓代际团结的增多,更多是应对环境变迁的策略性选择,时代变迁、经济发展与文化多样性必然导致更多利益与观念冲突的存在。对这些冲突现实避而不见是代际团结理论最大的缺陷。

3.代际冲突理论的局限性

20世纪70年代,文化人类学家玛格丽特·米德的代表作《文化与承诺》一书问世,该书从文化传承的角度系统论述了普遍存在的代沟问题的形成机理,自此代际冲突问题开始引起人们的广泛关注。代际冲突理论实质是强调由于社会变迁与文化发展带来两代人在思想观念、生活方式、处事风格等方面的差异与隔阂,这种差异与隔阂是导致代际冲突的根源所在。但现有研究已经证实,代际之间依然保持高效联系,成年子女与父母之间在经济支持、情感慰藉、家务照料等方面始终保持密切联系,并没有随时代观念变迁而产生疏离(杨菊华、李路路,2009;徐勤,2011),相反,家庭成员在分担生活成本、抵御社会风险与压力方面发挥着越来越重要的作用(陈辉,2012;许琪,2013),孝道伦理在年轻人心中仍然占据重要位置(刘汶蓉,2012)。这些家庭现代化自反性特征显然与代际冲突强调的事实不符。具体到婚姻代际干预研究,代际冲突理论主要存在以下几点不足:

第一,强调代际婚姻观念冲突的一面而忽视其对话协商的一面。不同于代际冲突理论认为代际之间存在永远不可逾越的鸿沟——“代沟”,因此二代人之间存在不可调和的婚姻择偶观念,一旦发生婚姻代际干预,必然伴随着冲突与矛盾的产生。本研究认为,由于所处环境与自身境遇的不同,在实际婚姻决策中存在代际关系的自反性与弥合性,体现为父辈与子辈成员根据各自利益需求、喜好、价值不断协商的过程。也就是说,即便在婚姻代际干预问题上存在某些观念上的不合与冲突,面对完成婚姻所需物质条件与情感认同这些具体指标,观念上的冲突会逐步调和,因为这种协商合作是构成婚姻条件的具体要求。经济发展与文化变迁对家庭代际关系的冲击,不在于完全改变了两代人对共同价值目标的期待,而是在于外部

① 刘汶蓉.转型期的家庭代际情感与团结:基于上海两类“啃老”家庭的比较[J].社会学研究,2016,31(04):148.

② 刘汶蓉.转型期的家庭代际情感与团结:基于上海两类“啃老”家庭的比较[J].社会学研究,2016,31(04):149.

环境的复杂性增加了两代人需求与观念调和的困难程度，这是代际冲突理论没有认识到的问题。

第二，代际冲突理论只看外部环境变迁对个体思维意识产生的影响，而没有注意到家庭社会化过程对既定情感、思维、文化的传递和影响。西方学者认为：人永远无法摆脱自己家庭的影响，它在很多看不到的方面影响着我们，这种强大的控制力持续一生，我们会在亲密关系中无意识地重复原生家庭的相处模式①。国内学者也认识到，代际关系是家庭成员的认知、理念和情感相互影响和建构的过程。而且，家庭成员之间长期的、模式化的互动行为会沉淀为个体的情感结构，影响具体的个体行为决策②。基于此，本研究认为，在婚姻代际干预现实中代际之间并不存在绝对的文化隔阂，相反，许多家庭代际之间能够达成婚姻共识，各取所需，和谐共处。此种家庭文化对代际关系的无意识影响，便是代际冲突理论无法解释的现象。

第三，代际冲突理论忽视了个体的能动性选择。已有研究认为，个体行动的标准具有选择性(周怡，2004)。有些人可能会坚持己见，不惜牺牲代际团结，但大多数人会通过各种关系纽带努力建构和谐的代际情感。在本项婚姻代际干预研究中发现，许多青年人主动寻求家庭婚姻帮助，有时甚至会让渡择偶权利；同样的，多数父辈以经济资助或劳务付出的形式参与子辈婚姻，代际之间因此搭建了持久稳定的代际联系方式，这不仅推动了家庭代际情感升华还有效应对了外界环境变化。如此情感-事务型的代际团结方式更加平等，允许不同意见和冲突的存在，但基于成员利益与发展的共同目标，亲代主动调和着冲突。这一研究发现证实了代际冲突理论忽视的个体能动性调节的真实存在。

6.3.3 代际矛盾理论的解释力

矛盾理论源自精神分析学派的“矛盾意向”概念，它主要是指同时存在的积极与消极情感相互混合的焦灼状态。家庭社会学领域的代际矛盾理论主要指个体无法兼容的角色期待和规则引发的矛盾情感、态度、信仰及行为，以及结构性的资源限制与实际需求引发的矛盾③。西方学者认为，从宏观制度结构层上看，代际矛盾的产生主要源于社会对亲子文化的规范本身缺乏情境设定，存在相互冲突的一面。从微观个体行动的层面看，代际需求不同步、文化差异及代际资源的不平等因素都会导致代际矛盾的产生。本项婚姻代际干预研究发现，成年子女渴望独立但却在

① 伯恩斯坦，朗古兰德.关系适度依赖关系让我们走得更近[M].欧阳敏，石孟磊，译.北京：化学工业出版社，2016：125.

② 刘汶蓉.转型期的家庭代际情感与团结：基于上海两类“啃老”家庭的比较[J].社会学研究，2016，31(04)：150.

③ CONNIDIS I A. Exploring Ambivalence in Family Ties：Progress and Prospects[J]. Journal of Marriage and Family，2015(1)：77.

经济上依赖父母，渴望婚姻自由却离不开父母对其婚姻家庭的帮助，这些情境都会使青年人产生矛盾心理。同样，父母希望子辈拥有独立意识的同时又渴望亲子关系亲密，盼望子辈经济自主自立，又希望自己被需要，这些情境同样导致父母产生矛盾意向。

“婚姻代际干预”是一种典型的代际团结与冲突并存的矛盾型择偶方式（代际互动形式）。一方面，婚姻代际干预体现了家庭成员在子辈择偶问题上的紧密互动，特别是父辈家庭给予子辈成员的经济与劳务帮助，能够极大缓解社会快速转型带来的个体压力与不婚问题。但另一方面，婚姻代际干预因存在父辈专断、子辈被迫失去婚姻自主权的可能而不符合家庭现代化意义上的个体自主婚姻文化，常受到社会舆论与法规制度上的诟病和制止。研究表明，当前社会推崇的自由婚恋文化与物价高涨、市场竞争、婚姻成本激增等社会现实不相匹配，当青年人基于现实考虑选择重归家庭，背离所谓的现代化标准与规则时，就会被社会贴以“啃老”“巨婴”等消极标签。同样，当父辈殷切关注子辈婚姻事宜并为此采取积极行动时，会被认为“专断父权”，而当他们决定彻底放手不再过问子辈婚姻时，又会被社群邻里指责为“不负责任”“没有亲情观念”，正是如此个体角色心理与社会期待的不符与矛盾，导致了婚姻代际干预行为决策中的积极与消极因素共存的焦灼心理。代际矛盾视角因强调个体心理、精神与行为决策体现出的结构关系矛盾特征而对婚姻干预矛盾心理极富解释力。石金群（2014）曾对这一理论做出概况性论述，她认为，当前中国社会，人们深受个体化进程与结构性因素的双重影响，处在特定生命历程中的个体，作为构成家庭代际关系的一员，摇摆于独立与延续之间。人们正在努力寻求独立与责任之间的平衡，代际关系最终走向何方，取决于个体与结构之间的协商与博弈①。

在中国婚姻代际干预之所以有存在的基础，主要在于社会对这一现实的弹性接纳。中国固有的家庭文化与代际互助互惠传统，“亲子一家”“不分你我”“无话不谈”是和谐幸福家庭的象征。虽然很多研究认为婚姻代际干预是包办婚姻的现代演变，终将走向消亡，取而代之的是自由婚恋的全面实现（沈崇麟，1995；徐安琪，1997、2004；吴鲁平，1999；刘中起，2002）。家庭功能也从作为经济支持的生产单位转向单纯满足情感与生养抚育这些核心功能的单位，纵向亲子轴向横向夫妻轴转变，代际联系逐渐松弛（雷洁琼，1994；杨善华、沈崇麟，2009）。但现实生活中，子辈主动寻求父辈婚姻帮助，父辈心甘情愿“被啃”的情况并不少见，究竟何种“干预”可以被接受？何种“干预”是不被允许的呢？本研究通过深入个案访谈发现，判断标准主要有两个：一是亲代双方的经济条件，即子辈是否需要经济帮助和父辈是否有

① 石金群．独立还是延续：当代都市家庭代际关系中的矛盾心境[J]．广西民族大学学报（哲学社会科学版），2014(4)：35.

能力进行干预。研究发现,父辈家庭经济状况对婚姻干预具有显著影响,经济条件好的父辈家庭更可能对子辈进行婚姻干预,当然,这并不代表经济条件不好的家庭就一定不会发生婚姻代际干预,年代、民族、家庭文化、是否具有现实需求等条件都会对其产生影响,但无论处在何种社会,经济条件都是婚姻代际干预的物质基础。另一个标准是亲代双方是否达成婚姻"共识",也就是说,如果父子双方从言语交流到实际行动上都表现出了"合作"意愿,这就将婚姻代际干预成功合理化为家庭私事,制度法规不便干预过问,反之就是不被制度法规允许的违反婚姻自主自愿原则的行为。总的来讲,婚姻代际干预能够存在发展至今既取决于家庭客观资源,也取决于家庭成员的主观认知决策,并最终体现为婚姻行动上的差异。

6.3.4 家庭策略理论的进步性

20世纪80年代,西方学者较早提出家庭策略(Family Strategy)的概念,强调家庭的稳定性及家庭成员应对复杂环境变迁的能动性与适应性。安德森最早将其应用于家族史研究中,并曾在他的《产业革命和家户结构》一书中强调:是否对家庭成员发展有利是认识一种亲属关系模式得以维持的关键。虽然这一理论因功利主义倾向而受到后来学者的批评,但这一理论视角将宏观社会变迁与微观家庭行为相连接,重视家庭对社会变迁过程的能动反应,对于理解以血缘关系为纽带的氏族、家族、家庭发展结构与代际相处模式意义重大。如从家庭能动视角出发,考虑社会、文化变迁中的家庭应对行为,重新审视家庭、家族、代际关系在快速变迁社会中的具体呈现。

法国社会学家布迪厄很早就指出,在整个人类社会变迁发展过程中,个体生存与延续离不开家庭的策略引导。这些策略一方面是对集体利益的综合考虑,另一方面也是特权维持与延续的有效手段。如家庭发展周期内,大多会经历婚姻策略、教辅策略、赡养策略、继承策略等,每种策略都对应不同的路径方式和具体目标,布迪厄认为,婚姻策略是保证家庭及劳动力再生产的最有效方式[①②]。因此我们认为,婚姻代际干预便是社会变迁背景下个体及家庭应对经济环境变迁做出策略反应的具体表现。时代发展,经济变迁,婚姻市场竞争激烈,处在人生转轨期的青年大多离不开家庭的庇护与协助。就如美国社会学家哈尔夫的研究强调,对于初入社会没有任何可信赖保障的个人来讲,亲属家庭发挥着十分重要的资源储备功能。特别是当处在重要人生转轨时期,家庭的经济策略与相互依赖对成员顺利度过转折期起关键作用[③]。婚姻代际干预表现出的经济支持与劳务帮助对个体顺利度过

---

① 麻国庆.家庭策略研究与社会转型.思想战线[J].2016(3):1.

② 布迪厄.实践感[M].蒋梓骅,译.北京:译林出版社,2012.

③ HAREVEN,TAMARA K. Family Time and Industrial Time[M]. Cambridge:Oxford University Press,1993:230.

婚姻关键期起到的作用不言而喻。与布迪厄强调的婚姻策略能够保证家庭与劳动力再生产这一单一家庭目的不同，现代婚姻代际干预表现出重视家庭利益与个人发展利益的叠加效益印证了家庭策略的时代变迁性，表现为婚姻干预形式随时代发展与个体需求而变，强迫被动性婚姻干预日趋减少，亲代合作协调性婚姻代际干预现象日渐增多。

总体来讲，家庭策略理论将家庭视为一个能动的主体，把宏观社会变迁过程与微观家庭行为方式有机相连，强调家庭随时代变迁而变这一主动应对的过程。同时，还强调把对家庭行为的观察与分析放在时代发展这一动态历史背景中去，以社会、经济、文化多视角细微观察其变化。这些特点赋予家庭策略理论以时代进步性与解释力，并作为研究家庭能动性的特殊分析工具，把家庭与社会变迁相互作用的相关研究推向了新的高度。面对经济全球化与物质文化多元发展的事实，该理论对古德（家庭现代化理论）强调的父系大家长模式向平等核心家庭这一单一历史变迁轨迹思想提出了挑战，弥补了其过分强调工业化与家庭结构核心化而削弱了家庭亲属纽带的不足，在对婚姻代际干预问题的解释上没有忽略文化习俗的重要作用，认识到在婚姻策略的选择过程中，文化与经济因素考量起到了同等重要的作用。

6.3.5 亲密关系经济行为理论的适用性

将家庭亲密关系与经济行为联合分析认知是本项婚姻代际干预研究的立足点及核心理论指导。这一理论具有双重内涵：既具有给予亲密关系金钱帮助的含义，又具有权力与控制意义上资源不平等内涵。也就是说，包括婚姻代际干预在内的大多数直接或间接的亲密关系互动都控制和影响着我们选择行动的方式，即个体亲密关系的维持与经济活动之间常常相互混合存在。

依据美国经济学家泽利泽的观点，我们认为所谓亲密关系就是指双方交往互动一定建立在特殊的共识或至少其中一人提供照料的基础上，关系之外的其他（第三方）个体无法获得诸如此类的熟知、理解与照料行为[①]。亲子关系作为亲密关系的重要组成部分，以共享经济、共有仪式文化及对私人特点的知晓等特征构成了彼此间经济互动、情感支持以及对一方稀缺资源的补充。也正因亲密关系涉及经济付出与相互照料而常常根据信任程度的不同划分为不同等级。在中国这样具有悠久家庭文化历史的社会中，亲子关系无疑是建立在血缘基础上的最深层次的亲密关系类型。

传统观念认为，家庭亲密关系一旦与经济活动接触就会不可避免地发生情感玷污、经济失序等相互侵蚀的问题。经济活动与亲密关系被认为是互不相融的世界，是各自分离的领域，不可混为一谈。这一思想曾长期指导人们的活动，所谓

① 泽利泽.亲密关系的购买[M].姚伟，刘永强，译.上海：上海人民出版社，2009：7.

"谈钱伤和气""不与亲友谈钱财"就是这一思想的举证。另一种观念则体现出"一元论"色彩，即认为经济活动与亲密关系之间的混合要么完全是一种文化表达形式，经济合作依照文化传统行事；要么是权力与控制欲表现，亲密关系完全受市场规则所控，简言之，此类观点遵循单一指导原则。本研究坚持经济活动与亲密关系互动行为相联系的观点，认为人们不仅会根据关系亲疏程度积极地参与、建构、商谈经济活动以构成相互联系的生活领域，还会以不同的名义、符号、交换形式、媒介来表明不同关系之间的差异。尽管我们与父母、朋友、爱人、子女之间都存在情感联系，但这些关系又是个人化的、对我们的生活具有各不相同的作用，但具体采用何种形式建立联系，则因个体差异表现出不同的行为策略。

婚姻代际干预作为亲密关系的一种互动形式，不能单从文化或经济角度进行分析，事实上为了真正理解为什么婚姻代际干预具有如此强大的生命力，除把它置于中国历史脉络中做文化比较分析，还需要强调其存在背后的经济合理性，即重视家庭对个体发展的重要作用。正如斯坦塞所言，对某一社会现实的分析在理论上不应该划分为文化的立场和经济的立场，事实上也不能分开。他还强调了家庭关系中的经济活动传统，指出曾经在所有社会阶级中存在的父系家长制度非常有效地利用不同的经济条件实现了家庭与劳动力的再生产过程，且在近现代中国小农经济体制中，经济功能也是家庭功能的最重要体现[①]。因此我们认为，婚姻代际干预研究坚持亲密关系文化与经济行为相联系的观点在逻辑上是正确的，也是具有丰富理论支持的。

以上论述不难发现，亲密关系经济行为理论并不是一个复杂的学术概念，简单地说就是个体在日常生活中通过经济活动建立家庭关系的一种互动形式，其中文化因素与经济因素联合讨论是关键。要将婚姻代际干预研究涉及家庭变迁、社会转型与个体能动应对研究结合在一起。在对新中国各历史时期的婚姻代际干预研究中我们发现，家庭成员间主动寻求婚姻协作正是传统婚姻家庭制度影响下的创造性变革。在现代化转型和发展的关键时期，城乡发展日趋同步，不论农村社区还是城市乡镇，都面临更多机会和选择，为了掌握生活变迁的主动权，越来越多的人选择抱团取暖，常常以血缘家庭为单位，将社会变迁与家庭结构、家庭关系、家庭分工、家庭发展、婚姻抉择等领域相连接，人们考虑的不仅仅是应得什么，而是整个家庭关系纽带与亲疏关系发生变化后应该采取何种方式去应对。因此可以认为，在社会转型期，婚姻代际干预是个体与家庭在婚姻领域的集体应对，考虑更多的是现实条件下的利益最大化，整体上讲是一种策略行为。

---

① STACEY J. When Patrarchy Kowtows: The Signiticance of the Chinese Family Revolution for Feminist Theory[J]. Feminist Studies 2, no. 1975: 64 - 112.

7　结论与展望

7.1　主要结论

本文在梳理、整合相关经典理论的基础上，提出了适用于中国社会转型现实的城乡婚姻代际干预演变特征、沿革机理与可能产生的影响这一研究架构，丰富了婚姻家庭择偶形式及其归因分析的宏观理论应用和微观分析层次。主要研究结论如下。

第一，认为西方经典家庭现代化理论并不能很好地解释中国婚姻代际干预现实，提出了以婚姻代际干预为媒介的亲密关系经济行为解释框架，认为婚姻代际干预中存在的住房转让、资产馈赠、个人服务、情感互助与互惠作用不可避免地促进了以经济连结为保障的家庭代际关系的持久稳定，因此在新中国各历史发展阶段始终存在。

第二，从时间、空间、个性特征、家庭经济能力多个层面定量探索了新中国婚姻代际干预的影响因素。研究发现父辈年龄对婚姻代际干预程度产生正向影响，父辈年龄越大，婚姻代际干预的程度越大，反之则越小；父辈受教育程度越高对子辈婚姻干预程度越小，反之则越大；而反映其工作能力的管理职能对子辈择偶自由无显著促进作用；此外，父辈家庭经济能力对婚姻代际干预产生正向影响，即父辈对子辈婚姻资助程度越大其对子辈择偶的干预程度越大；反之则越小。

第三，研究认为新中国各历史阶段婚姻代际干预的沿革机理各不相同。改革开放前，婚姻代际干预的存在主要受文化惯习盲从、经济联合需求、城乡结构壁垒制约与政治自保四个方面因素的影响。改革开放后，婚姻代际干预的存在主要是文化理性回归、信任感缺失、独生子女庇护与社会化延长矛盾四个方面因素所致。改革开放前后干预机理的不同又延伸出干预动机、方式与程度上的差异特征：干预动机体现在由注重家庭生产生存向个人发展关怀的转变、由群体规范向家庭责任的转变、由集体文化规约向个性选择的转变；干预方式的转变主要表现为干预手段从直接强制到间接参与再到被动参与的过程；而干预程度则发生了由强向弱的转变。

第四，指出了婚姻代际干预对微观个体、中观家庭与宏观社会三个层面可能产生的影响。研究认为，婚姻代际干预过度会对个体婚姻满意度与心理压力产生负面影响，而适度干预能够在一定程度上减轻婚姻压力，并对家庭结构、代际关系与家庭凝聚力产生正向影响。研究还发现，改革开放后婚姻代际干预对离婚率、“啃老”行为的负面影响并无有效数据论证支持，而是被越来越多有条件的父辈视为与子辈建立情感-事务联系的具体有效形式，对婚姻稳定性与自觉家庭养老起到积极的促进作用。

第五，本研究系统阐述了婚姻代际干预存在的合理性与面临的现实的困境。探索了改革开放前后婚姻代际干预在个体生存发展与婚姻延续上的现实要求，明确了其在家庭生产与资源传承上的正面效用，论证了婚姻代际干预在社会控制与合理过渡层面的积极意义。同时也揭示了婚姻代际干预面临的种种现实困境，主要包括精神独立与经济依赖的经济困境、追求自由又渴望稳定的文化困境、本质利己与现实利他的价值困境、法律效用与家庭效用难以划分的公私困境四个方面。

7.2 主要创新点

本研究的创新之处主要有以下三个方面。

第一，分析框架创新。针对当代中国社会转型和婚姻制度变迁的情境，提出了以婚姻代际干预为媒介的亲密关系经济行为解释框架。该框架打破传统经济理性与文化情感界限，以传统文化因素与现代经济因素相联系的分析视角，重新审视了代际关系中的情感共识与理性抉择，更加客观地呈现和解释了新中国婚姻代际干预变迁的内在逻辑。

第二，解释机制创新。解释了新时代婚姻代际干预之所以长期存在，除文化惯性因素之外，其关涉个体、家庭与社会发展的关键经济要素，是个体与家庭应对外界环境变迁的理性选择。在风险与机遇并存、维稳与革新共生的社会转型期，通过婚姻代际干预实现亲密关系间的经济联合是稳定婚姻家庭的重要选择。

第三，中西比较创新。比较分析了婚姻代际干预存在的现实合理性与弊端，在客观认识其存在价值的基础上也认识到婚姻代际干预暗含的社会矛盾，并进一步认为尽管婚姻代际干预变迁过程中可能存在基于中国现实场域的经济、文化和价值困境，但也不会发生西方式的个体本位价值转向，体现更多家庭责任和对婚姻家庭的重视，指出由于中国本土文化内涵和结构特殊性，婚姻代际干预的变迁在中西方呈现出不同的逻辑，这是对帕森斯和古德时代的家庭现代化理论结合中国文化场域的修正和补充。

7.3 政策建议

基于前面章节对婚姻代际干预的系统分析及对婚姻代际干预正反两方面影响的关注，笔者尝试从以下几个维度提出相关政策建议。

7.3.1 健全相关法律法规

俗话说，清官难断家务事。法律强调社会规范，婚配嫁娶属于私人范畴，不受社会公理管辖，是家庭内部事务，应由家庭内部解决。婚姻代际干预具有一定的隐秘性和封闭性，长期以来，婚姻代际干预因涉及代际关系协调、个人情感抉择等众多情感因素而被法律视为难以恰当评判的特殊领域，法律治与不治都无法完全满足民众要求，且政府执法部门和执法人员很难直接介入，这就需要我们从专业学科视角对其进行深入分析和把握，完善相关法律法规制度，从制度层面矫正因婚姻代际干预过度导致的诸如离婚等消极影响。现实生活中，父母干预子女婚姻的形式很多，哪些属于违法行为？法律后果如何？民法典中均未有明确的规定，对此，立法部门应作出细化规定，或给予司法解释，以便司法部门进行具体操作，减少此类现象的发生。此外，还应建立健全配套服务机构，如增设婚前教育、婚姻问题指导、婚姻代际干预法律援助等咨询服务中心，为适婚人群提供有关恋爱和婚姻方面的科学引导，解答他们在恋爱和婚姻过程中遇到的问题，适时提供法律援助。

7.3.2 树立正确舆论导向

一是全方位多角度分层次开展社会宣传。利用大众媒体为群众提供有关婚姻家庭方面的积极内容，引导父辈正确对待子辈婚姻择偶权，采取适度干预，发挥正面示范作用，帮助子辈树立正确的家庭观。二是运用大众媒体（如电视、广播、公益广告、报纸杂志等）和新媒体（微博、微信、各种热门直播 APP）平台帮助社会大众正确认识现行婚姻制度特征，构建有别于传统的新时代中国特色社会主义家庭新文化，大力弘扬“夫妻和睦、尊老爱幼、科学教子、勤俭节约、邻里互助”的家庭美德，鼓励父辈充分尊重子辈婚姻自主权，在对子辈给予帮助的同时不要附加过多前置条件，树立正面家长风范。三是在全国高等学校设置有关婚姻家庭伦理课程，帮助青少年树立科学的婚恋观和家庭观，为他们健康进入婚恋期打下良好基础。四是在老年大学、干群活动中心设置家庭代际关系、婚恋关系、两性关系宣传实践活动，鼓励父辈适当参与子女婚姻，帮助、支持子女组建和谐互助型家庭。

7.3.3 鼓励社区自主调节

党的十八届三中全会《关于全面深化改革若干重大问题的决定》提出，要改进社会治理方式，以网格化管理、社会化服务为方向，健全基层综合服务管理平台。依托现有社区服务资源，鼓励社区建立婚姻咨询机构，为适婚群体提供必要的解释、引导与调节服务。基于我国目前社会生活组织化程度较高而专业咨询机构较少这一特点，应充分发挥群团组织（群众性团体组织）、草根 NGO（民间慈善公益组织）、党员先锋模范岗的作用，担当起调节社会与家庭初级矛盾的重任。建立健全街道办事处、居委会、社区、业主委员会多方联动机制，利用社区宣传站点、小区公益展示板、业主微信群平台宣传倡导文明、健康、积极的婚姻价值观，开展文明家庭创建活动，积极组织法律法规宣传教育活动。此外，社区工作人员要积极做好婚姻家庭矛盾纠纷排查梳理工作，及时介入，做好调解说服工作，做到早发现、早防范，防止婚姻家庭矛盾进一步激化。

7.3.4 加强民众自身建设

加强父辈自身建设。父辈要不断提升自身文化素质修养，率先垂范，引导子辈做出正确的婚姻决断。父母是孩子的第一任“老师”，对子女成长、学习、婚姻有着不可替代的影响作用，只有不断注重自身建设，才能对子辈起到更好的示范引领作用。一是管理好自己的情绪。情绪管理能力是指一个人觉察和表达自己情绪，感受、识别他人情绪，并依据某一目标调控自己与他人的情绪反应的技巧和能力。父辈良好的情绪管理能力，不仅是子女安全感的来源，也是父辈主宰自己人生、建立良好人际关系的基础，父辈应当做到遇事冷静、情绪稳定，尊重子女的选择权，在家庭事务决策中采取平等、民主原则，不搞“一言堂”。二是提升自身文化素养，树立与时俱进、终身学习的理念，对新生事物保持一定热忱，积极面对新文化、新思想，增强学习的自觉性，不断提升对新事物的理解能力。三是换位思考，适当放权。父辈在子女婚姻择偶问题上应做到“该出手时才出手”，充分尊重子辈婚姻自主权利，避免做出以“爱”为由干涉、强迫子辈婚姻的行为。

加强子辈自身建设。作为婚姻当事人，子辈应树立积极、正确的婚恋观，学习关于婚姻、家庭、两性方面的科学知识，理性择偶。二是增强婚姻信心，提高解决婚姻与代际干预问题的能力，与父辈家庭建立良好的互助协作机制。三是换位思考、积极沟通。子辈应当尊重父辈关于婚姻择偶方面的正确建议，多与父辈沟通，正确表达自己的想法，用积极的态度争取父辈的支持和理解。

7.4 研究展望

本研究受时间、数据、知识和方法上的局限，存在一些局限与不足，有待进一步研究，主要有以下几个方面：

第一，我国地域辽阔，区域经济与文化差异十分显著，本研究选择的个案虽然基本能够满足性别、年龄、地区这些选样要求及相应的课题分析要求，但依然不可避免地存在案例特征不协调、典型遗漏等问题。由于选题特殊性，涉及定量数据也略显陈旧，这就需要在后续研究中加大个案访谈数量和选样范围，用更新更全的综合调查报告，进一步验证现有发现结果。

第二，由于本研究不是针对择偶方式的专项调查，缺乏其他择偶形式的详细测量数据，对择偶方式的具体类型介绍较少，也未对诸如自主恋爱婚、朋友介绍婚、亲友介绍婚进行详细的对比论证，这是今后研究的方向之一。

第三，本研究探索了婚姻代际干预的演变特征、沿革机理及可能产生的影响，详细探索了婚姻代际干预"实然层面"的变迁状况，而缺少对这一问题"应然层面"的详细讨论，这是值得探索的又一方向。

第四，由于本研究选择的定量数据主要为横切面数据，在分析论证年代性特征时仍缺乏说服力，需要进一步获取纵向追踪数据以更精准地说明所研究的问题。

附　录

附录 A

各位访谈对象：

您好！

我系西安交通大学社会学专业的博士研究生，我正在进行一项题名为“当代中国婚姻代际干预”的研究。

一、研究背景和目的

随着我国现代化转型的不断推进，婚姻家庭制度的变革发展促使传统婚姻关系、代际关系发生转变。种种迹象表明婚姻包办形式将最终走向终结，取而代之的是自主婚恋格局的形成。但我们也该注意到，在这一变革过程中，无论是在旧社会还是新时代，父母作为婚姻当事人的直系亲属、最重要的意见参考主体，始终以各种姿态在子女择偶过程中“出场”并对其施加着不同程度的影响。

本研究旨在回答以下具体问题。

1. 婚姻代际干预在长期历史发展过程中的演变特征是什么？其影响因素是什么？

2. 为何婚姻代际干预在现代化转型发展过程中始终存在？其沿革机制是什么？

3. 婚姻代际干预存在的基础与可能产生的影响是什么？我们应该如何客观地看待和评价这一历史与现实问题？

二、研究用途

这项研究是西安交通大学社会学系博士研究生的毕业论文课题，其后亦可能在学术刊物、学术会议上发表或改编为专著。

三、研究流程安排

这项研究包括 1—2 次访谈，每次时长 60—90 分钟。访谈的具体时间将安排在您认为方便的时候。访谈全程在您同意的情况下将会录音。

四、研究安全保证

为保护您的安全和利益，研究者（我）将对您的姓名、地址等相关个人信息做严格保密，访谈的原始资料和录音仅有研究人员本人（我）可以接触，研究报告中将使用虚构的人名和地名。您有权在试验期间，随时了解与自己有关的信息资料。对于访谈资料，如需要用于以上提及的科学研究以外的其他方面，我将与您本人联系，在获得您书面允许的情况下进行。

五、研究回报

这项研究不涉及太多物质报酬，但可能提供其他有价值的收益。例如，该访谈是对您生活经历的回顾，您可以重新审视自己的生活事件，体验自己的情感变化、了解社会正在发生的改变以及畅想希望拥有的生活等。另外，作为对您接受采访的回报，我会将研究结果向您汇报。

六、受访者权益

这项研究的参与完全出于您的自愿，如有任何不便，您也可以中途退出或要求收回某些访谈资料，不会影响您的任何权益。

感谢您对本项研究的支持！

此致

敬礼

博士研究生
人文社会科学学院
西安交通大学

同意书

我已阅读以上内容，并表示同意，愿意参与该项研究访谈！

受访者本人签字：
签字日期：

研究者签字：
签字日期：

附录 B

个案访谈提纲

一、访谈对象

中、东、西部地区不同民族、阶层、城乡间的典型家庭成员

二、访谈方式

半结构式访谈

三、研究问题

1. 婚姻代际干预在长期历史发展过程中的演变特征是什么？其影响因素是什么？

2. 为何婚姻代际干预在现代化转型发展过程中始终存在？其沿革机制是什么？

3. 婚姻代际干预存在的基础与可能产生的影响是什么？我们应该如何客观看待和评价这个历史与现实的问题？

四、访谈内容

（一）基本信息（访谈对象本人信息资料）

性别：	年龄：
民族：	籍贯（城/乡）：
受教育程度：	婚姻状况：
家庭成员（共同居住）：	家庭收入（共同）：

（二）主要涉及问题

1. 婚姻缔结情况

1）您有过几段婚姻？（若有离婚史，介绍离异的主要原因、与前任缔结的方式）

2）您有几段恋爱史？（怎样相识？为何分手？）

3）您与现在的妻子（或丈夫）是如何相识的？（自由恋爱还是熟人介绍）（若是介绍相识，介绍人与您是何种关系？）

4）您与妻子（或丈夫）相识地点在何处？

5）您与现在的妻子（或丈夫）是何年何月结婚的？当时您多大年纪？

6）与您现在的妻子或（丈夫）结婚时您最看重对方的哪一点？

7）您结婚时是否已经济独立？

2. 代际干预情况

1）您结婚时主要操办人是谁？是男方操办还是女方操办？

2）您的父母或祖父母是否同意您自己找对象？比如说对您的恋爱或结婚对象是否有什么要求？（比如身高、长相、学历、家庭、民族、是否同地区等）

3）父辈或祖辈对您在多大年龄结婚、婚后生几个孩子、生男生女有过要求吗？

4)祖辈或父辈对您婚后在何地安家是否有要求?

5)婚后您是否与父母或祖父母同住?

6)婚后父母是否干预您家庭的收入分配?您家里的财政大权归谁掌管?

7)婚后您是否受过祖辈或父辈在经济上的支持?若有是否经常受到他们对您在经济上的支持?

3.夫妻相处及婚姻满意度

1)您对现在的婚姻是否感到满意?

2)您认为维持婚姻最重要的因素是什么?(如感情、责任、子女、父母)

3)您认为现阶段与您刚结婚时相比生活中最大的变化是什么?(比如物质、生活重心)

4)您和另一半是否有过拌嘴或争吵的经历?您们争吵的主要原因是什么?(请描述相关典型事件)

5)一旦您与另一半吵架,和解的主要方式什么?您是否会找父母诉说?

6)经常会有人羡慕自己的哥们儿(或姐妹)有个好妻子或(好老公),您是否有过这种想法?(若有通常是什么情况下,若没有怎么看待这个现象)

7)您能否列举出另一半具备的优点?

4.家庭成员基本状况

1)您家里的常住人口有几位?他们分别是谁?

2)您的家庭成员之间是如何分工合作的?他们各自承担哪些家务?

3)您的家庭成员分别从事什么工作?他们是否经常在家?

4)您家里最年长的人是谁?这位长者是否参与家庭事务?

5)您有几个子女?他们是在读或已工作?他们是否已婚?是否经济独立?(有子女的回答)

5.家庭成员之间的关系

1)您的家庭成员之间相处是否融洽?您的婆媳关系、亲子关系如何?

2)家里的大小事务主要是谁拿主意?为什么主要听他(她)的?

3)家里遇到事情是否会与主要家庭成员协商解决?

4)在家庭成员之间的关系与您刚结婚时有什么变化?(比如婆媳、亲子间关系等)

5)您在婚前、婚后与父母在情感交流或沟通方面是否发生变化?

6)您在婚前、婚后在父母家庭中的地位是否发生变化?

7)您在婚前、婚后在家庭财产的使用与分配权方面是否发生变化?

(8～10)题有子女的被访者回答

8)您是否关心子女的恋爱或者婚姻状况？您是否曾就这个问题与其进行讨论？

9)子女对您的各种关心持何种态度？他们是耐心听取还是不理解？

10)您对儿媳或者女婿是否满意？(若孩子已婚)

您对自己将来的儿媳或女婿有什么要求吗？(若孩子未婚)

(11～15)青年被访者回答

11)您是否认可父母在婚姻家庭方面的一些观点？(比如勤俭、责任、找对象的标准)

12)您是否理解父母对您婚姻问题的关心？

13)父母对您婚姻恋爱方面的建议您是否会听取？

14)您是否会因为另一半与父母发生争执？

15)您的另一半是否经常与您的父母发生争吵？若有您作为中间人会如何调节？

6.家庭成员扩展追问

1)您有几个兄弟姐妹？他们是否已婚？

2)若您的兄弟姐妹已婚，其结婚对象是怎样相识的？父母是否对其进行干预？

3)您的兄弟姐妹结婚时的主要操办人是谁？

4)您的兄弟姐妹婚后生活在何处？他们的家庭经济状况如何？

7.您还有什么想谈而我们没有谈到的问题吗？

附录 C

个案基本情况

祖辈(Z)							
姓名(简称)	出生年	年龄	性别	民族	现居地	教育程度	婚姻情况简介
LN	1948	70	女	汉	陕西省西安市周至县裕盛村一队	小学	父母包办,育有两子一女,均已婚生子
WM	1945	73	男	汉	乌兰察布中旗西凉村	初中	父母包办,育有四女二子,均已婚生子
LD	1950	68	男	汉	内蒙古呼和浩特市	大学本科	初婚父母包办(育有二子一女),再婚自由恋爱(育有一子)
YM	1958	60	女	汉	辽宁省海城市孤山镇	小学	父母包办
LZ	1950	68	男	汉	内蒙古呼和浩特市	小学	自由恋爱,育有一女一子,女儿离家出走
HM	1953	65	女	汉	内蒙古土左旗新圪太村	小学	父母包办,育有二女二子,为二女儿离婚之事伤心
LXL	1950	68	女	汉	美国华盛顿	高中	父母介绍婚,育有二女一子,祖籍内蒙古呼和浩特,现居美国,为大女儿几次婚姻失败操心
CWF	1955	63	男	汉	陕西省西安市周至县裕盛村一队	小学	父母介绍婚,育有一子已婚
MLZ	1955	63	男	汉	内蒙古呼和浩特市	中专	自由恋爱,育有一女,已婚
父辈(Y)							
XF	1963	55	男	汉	内蒙古呼和浩特市	中专	自由恋爱,育有一子,与其子交流联系较少,经给儿子介绍对象,改善了父子关系

续表

父辈(Y)							
姓名(简称)	出生年	年龄	性别	民族	现居地	教育程度	婚姻情况简介
LHY	1968	50	女	汉	陕西省西安市周至县裕盛村一队	初一	自由恋爱,育有一女一子,与婆婆不和
KHY	1968	50	男	汉	内蒙古呼和浩特市	中专	自由恋爱,育有一子未婚
LY	1963	55	男	汉	内蒙古呼和浩特市	中专	自由恋爱,育有一女已婚
LQS	1960	58	男	汉	陕西省西安市	中专	父母包办,部队团级干部退休,育有一女已婚
XX	1963	55	女	汉	陕西省西安市周至县裕盛村一队	小学	父母包办,育有一子未婚
CXP	1966	52	女	汉	陕西省西安市周至县裕盛村一队	初二	父母包办,育有二子,一子已婚
LZH	1968	50	男	汉	陕西省西安市周至县裕盛村一队	初二	父母包办,育有二子,大儿子已婚,为二子婚事发愁
RGY	1958	60	女	回	四川省都江堰	初中	自由恋爱,育有一子一女,均未婚
WYF	1963	55	女	汉	内蒙古呼和浩特市	中专	自由恋爱,育有一女,未婚
ZM	1966	52	女	汉	陕西省西安市周至县裕盛村二队	初二	父母包办,育二子,一子已婚,对儿子婚事操心
子辈(X)							
HRZ	1989	30	男	汉	内蒙古土左旗新圪太村	高中	在外打工学厨,单身,等着父母介绍操办婚事
LXB	1989	30	男	汉	山东省淄博市	硕士	在外工作,常年离家,单身,工作单位经常加班,身边女性少,没有时间找女友
CY	1990	28	女	汉	辽宁省大连市	硕士	已婚,结婚时女方父母出资买车

续表

子辈(X)							
姓名(简称)	出生年	年龄	性别	民族	现居地	教育程度	婚姻情况简介
WLG	1990	28	男	汉	北京市	大学本科	毕业后父母出资赴北京发展,呼和浩特市人,父母强势,对其找女友要求严格,常与父母发生冲突
WYS	1978	40	男	汉	呼和浩特市	硕士	晚婚晚育,因考学艰难耽误婚姻,曾相亲多次无果,后由父母介绍成婚
WJB	1990	28	男	汉	呼和浩特市	大专	听父母话,毕业后与父母同住,父母为其介绍女友,准备婚房
LM	1993	25	男	汉	陕西省西安市周至县裕盛村一队	初二	在外打工,单身,等家里介绍女友成婚
MY	1990	28	男	汉	内蒙古呼和浩特市	大专	已婚与父母同住,与妻子计划先工作攒钱,再筹钱买房
MYP	1980	38	男	汉	内蒙古呼和浩特市	中专军转干	已婚与岳父岳母同住,部门领导,工作较忙,认为现在居住模式很好
GC	1989	29	男	汉	内蒙古呼和浩特市	大学本科	父母离异,毕业后与母亲、继父居住,因名下无独立房产,恋爱多次无果,后其母出资为其购买婚房,婚事才有着落
TS	1992	26	男	汉	内蒙古呼和浩特市	大学本科	单身,毕业后与父母同住,父母对其择偶对象要求高,从小对其管教严格,束缚较大,想尽快独立
GXQ	1993	25	女	汉	内蒙古呼和浩特市	硕士	父母对其男友不满,曾以断其经济来源逼迫其分手,现仍与父母的关系僵持

续表

子辈(X)							
姓名(简称)	出生年	年龄	性别	民族	现居地	教育程度	婚姻情况简介
DB	1990	28	男	汉	内蒙古呼和浩特市	大专	毕业与父母同住,全家信奉基督教,单身,为避免麻烦,等待父母介绍同教会人员结婚
QYD	1991	27	男	汉	内蒙古呼和浩特市	大学本科	父母离异,毕业与母亲同住,听母亲话,对母亲介绍的女友很满意,婚后决定继续与母亲同住
ZZ	1983	35	男	汉	上海市	大学本科	毕业后定居上海,结婚时女方父母资助其买房,婚后与岳父岳母同住,认为共同居住相互照应方便
ZJ	1985	33	男	汉	安徽省合肥市	博士在读	毕业定居合肥,父母资助其在安徽买房,母亲开始对其妻子不满意,后经他调节矛盾,现婆媳相处融洽
MYL	1995	23	女	汉	内蒙古呼和浩特市	大专	毕业后与父母同住,无正式工作,从小叛逆,毕业后悔悟,现不排斥父母介绍对象
LH	1990	28	男	汉	内蒙古呼和浩特市	研究生	与同学介绍的对象结婚,毕业后在外省工作安家,对结婚时父母筹资操办婚姻的恩情十分感恩

后　记

本书是在笔者博士论文的基础上修改扩充而成，选题源于本人对婚姻家庭领域的研究兴趣，同时受到身边亲友真实事件的启发。仅以此书献给处在婚姻抉择期、压力重，却又奋斗不息的年轻人们。

书稿终了，掩卷思量，饮水思源。非常荣幸能成为交大学子，感谢我的硕士导师王宏波教授，您的肯定和鼓励坚定了我继续读博深造的信心。感谢我的第一任博导陈皆明教授，陈老师严谨踏实的治学态度是我学习的榜样。特别感谢我的恩师、博导杨建科教授，杨老师学术造诣深厚，治学包容严谨，为人正直谦逊，您的支持与教诲是我前进路上的指明灯。

感谢在我硕博求学期间给予帮助的边燕杰老师、李煜老师、石英老师、段塔丽老师、李黎明老师、刘军老师、张顺老师、赵文龙老师、卢春天老师、朱晓文老师、孙晓冬老师。有了老师们的帮助和指导，我才能顺利地完成博士课题研究，才能在不断打磨中提升科研能力。

感谢师兄、师姐、师弟、师妹们在学习、生活中给我温暖、支持和鼓励。有了你们的支持和陪伴我才能顺利走到今天。特别感谢张振师兄、李天姿师姐、李昱静师姐，你们就像我身边的大哥哥、大姐姐，给我无限关爱和支持，在我学习遇到瓶颈时鼓励我，在我遇到困难时帮助我，在我孤单难过时陪伴我、安慰我，求学道路因为有了你们变得更加美好。感谢郑冬芳老师、童老师、教务常老师、陈师兄、周师姐……谢谢我的同学马旭蕾，我的师弟张骏、师妹心仪……感谢你们！

本书最终能见诸读者，还要特别感谢西安交通大学出版社各位辛勤付出的工作人员。他们在本书封面设计、文字编辑和校对、出版印刷等方面给予作者巨大的帮助与启发，不甚感激！

本书是内蒙古高校人文社科重点研究基地——内蒙古师范大学思想政治教育理论与实践研究基地的研究项目，得到该基地的大力支持。本书依托内蒙古师范大学高层次人才引进科研启动项目：2019YJRC024，在此一并表示感谢。

最后还要感谢我的父母、公婆和所有支持我的家人，你们的爱，是我安心学习、快乐生活的动力源泉。感谢我的先生荔航，你的支持、包容和爱，让我变得坚强有力、自信从容、不畏风雨。感谢我的孩子，你天真的笑容、可爱的模样，慰藉了我的心灵，让我明白生命的意义是奉献与欣赏。